四川科学技术出版社

四川古代壁画保护技术研究

白玉川◎著

四川科学技术出版社

图书在版编目（CIP）数据

四川古代壁画保护技术研究 / 白玉川著. -- 成都：
四川科学技术出版社，2021.4
ISBN 978-7-5727-0099-6

Ⅰ.①四… Ⅱ.①白… ②成… Ⅲ.①文化遗址—文
物保护—研究—成都 Ⅳ.①K878.04

中国版本图书馆CIP数据核字(2021)第088284号

四川古代壁画保护技术研究
SICHUAN GUDAI BIHUA BAOHU JISHU YANJIU

白玉川◎著

出 品 人	程佳月
组稿编辑	李蓉君
责任编辑	夏菲菲
责任印制	欧晓春
出版发行	四川科学技术出版社

成都市锦江区三色路238号 邮政编码 610023
官方微博：http://e.weibo.com/sckjcbs
官方微信公众号：sckjcbs
传真：028-86361756

制 作	成都华桐美术设计有限公司
印 刷	成都市火炬印务有限公司
成品尺寸	285mm×210mm
印 张	18
字 数	440千
版 次	2022年5月第1版
印 次	2022年5月第1次印刷
定 价	198.00元

ISBN 978-7-5727-0099-6

邮　　购：成都市锦江区三色路238号新华之星A座25层　邮政编码：610023
电　　话：028-86361758

前言

　　壁画被誉为"墙壁上的博物馆"，是文物古迹中历史信息最丰富、数量最稀少、文化价值最高的文化遗产类型。

　　我国古代壁画多保存于北方，南方存世极少，古建筑壁画更是屈指可数。究其原因，与南方地区潮湿的气候环境密切相关，无论对壁画本身还是其依附的古建筑来说，保存至今实属不易。目前，北方壁画保护研究，即干燥环境下的壁画保护研究的学术成果丰厚，而南方地区潮湿环境下的壁画病害成因、修复材料与工艺等相关研究尚未形成体系。

　　本书通过对四川地区古建筑壁画保存现状、题材、特征，壁画制作材料及工艺，常见壁画病害原理、类型和影响因素进行系统研究，从新都宝光寺、青白江明教寺、新津观音寺壁画保护修复为切入口，探讨南、北方壁画修复的差异与难点，为潮湿环境地区的古建筑壁画保护修复提供借鉴，探索出适用于南方古建筑壁画保护修复的思路。

目录

第一章　概　论

第一节　壁画的类型.......................................1

第二节　壁画的题材.......................................4

第三节　壁画的结构.......................................6

第四节　壁画的发展历史...................................7

第二章　四川古代壁画保护历程及现状

第一节　壁画保护的发展历程及现状.......................19

第二节　存在的问题......................................24

第三节　多学科交叉在壁画保护中的应用...................27

第三章　四川古代壁画制作材料及工艺

第一节　材料特征..31

第二节　绘画工艺..34

第四章　四川古代壁画常见病害

第一节　病害原理..38

第二节　病害类型..40

第五章　壁画保护的原则与程序

第一节　宗旨和原则......................................50

第二节　保护程序..51

第三节　壁画保护的规范..................................56

第六章 修复材料与工艺

第一节　常用修复材料……………………………………58

第二节　常见病害修复工艺………………………………61

第七章 预防性保护

第一节　预防性保护………………………………………70

第二节　数字化保护………………………………………74

第八章 经典案例

案例一：新都宝光寺念佛堂壁画抢险加固工程……81

案例二：青白江明教寺觉皇殿保护修复项目………115

第一节　勘察研究…………………………………………115

第二节　保护技术研究……………………………………149

第三节　保护修复档案及建设……………………………185

案例三：新津观音寺壁画修缮保护项目…………187

第一节　文物概况…………………………………………187

第二节　保存现状调查……………………………………190

第三节　制作材料与工艺研究……………………………215

第四节　现场修复试验……………………………………256

第五节　保护修复档案建设………………………………276

第六节　结论与建议………………………………………277

第一章 概 论

文物是人类在生产生活中遗留下来的，具有历史价值、艺术价值、科学价值和社会价值的物质文化遗存。文物是揭示人类社会发展的客观规律、传承中华民族的文化自信是见证中华民族灿烂的历史文化的国家名片。

在众多文物古迹中，壁画是最特殊的一种，它虽依附于古建筑、古墓葬和石窟寺等不可移动文物，却是历史信息最丰富、数量最稀少、文化价值最高的文化遗产类型。中国壁画具有起源年代早、发展延续连贯、种类繁多、分布广泛、制作精美等特点，是研究我国古代经济、政治、文化和社会的重要实物资料。中国现存壁画主要保存于敦煌、云冈等石窟寺中，但国内古建筑壁画的数量却屈指可数。由于壁画修复是世界性难题，对修复技术与工艺要求极高，加之特殊的环境，导致四川地区乃至南方地区的壁画病害和保护修复技术研究成果寥寥无几。

本书通过对四川地区古建筑壁画保存现状、题材、特征，壁画制作材料及工艺，常见壁画病害原理、类型和影响因素进行系统研究，整理分析已有壁画修复案例，总结适合四川地区壁画修复的材料、工艺、技术及预防性保护手段，为南方地区的壁画修复研究工作提供了参考。

第一节 壁画的类型

壁画有三个基本要素：以建筑为支撑，以颜料为载体，以绘画为手段。作为绘画的一种形式，壁画具有绘画的普遍规律：平面、构图、色彩、造型、线条等。

一、按照建筑类型

壁画是人类文化遗产中最古老的艺术形式之一，其最基本特征之一是建筑性，所以任何形式的壁画总是与一定形式的建筑相联系。按照壁画所依附的建筑物形式，可将其分为古建筑壁画、石窟壁画、墓葬壁画。

（一）古建筑壁画

在寺观、殿堂、民居等建筑物墙壁和顶棚上的绘画，将其统称为古建筑壁画（如图1-1-1）。

（二）石窟壁画

在佛教石窟内周壁、披顶、甬道、藻井等墙壁上的绘画，视为石窟壁画。四川地区石窟壁画分布众多，安岳石窟、广元千佛崖（如图1-1-2）、蒲江石窟、邛崃石窟等都有大量的石窟壁画。

（三）墓葬壁画

墓葬壁画指的是在古代墓葬内周壁及顶部墙壁上的绘画（如图1-1-3）。

图1-1-1　新津观音寺

图1-1-2　　　　　千佛崖211窟

千佛崖223窟

二、按照创作年代

壁画是最古老的绘画形式，我国壁画始于先秦，跨越汉、魏、晋、南北朝、隋、唐、五代、宋、辽、金、西夏、元、明、清等各个时代，历史悠久，形成了独特的艺术风格。

三、按照材料工艺

按照壁画的制作工艺及材料做法，可分为干壁画、湿壁画、镶嵌壁画。

（一）干壁画

干壁画是颜料层绘制在完全干燥的地仗层表面，是世界上历史最悠久、分布最广、保存数量最多、技术最成熟的壁画形式。我国目前现存壁画均为干壁画。

（二）湿壁画

湿壁画是颜料用水调和后雕刻在潮湿的石灰地仗上的壁画形式。

（三）镶嵌壁画

镶嵌壁画是一种古老的技法，最早出现在西亚，镶嵌壁画主要以黏土泥调入黏合剂（现代常用水泥），将有色心子、陶瓷片、有色玻璃、料器、贝壳、珍珠、宝石等不同颗粒黏合起来拼成画面。

图1-1-3 山西九原岗墓葬壁画

"墙壁上的博物馆"。

壁画是最古老的绘画形式,我国壁画始于先秦,历经汉、魏、晋、南北朝、隋、唐、五代、宋、辽、金、西夏、元、明、清等时代,发展脉络清晰,历史悠久,形成了独特的风格。

一、新石器时代壁画

中国壁画的源头或可追溯至新石器时代——甘肃秦安大地湾地画。大地湾遗址位于甘肃省天水市秦安县,于1978年开始发掘。大地湾遗址是一处规模较大的新石器时代遗址,最早距今约7800年,最晚距今约4800年,其规模之大、内涵之丰富,在我国考古史上亦属罕见。大地湾遗址发现的地画是我国最早的绘画。

(一)新石器时代壁画

新石器时代中期,距今约5000年的牛河梁红山文化遗址中出土的壁画残片,是我国迄今发现的最古老的壁画遗址。这些壁画残片,或用赭红画成连纹,或用赭红间隔黄、白色绘制成三角纹图案。

新石器时代晚期,在宁夏固原店河村齐家文化遗址一座房屋残垣的白灰面上,考古工作者发现了用红色描绘的几何纹样装饰壁画。

河南濮阳四水坡新石器晚期遗址中,墓主人两侧有用蚌壳镶嵌的龙和虎,可视为我国"镶嵌"壁画的前身。

从壁画的建筑特征上理解,这些原始绘画虽然还不能被称为真正意义上的壁画,但至少可以说它们是中国壁画的雏形。在新时期时代,只有建筑壁画一种类型,画作图案比较简单,使用颜料单一,内容多为线条、几何形状、人物、动植物、日常生活场景(狩猎、歌舞等),大部分反映原始社会的生活、宗教信仰等内容。

(二)夏至战国时期壁画

夏至战国时期,壁画因其特殊的表现能力受到统治阶层的重视。殿堂、院舍进行"蜃(蛤蜊)灰垩壁",以图画为美观,并重视图画的宣传教育作用。

随着绘画的普遍应用和技术进步,壁画逐渐推广,绘画除了应用于铸金器物,庙堂之上也开始出现人物画和装饰图案。《周礼·考工记》中有:"殷人重屋"的记载,指的是所谓的"四阿重屋",即四坡顶、两重橑,在四坡屋盖的檐下,再设一周保护夯土台基的防雨坡檐;《孔子家语·观周第十一》记载:"孔子观乎明堂,睹四门墉,有尧舜之容,桀纣之象,而各有善恶之状,兴废之诫焉。孔子徘徊而望之,谓从者曰:'此周公所以盛也。夫明镜所以察形,往古者所以知今。人主不务袭迹于其所以安存,而忽怠所以危亡,是犹未有以异于却走而欲求及前人也,岂不惑哉!'"

考古工作者在河南安阳小屯村殷墟宫殿基址发现过壁画残片。根据考古发掘报告记载,在安阳殷墟的遗迹中,发现了一块残长22厘米、宽13厘米、厚7厘米且涂有白灰并绘制了红色花纹和黑色圆点的墙皮,残片的纹饰似由对称图案组成,应是主题中的辅助纹饰。20世纪80年代,在陕西扶风县杨家堡西周墓中也发现过墓葬四壁的装饰性纹饰。秦咸阳二号建筑遗址的坎墙上也发现了壁画,内容为建筑、车马、人物、游猎、鸟兽、植物和鬼怪等,内容丰富,色彩艳丽;咸阳三号遗址出土的壁画,是迄今仅见的秦代绘画原作,也是已发现的最早的殿堂壁画,在中国古代美术史上有很高的价值,由于壁画残缺，所绘内容尚无定论。

这些考古发现和文献记载在一定程度上反映了商周时期的壁画制作情况，其特点可归纳如下：

① 以殿堂壁画和墓葬壁画为主，出现了以历史人物、社会生活为题材的壁画。

② 壁画成为统治阶级宣传、教育的手段。

③ 图案日趋复杂和精美，如陕西扶风西周墓的菱形二方连续带状图案，洛阳西郊一号战国大墓中的帷幕和画幔，说明人们审美意识的逐渐丰富。

④ 使用颜料逐渐增多，如安阳小屯村殷墟宫殿残留壁画中，出现白、红、黑等颜料；又如洛阳西郊一号战国大墓中，出现红、黑、白、黄四种颜料。说明随着审美意识的提高，人们不断推动绘画技术的进步。

⑤ 内容逐渐丰富，除了众多的装饰图案外，还出现了大量的以历史人物为主题的壁画，如《孔子家语》中记载的"周公相成王"，再如《楚辞章句》中记载的"图天地、山川、神灵、琦玮、谲诡及古贤圣、怪物事"的情况。

这些都说明当时人们绘制的壁画除了记录和装饰之外，还多了"宣教化、助人伦"的功用，壁画蕴含的信息也逐渐呈现出多样化的趋势。

二、秦汉壁画

秦汉是中国社会转型期、中国文化整合期，也是中国历史上第一个强盛的时期。这一时期形成的国家治理体系，不仅深刻影响着中国的历史进程，也决定了以后中国文化的基本格局。这一时期的壁画绘制技术得到了极大发展，在绘画题材、绘画样式等方面也有新面貌。

（一）秦代壁画

为政不久的秦代建造了许多辉煌富丽的宫殿、庙宇，在宫殿庙宇内部也尽施装饰，绘制壁画更是不可少的。然而，频繁的战争致使大量建筑被毁、彩饰尽没，唯有在埋藏于地下的部分遗迹中还能窥见一二。陕西省社会科学院考古研究所《秦都咸阳故城遗址的调查和试掘》（《考古》1962年第6期）中关于6号建筑遗址的报告：其中F2（残破房子编号）保存稍好，在壁上先涂一层厚0.5厘米的拌有草灰的细泥，然后再涂上很薄的一层石灰。上面还有壁画，壁画多用红、黄、蓝、黑等颜色绘成，有直线纹、几何纹和曲线纹。秦都咸阳考古工作站《秦都咸阳第一号宫殿建筑遗址简报》（《文物》1976年第11期）：出土残块440多块，其中最大的一块长37厘米、宽25厘米。壁画五彩缤纷，鲜艳夺目，规整而又多样化，风格雄健，具有相当高的造诣，显示了秦文化的艺术特色，壁画颜色有黑、赭、黄、大红、朱红、石青、石绿等，以黑色比例最大，赭、黄其次，饱和度很高。用的是钛铁矿、赤铁矿、朱砂等矿物质颜料。

此外，《史记·始皇本纪》记载："秦每破诸侯，写放其宫室，作之咸阳北坂上"，当是绘制各国宫室之营造图样的壁画。东晋王嘉《拾遗记》："皇元年，骞霄国献刻玉善画工名裔，使含丹青以漱地，即成魑魅及诡怪群物之像……工人以指画地，长百丈，直如绳墨。方寸之内，画以四渎五岳列国之图。又画为龙凤，骞翥若动。"

以上记载说明，在那一时期中原绘画已和西域绘画发生接触，开始吸收外来绘画的新样式。同时，秦始皇统一六国后大兴土木，于咸阳营建阿房宫，其雄伟壮丽称羡千古。其间雕梁画栋，很可能曾存在大量的壁画。

（二）汉代壁画

汉代的经济和政治繁荣稳定，统治者在黄老思想的影响下，生前尽情享乐，还幻想着死后成仙长生。因此，厚葬之气风靡天下。壁画在汉代获得了较大发展，墓葬壁画是如今唯一可见的汉代壁画形式。

由于年代久远，木结构建筑毁坏殆尽，汉代殿堂壁画和寺观壁画几乎荡然无存，只能在文献记载中窥见一斑。壁画艺术在汉代获得长足的发展，各种文献记载显示了汉代壁画进入空前的繁荣期。北宋《文苑英华》记载："汉文帝三年（公元前177年）于未央宫承明殿面届佚草、进善旌、诽谤木、敢谏鼓。"东汉班固《汉书·郊祀志》记载："作甘泉宫遗址，中为台室，画大地泰一鬼神，而置祭具以祭天神。"《汉书·苏武传》记载："宣帝甘露三年，单于入朝，上思股肱之美，乃图画其人于麒麟阁，法其形貌，署其官爵姓名。"东汉王充《论衡》记载："宣帝之时，画图汉列上，或不在于画上者，子孙耻之。"《汉书·成帝纪》记载："汉文帝在太子宫，成帝生甲观画堂。"东汉蔡质《汉官典职》记载："尚书奏事于明光殿省中，皆以明椒涂壁，紫青界之，画口烈士，重行书赞。"

据南朝范晔《后汉书》记载，汉代宫廷设"少府"，下属有"黄门署长、画宰署长、玉堂署氏各一人"，画室内有画工，即《后汉书》中所提到的"黄门画者"或"尚方画工"。汉代画家可以分为三个阶层：尚方画工、民间画工、文人画家，说明汉代已出现绘画的专门机构及人员。

据《牟子理惑论》记载："（明帝）时于洛阳城西雍门外起佛寺。于其壁画千乘万骑绕塔三匝。又于南宫清凉台，及开阳城门上作佛像。"明帝时，修造寿陵，亦于其上作佛图像。汉代寺观殿堂壁画按题材内容可以分为四个方面：宣教化、敦人伦，鬼神祭祀，宗教传播，事迹记载。

汉代墓葬壁画最早发现于20世纪早期，迄今为止见于考古发掘报告、简报、调查记录的汉代壁画墓已经达到60多座，分布在河南、陕西、甘肃、辽宁、内蒙古、河北、山西、山东、安徽、四川、江苏等地，其中，以河南和陕西为中心的中原地区分布最为集中。

依据现有考古资料，我国在汉代开始出现墓葬壁画。1987至1988年发掘的永城芒山柿园汉墓位于芒山保安山东麓下，是西汉初期的梁国墓。墓主室顶部壁画保存较好，用红、白、黑、绿四种颜料绘画而成，面积约16.8米，是我国最早的墓葬壁画。汉代墓葬壁画的兴盛主要是延续了秦以来对"升仙"的追求。

（三）秦汉壁画的特征

① 图案与颜料日趋繁复和丰富。

② 内容题材取得巨大突破，可谓"图画天地，品类万物"。具体来说，其内容上的表现有升仙神异、天象祥瑞、驱疫辟邪、经史故事、生平威仪、家居娱乐和生产活动等方面。

③ 基本格局是以强盛的大帝国为背景的大一统美术，以儒家思想为背景的礼教美术，以人生价值和终极意义为背景的神仙美术。

④ 殿堂壁画以土坯墙体为支撑体。墓室壁画有以空心砖结构的墓室，有以小砖砌成的墓室，有以石板构筑的墓室。

⑤ 以毛笔为工具，以墨为主要材料，使用化学性质稳定的朱、绿、黄、橙、紫、青、白等颜色的

矿物质颜料，有的还在颜料中掺有胶质物。秦汉早期壁画采用携线勾勒轮廓再平涂色彩的手法。东汉晚期出现大笔挥洒的写意法和不勾勒轮廓而直接施色的没骨法、单色线勾和白描法，有的还出现晕染法；构图上摆脱周以来呆板的横向排列形式，开始讲究比例和透视关系。总之，在汉墓壁画中可以找到中国画各种技法的渊源。

⑥佛教壁画开始出现。

三、魏晋南北朝壁画

这一时期是中国壁画发展的高峰期。一方面，墓葬壁画继承先前的传统继续发展，同时随着佛教的传播，出现了大量佛教寺观壁画和石窟壁画，中国壁画的三大类型至此齐备。另一方而，著名画家层出不穷，研究绘画的画论著作数不胜数。这两种情况促进了中国绘画艺术不断进步，并造就了壁画发展的高峰期，使得此时期的壁画在中国绘画发展史上占据非常重要的地位。

魏晋南北朝时期著名画家辈出，加上佛教发展的兴盛，产生了大量的寺观壁画，由于年代的久远，这些画迹已不复存在。

（一）寺观、殿堂壁画

根据《贞观公私画史》《古画品录》《续画品》《历代名画记》《图绘宝鉴》记载，当时著名的画家顾恺之、陆探微、张僧繇（合称"六朝二杰"）均在寺观创作壁画。

①顾恺之：善攻人像、佛像、禽兽、山水等壁画。画作《女史箴图》《洛神赋图》《列女仁智图》《斫琴图》等堪称珍品。画金陵瓦棺寺《维摩诘》，这是已知最早的维摩诘形象画。

②陆探微：擅长肖像、人物，学东晋顾恺之，兼攻蝉雀、马匹、木屋，亦写山水草木，多为宫廷贵族写照，当时推为最工。《历代名画记》卷二《论顾陆张吴用笔》中记载："昔张芝学崔暧、杜度草书之法，因而变之，以成今草书之体势，一笔而成，气脉相通，隔行不断，世上消之一笔书。其后陆探微亦作一笔画，连续不断，故知书画用笔同法。画镇江甘露寺。"

顾恺之与陆探微并称顾陆，共创"密体"：意存笔先，画尽意在；笔迹周密，紧劲连约如春蚕吐丝。

③张僧繇：讲求明暗、烘托的"退晕法"画"凸凹花"，有立体感，可知他已接受了外来的绘画技法，"笔才一二、像已应焉"，很像现在的速写，被称为"疏体"。

（二）石窟壁画

石窟壁画是佛教传入中国的直接产物。公元1世纪前后，佛教传播到中国古代西域疏勒国（今喀什地区）、龟兹国（今库车、拜城）、于阗国（今和田、于田）、焉耆国（今焉耆县）等地区。公元3世纪前后，佛教传播至甘南、陕西和中原地区。

佛教传播沿线分布着众多石窟，这些石窟保留了大量壁画。根据它们的绘制时期，可以大致将中国石窟壁画分为新疆石窟壁画（小乘佛教）、甘肃石窟壁画和川渝石窟壁画（大乘佛教）三个部分。其中，新疆石窟壁画数量最多。

汉代后期，统治者注重与西域的交流，西域文化逐渐传入中原。天竺、大月氏一带流行的桩陀罗式、笈多佛教壁画艺术也伴随着僧侣们的宗教活动越过大山南北，并跨过玉门关进入河西走廊、关中以至齐鲁、吴越。

绘画技法方面，天竺僧侣也越海而来，为寺观壁画的绘制带来了新颖的域外风格。最为突出的是：一度流行的"曹衣出水"式线描与具有凹凸感觉的"晕染法"结合，为中国古代壁间艺术表现增添了新的光彩。

绘画内容方面，随着寺观壁画与石窟壁画的兴起和发展，壁画的内容题材也发生了较大变化。佛教的释迦牟尼佛、观音菩萨、天龙八部、经变故事、本生故事、因缘故事等成为寺观壁画与石窟壁画的主要题材。道教也模仿佛教的宣传形式，在道观中绘制元始天尊、二清诸神像等。同时，在壁画的次要部位，常绘有各个时期善男信女的供养画像。

从这时期开始，寺观宗教题材与殿堂世俗题材壁画齐头并进、互相媲美，形成了丰富多彩的新局面，为壁画艺术的发展开辟了新的境界。

（三）墓葬壁画

曹魏两晋以来，由于战乱不已，规模宏大且雕刻精致的画像石墓很少见。中原地区较少在墓室绘制壁画，只是辽东、河西等地区仍有豪门大户沿袭汉代旧制，营建砖石结构的壁画墓。北魏开始，墓葬壁画又重新开始在中原流行。至北朝晚期，墓葬壁画取得重大发展。东晋和南朝流行用模印画像砖拼嵌墓室画，呈现出一种新的工艺方法。这一时期的壁画墓，目前共发现约120座，主要分布在辽宁、吉林、甘肃、河南、山西、河北、山东、陕西、宁夏等地。

总体说来，此时期墓葬壁画在继承汉代传统的基础上与时俱进，不断融入外来样式和时代新风，形式日趋规范，技艺逐渐成熟。具体来说，随着佛教的深入传播、道教的兴起、玄学的流行，使得包括墓葬艺术在内的整个造型艺术从内容到形式上都发生了如下四个方面的变化：

① 壁画被广泛用于官僚、贵族、帝王，墓葬的装饰突破了传统的空间布局，开创了在墓道两壁绘制大型壁画的先河。

② 场面壮观的仪仗图和格套化的墓主画像跃居主流题材，其意图旨在标示墓主人的高贵身份和显赫地位。

③ 隐逸题材绘画开始浮现，不仅潜藏着丰富的思想文化内涵，而且孕育和催生了中国山水画。

④ 名家的艺术实践和理论探索促成了绘画样式和风格的创新，导致了绘画理念和审美情趣的变化和演进，"传神"成为绘画艺术的最高境界。

总之，魏晋南北朝墓葬壁画大体展现了处于转型期的中国绘画的风貌和成就，具有承前启后、继往开来的历史地位。

四、隋代壁画

隋代统治者笃信佛教，佛教寺院、石窟的兴建不减以往，凡寺庙、石窟内必塑佛像、绘壁画。自汉魏以来的厚葬之风在隋代仍延续，墓葬壁画虽然不及魏晋，但仍在兴盛。

（一）寺观壁画

隋代著名画家辈出，加上佛教发展的兴盛，产生了大量的寺观壁画，然而由于年代久远，这些画迹已不复存在。唯有从一些文字记载中可以窥见当时的壁画制作技艺水平。以唐代张彦远《历代名画记》来看，当时参加寺观壁画绘制的画家就有数十人，如展子虔、董伯仁、孙尚子、郑法士、杨契丹、田僧亮、江志等，都享有佛寺壁画名家的盛名。

（二）石窟壁画

隋代石窟壁画处于过渡时期，在内容题材、人物造型、绘画技法、绘画风格等方面均有所突破和创新，为壁画在唐代发展至巅峰期奠定了基础。这与隋朝经营丝绸之路，加强与西域的贸易往来，大力促进中西文化交流是分不开的。

壁画内容方面，大乘佛教题材逐渐取代小乘佛教题材，本生、因缘、佛传故事日渐减少，经变画日趋增多，法华经变、维摩诘经变、弥勒经变等相继出现，新出现的经变画改变了以叙事为主的北朝艺术传统，探索了以绘境（如净土环境）、绘人（如维摩诘居士）为主的内涵更为丰富的表现形式，以适应新题材的需要。尽管这些新的经变表现形式还不成熟，但仅就壁画艺术表现力的增强来看，无疑是前进了一大步。

壁画布局方面，在继承北朝模式的基础上做出了迎合壁画内容需要的变化。人物造型方面，画家在大胆地探索过程中创作各类人物的典型形象，逐渐形成了隋代统一的风格。以菩萨像为例，在北周时期出现的头大、腿短等比例失调的特点，在隋代末期逐渐消失；脸形出现了方形、长方形、广额等多种形式；菩萨的姿态从原先呆板的双腿并立过渡到一条腿微曲，将重心放在另一条腿上的自然倾斜状态；从早期较多的夸张、想象逐渐趋于写实风格；装饰上多半袒露右肩，腰束锦带，衣服上装饰各种波斯风格的织锦花纹。

绘画技法方面，描线既有精细的"铁线描"，又开创了效果豪放的"蓝叶描"。涂色方面，在晕染法的基础上，将西方的"明暗对比法"与中原的"渲染法"融为一体，使人物脸部的形象既表现出红润的色泽，又具有阴阳明暗的立体效果。将西方绘画技法与中原民族绘画技法相融合，从而促进了我国绘画技艺的发展。

绘画风格方面，隋代石窟壁画有两种不同的风格。"疏体"线描精炼，赋色单纯，晕染浅淡，人物神情庄重娴雅；"密体"人物造型以及衬托人物的环境都刻得细腻真实，色彩艳丽，晕染层次多而浓重。无论疏体还是密体，都受到中原绘画风格的影响，至唐初融为一体，成为唐代壁画风格的基础。

（三）隋代壁画的特点

隋代壁画艺术的成就是多方面的，并且对后世壁画的发展有积极而深远的影响。

① 融汇了不同的艺术风格。隋代消除了南北阻碍，中原与边疆畅通无阻，中原艺术源源不断地传到边疆，浓厚的中原艺术色彩开始出现在边疆地区。

② 华丽的中原风格和质朴的地方色彩相结合，是隋代壁画艺术的时代特色。重青绿，间朱赭，敷金彩，勾色线，表现了以画风华丽细腻为特点的格调；又以赭线勾勒，青、绿、赭、黑为主调，笔力洒脱，不加修饰，画风朴实疏朗，潇洒自然。

③ 晕染技法发生演变。北朝壁画主要技法之一是以素面绘供养人，以西域凹凸法表现宗教人物，隋代不仅继承沿肌肤边缘、眼眶周围叠染成凹凸、加填白鼻白眼"小"字脸的，也有虹晕鼻梁眼睑，叠晕兼施的，还有以肉红晕开于双颊四肢隆起处的。

在石窟壁画艺术史上，隋代无疑是变革的活跃时期，国家统一、经济发展、中西交往频繁的有利条件，使眼界大开的隋代石窟艺术充满活力。如今看来，尽管壁画变色严重、人物肌肤晕染略显杂乱

13

无章,但是隋代壁画艺术中蕴藏着无限活力,尤其是那些可贵的探索,如经变画新题材的引进、经变画形式的尝试和创新、晕染技法的发展、装饰图案使用范围的扩大,都为那一时期的壁画和彩塑增色不少。整体上,隋代壁画艺术显然还处于幼稚朴拙的阶段,然而隋代大部分艺术探索都被唐代继承下来并加以发展。就此而论,隋代壁画艺术起到了承上启下的重要作用。

五、唐代壁画

唐代经济繁荣,文化昌盛,出现了政治长期稳定、国富民强、百姓安居的局面,壁画也得以全面发展。隋唐以前,器物和建筑物上的绘画总体上占据中国画的主流。到了唐代,卷轴画逐渐弱化了以往壁画与器饰的功能,从更典型、更高级的层次上反映出中国绘画的普遍认识和发展规律。因此从宏观的角度将唐代看成我国壁画艺术的鼎盛时期是恰当的。壁画艺术在唐代已经形成了成熟的模式,这种模式不仅总结了前代绘画技法、体现了唐画风貌,也确立了未来中国壁画艺术发展的范式。

(一)寺观壁画

唐朝寺观及其僧、道在以皇室为首的上层统治者支持下,得到了优厚的待遇,形成了一种特殊的社会经济地位,这是唐朝寺观壁画艺术得以发展和昌盛的重要条件。这一时期著名画家辈出,包括阎立本、尉迟乙僧、吴道子、卢棱伽、陈子昂等人,伴随着佛教发展兴盛,名家云集,促使大量寺观壁画产生,但由于年代久远,大多已不复存在。

实物考古资料仅发现山西省五台县佛光寺壁画。该壁画绘于殿内拱眼壁和明间佛座背面。其中东大殿北槽次间拱眼壁上绘制一横幅《西方佛会图》,画面分三组布局,中间绘"释迦牟尼说法图",释迦牟尼居中,观世音菩萨、大势至菩萨等七菩萨协侍两旁;两侧绘文殊菩萨、普贤菩萨各自成局,也有协侍菩萨,作赴会行进状态,两端绘供养人像,北像为僧装,南像为俗装。壁画造型丰满、技巧熟练,媲美同时期的敦煌壁画。

(二)石窟壁画

唐代是中国石窟壁画艺术发展的鼎盛期,原因在于其艺术价值高和实物遗存数量多。唐代石窟壁画主要分布在新疆克孜尔石窟、库木吐拉石窟,甘肃敦煌石窟、麦积山石窟、天梯山石窟、炳灵寺石窟、川渝石窟等,仅就敦煌莫高窟就有236个唐代洞窟的壁画遗存。同时,莫高窟唐代壁画时代较为明确,窟龛划分清楚,作品风格区分也较为明显。

内容题材方面,唐朝石窟壁画逐渐以各种净土经变代替了魏至隋时期颂扬佛陀各种牺牲行为的本生故事画。武德年间,基本上还保持着隋代经变的简单内容和形式,至贞观时期壁画艺术得到飞跃式发展,大型经变逐渐增多。除隋代所见的《阿弥陀经变》《东方药师经变》或《维摩诘经变》《弥勒上生经变》《涅槃经变》《法华经变》和佛传中的《乘象入胎》《夜半逾城》外,出现了《观无量寿经》中的《未生怨》《十六观》《九品往生》和《弥勒下生经变》《文殊变》《普贤变》等。藻井、边饰、圆光、华盖、瞳幡、莲座、地毯、花砖、栏板及服饰上的装饰图案纹样丰富多彩。

技法方面,初唐壁画结构图上出现了主体式与叙述式相结合的构图形式。例如,以佛在伽耶山说法为主体,形体较大,周围圣众较小,伽耶山两侧及下部为佛说的各种比喻,以山水为背景,有各类人物、动物、寺塔、房舍、城阙、长城等,形象更小,衬托得中心主体人物更为突出。初唐人型经变构图特点是:

画面人物和景物配置丰满,突出主体的同时又兼顾周围相互间的对称、均衡疏格、远近等关系,因此富有装饰性。其次,运用散点透视与弓瞰相结合来处理人物和景物的位置关系,使画面构图丰满,具有舒适的空间感。最后,远观近看两相宜。远看气魄雄浑、开朗深邃、富丽堂皇,近看绘工精细、引人入胜。

造型方面,人物面相由清秀逐渐趋向丰满、结实转变,人体比例适度,无论是佛、菩萨、帝释、梵天、天王、力士,还是比丘、居士、帝王、后妃、臣僚、仆役、平民、胡商、婆罗门等,从衣着服饰到行坐举止的刻画,无不以现实人物的形、神为蓝本,有的在面部五官上表现不同人物的个性,有的在动作、姿态之间彼此互相呼应以传神。因此,唐代壁画人物造型具有现实生活中人物的真实感和世俗化特点,特别明显的变化是:壁画中比比皆是的菩萨已完全女性化。

线描方面,多由隋代比较粗壮自由的线描逐渐转变为兰叶线描,主要用于衣纹、甄花,配合色的晕染,更能体现针织品的质感。同一幅画作中,线的颜色也有变化,根据不同物象采用不同线描和送笔技巧。展现出线的粗细、曲直、刚柔、虚实和长短变化,神灵形象多用土红色勾线,俗人形象常以淡墨轻描,故而前者给人红润光彩的感觉,后者产生素白如玉的效果。在敷色涂彩上,则多以泥壁为底,色调温和、典雅,别有风采。初唐画工试用朱线取代隋代的上红线,使得轮廓明快,画面焕然一新。唐代壁画创作中常见的线描有以下几种形式:

① 淡墨线起稿,朱线定形,白线提神。

② 朱线起稿,浓墨线定形,白线提神。

③ 淡墨线起稿,浓墨线定形。

④ 墨线描肉体,朱线描衣纹。

⑤ 朱线描肉体,晏线描衣纹。

晚唐时期,壁画已失去初、盛唐时期清新明朗、金碧辉煌的格调,经变画故事情节增多,画面显得琐碎、冗繁,中唐时出现的构图形象程式化、概念化的倾向愈发显著,但是由于开凿高大洞窟,出现了一些画面开阔、气势磅礴的壁画,佛经故事画也为取悦世俗民众,加强了故事性、戏剧性、趣味性和娱乐性,从而创作出一些艺术性较强的壁画。

(三)墓葬壁画

唐代是中国墓葬壁画发展的鼎盛期,其创作数量之多、规模之大、水平之高,可谓空前绝后。目前共发现唐代壁画墓约150座,其中大部分分布在陕西关中地区。从壁画布局和内容题材变化的情况来看,唐代墓葬壁画可分为三个阶段:第一阶段为初唐至盛唐,即唐代墓葬壁画特征形成和发展时期。壁画采用甲栏式,壁画布局趋向一致,壁画内容不仅有多种出行图,游乐题材也多起来,出现影作的仿木结构,配合男女侍从的形象,使墓室具有宅院化的特点。第二阶段为中唐时期,绘于墓道中的壁画逐渐减少,墓室中流行主人像和折扇式人物屏风画。第三阶段为晚唐时期,壁画越来越简化,流行六折式人物、花鸟图、云鹤、十二生肖、家居生活、乐舞游乐、仕女侍堂等题材。

唐墓壁画从内容上可分为两个不同的图像系统:

第一,表现贵族府邸(或宫苑)内外场景的现实性图像系统,包括墓道东西两壁:仪仗队、车马出行、年舆、轿辇、狩猎出行、打马球、客使、门史苓;靠近墓道的过洞、天井壁面上;仪武、列戟架、文史等;靠近甬道的过洞、天井与甬道两壁:内侍、侍女、宫女、贵妇;墓室壁:侍女、宫女、乐舞、屏风等。其中。仪仗队、车舆、门吏、列戟架、仪卫、内侍（或宦官）、侍女（或宫女）、贵妇、乐舞、屏风等，是唐代壁画墓中普遍出现的图像，是构成这一图像系统中的主要成分，具有一定的规范性。当然，这些图像随着墓葬规格、墓主人身份、时代不同而有所变化，各个图像成分也会有所消长，但是有一些图像如阙楼、狩猎出行、打马球、客使、驯豹、朝服文官等，只出现在某些太子、公主、亲王的墓中，不具有严格的规范性。

第二，表现宇宙时空的图像和标示升仙、吉祥或厌胜的图像所构成的图像系统。宇宙图像包括：①墓室顶部：天象图；②墓室南北两壁：朱雀、玄武或十二生肖图像（四神十二时）；③墓道东西两壁前端：青龙、白虎。唐代开元前，①和③构成关中唐代壁画墓宇宙图像的基本组合形式，开元年间起，在墓室南北两壁配备朱雀、玄武，配成完整四神系统，是唐代壁画墓宇宙图像成分的重要变化。神瑞图像包括：①甬道顶部或天井上方绘仙人、飞天、祥云；②墓道东西两壁绘仙人、云中车马、祥云、忍冬、莲花等。神瑞图像在唐代壁画也不像天象，四神宇宙图像在墓中比较固定、规范化，它们在唐代壁画墓中出现不普遍，有较大的偶然性，缺乏固定的格式。其中的祥云出现频率较高，神瑞图像在布局构图上有两个显著特点：其一，一般画在高于现实人物图像的地方；其二，绝大多数神瑞图像都向南，与仪仗队的行进方向一致。

六、五代壁画

（一）寺观壁画

五代十国时期的中原地区，由于统治者和佛教界都需要壁画为自己服务，壁画制作之风虽不及唐代，但也十分兴旺发达，名家辈出。当中原战乱频繁之际，西蜀、南唐、吴越等地区政局稳定、经济繁荣、生活安定，不少北方的文人、画家、技工相继外迁。西蜀、南唐等地区的执政者重视文学艺术的发展，专门成立画院，使画师的地位得以提高，促进了南方地区壁画艺术的繁荣。然而，五代时期的寺观壁画较为完整保存至今的仅余山西平顺县大云院。

平顺县大云院壁画位于山西平顺县城西北龙耳山中，绘于五代晋天福二年（938年）。现存五代壁画在大佛殿东壁和扇面墙上，约21平方米。东壁绘《维摩诘经变》，维摩诘像面部残损，文殊菩萨相对而坐，面相端庄，举止安详，与正在辩论中的维摩诘的激动神情形成对比。他们身后，各有菩萨、罗汉、天王、神将、侍从等，中央是香积菩萨、舍利佛和持花天女。上方绘有飞天及种种奇妙景象，扇面正面绘观音、大势至二菩萨，背面画西方净土变，画工精细，色彩鲜丽，画风与敦煌同期壁画相似，画中乐舞伎都作宫女装束，与敦煌同时期中乐舞伎作菩萨装束不同。

（二）石窟壁画

五代石窟壁画内容，承袭晚唐，绘制在各窟主室内的显著壁面上，以边饰为界。四壁下部，用拼风格式，画本生故事、佛经故事、供养菩萨或供养人行列。例如，敦煌莫高窟第61窟四壁的《五台山图》（高3.42米、宽13.45米）就是一幅气势宏伟的杰作。五台山是文殊师利久居的胜山、说法的道场。图上部自北而南，并列着东、北、中、西、南五台，各任山环抱。空中神迹化现，峰前山间通布塔寺庐庵，道俗巡礼络绎不绝。下部北起镇州，南至太原，中经五台山，两路初拜文殊殿的朝山香客返途中。全图塔寺屋宇建筑物达179处，桥梁达13座；榜题清晰可辨的有112方；佛与菩萨有20尊，僧俗人物有428人；乘骑驮马48匹，运驼13峰。这些人马三五成群，结队而行，经山城，穿冈峦，拜寺塔，迂回攀登。《五台山图》是山水人物画，也是一幅古迹导游图。更可贵的是，它为今人研究建筑史、佛教史、社会史等提供了珍贵的形象资料。

（三）墓葬壁画

五代墓葬壁画所见不多，比较重要的有河北曲阳西燕村后唐同光二年的北平王王处直墓、陕西彬县前家咀村后周显德五年的卫王冯晖墓、四川成都市成华区的孟知祥墓等。五代壁画时间虽短，但上承唐代画风，下接宋元画迹，起到了沟通脉络的积极作用，尤其是它独特的风格，对宋初、西夏、元代壁画颇有影响。

七、元、明、清壁画

（一）元代壁画

蒙古族崇信佛教，元朝佛教的发展未受到任何阻挠。同时，道教也被提倡，所以元朝出现了佛、道两教并存的局面。元代壁画以寺观壁画为主，少见墓葬壁画，石窟壁画亦罕见于敦煌之外的地区。

元代寺观壁画约有1500平方米，主要分布在山西省芮城县永乐宫的龙虎殿、三清殿、纯阳殿、重阳殿；洪洞县广胜寺大雄宝殿、水神殿，庙内有明应王殿；高平市万方宫三清殿；稷山县兴化寺、青龙寺；陕西省耀州区南庵《朝元图》等。永乐宫各殿中，以三清殿和纯阳殿的壁画最为精彩。三清殿朝元图描绘道府诸神朝谒元始天尊，故名朝元壁画。此图构图宏阔，气势磅礴，所绘人物个个神采奕奕，表情动作无雷同，人物服饰冠戴华丽辉煌，色彩采用亘彩勾填，此风格远承唐宋壁画传统，在元代画坛上独树一帜，同时也折射着宋、元时代的社会生活。壁画中官吏、平民、农夫、乞丐的服饰装束，使用的器物，居住的亭台楼榭，出入的酒肆茶寮等都成了极有价值的图文资料。

元代石窟壁画在西夏壁画的基础上大量吸收藏传佛教艺术的内容和表现形式，在敦煌莫高窟壁画艺术发展史上独树一帜。同时，元代石窟壁画艺术既有前代艺术遗产的借鉴，更有许多新的元素传入，壁画的内容和形式都一展新貌。

（二）明代壁画

明代初期，朱元璋沿袭宋制，恢复了御用画院，许多画家因绘制壁画而得宠。明代统治者对壁画创作有严格的规定，若有违反必定严惩，使得画家们怵然自警，这也是明代壁画日趋衰败的重要原因之一。明代壁画艺术已远不及同期卷轴画盛行，现存壁画遗迹共10余处，包括北京法海寺、山西新绛东屈稷益庙、汾阳圣母庙、平遥镇国寺、河北正定龙兴寺、河北石家庄毗卢寺、天津蓟州独乐寺、四川蓬溪宝梵寺、云南丽江大觉宫等。其中，四川成都地区保存的明代壁画数量最多，包括新津观音寺、新都龙藏寺、青白江明教寺、蒲江河沙寺、邛崃磐陀寺，其分布之密集、内容之丰富，全国罕见。

在全国各地的明代寺观壁画中，新津观音寺、北京法海寺壁画保存最好、制作最精良。与敦煌莫高窟壁画和永乐宫壁画相比，在规模力度、气势上不及前二者，但在精细程度和用金之技法上确实有其高超之处。当明代的文人画家们对写实人物画尤其是宗教绘画兴趣淡漠的时候，民间的画工们从生活中汲取养分，以高涨的创作热情投入到这些深受老百姓喜爱的佛教故事题材中，在艰辛的工作条件下，塑造出了非常动人的艺术形象，为我国壁画艺术宝库留下了珍贵的宝藏。法海寺壁画沿袭唐代传统模式，而人物形象又有着明显的时代特征。佛教壁画中表现帝释梵天的作品在南朝梁代已出现，至唐代时期就广为流行，不少著名画家都表现过这一题材。宋、元以来，在寺院壁画中绘帝释梵天图仍极为流行，同时由于后期佛、道掺杂，佛教图像中有不少道教的神像，如道教中的紫微大帝、东岳大帝、雷神、风神等，也加入佛教图像行列。法海寺壁画帝释梵天图承袭唐制，二十诸天中没有道教神像，而且构图布局和形象处理与唐、宋作品有着更多的传承关系。

（三）清代壁画

清代宫廷不设画院，但宫廷内部的绘画活动仍然活跃，尤其是文人画风，而壁画不再被视为正统绘事，与此同时，民间画工行会组织出现，开始承担庙堂彩绘和壁画绘制。清代壁画数量颇丰，其中，比较著名的有甘肃张掖大佛寺、山东泰安岱庙、太平天国壁画、故宫长春宫回廊壁画等。

第二章 四川古代壁画保护历程及现状

自中华人民共和国成立以来，我国在壁画保护领域做出了大量的修复技术研究工作，例如，中国文化遗产研究院实施山西永乐宫壁画整体揭取、迁移、复原以及壁画修复材料工艺相关研究。陕西碑林博物馆和陕西历史博物馆对唐代墓葬壁画的揭取、迁移、复原。甘肃省博物馆在潮湿环境下的壁画保护研究。敦煌研究院围绕石窟壁画保护所开展的系列研究工作等。回顾70余年来，我国在壁画保护的研究与修复工作中，既有许多成功经验，也有一些失败教训。总结这些经验和教训，明确今后的研究重点，对于壁画保护工作具有重要的现实意义和深远的历史意义。

四川省也开展了壁画保护的相关研究，例如，对整幅大面积壁画的揭取、迁移、复原。

第一节 壁画保护的发展历程及现状

一、壁画保存环境研究

壁画保存气象环境监测与分析研究是壁画保护中最基本、最重要的工作，它关系到壁画病害产生的原因，有助于研究支撑体加固的工艺、材料，壁画修复材料工艺等多方面。在过去的文物保护工作中，受到研究水平和经费条件限制，仅有敦煌石窟、陕西历史博物馆等单位开展了壁画保存环境研究。

近年来，四川地区壁画受环境污染的损害日益加剧，大气污染中的粉尘及酸性气体导致壁画保存环境恶化，四川盆地空气扩散条件较差，对壁画的保护带来较大影响。

二、壁画病害机理研究

材料在环境因素的作用下发生老化变质是自然客观规律，壁画由复合材料组成，又处于特定的环境因素中，壁画的病害是由材料和环境共同作用产生的变质。病害机理研究的目的就是对壁画老化变质的原因、速度、规律做出准确的判断，为科学修复壁画奠定理论基础。同时，病害机理研究应从壁画保存环境、壁画制作材料与工艺研究等方面着手进行。

我国在壁画病害机理研究方面，已完成的系统全面研究主要有三项：古代壁画红色颜料变色机理研究、壁画酥碱病害机理研究、壁画起甲病害机理研究。

（一）古代壁画红色颜料变色机理研究

古代壁画中最常使用的红色颜料有铁红（$\alpha-Fe_2O_3$，也称红土、土红）、朱砂（HgS）、铅丹（Pb_3O_4）。研究表明，铅丹是三种颜料中最易变色的。不仅如此，凡是含铅颜料在高湿度及光照环境条件下，都易发生变色。该项研究成功地找到了红色颜料变色的湿度条件，即RH>70%。

（二）壁画酥碱病害机理研究

壁画酥碱病害是壁画病害中最严重、危害性最高、治理难度最大的病害，被称为壁画"癌症"。壁画发生酥碱病害产生的原因是壁画支撑体、地仗层中的可溶性盐类遇水后溶解、移动，并随着水分的蒸发，可溶性盐类在壁画结构体内重新结晶富集。当有新的水分时，这些盐类又重新溶解，水分蒸发后又重新富集，即这些可溶盐始终处于溶解—结晶—再溶解—再结晶的不断变化之中，每次结晶时挤压周围黏土颗粒，同时结晶地点不同，造成壁画结构酥碱松动。

（三）壁画起甲病害机理研究

干壁画制作时常以一定浓度的动物胶作为黏合剂，在壁画的干燥过程中，胶液凝胶化过程受当时制作时的温度、湿度限制而达到一种平衡状态，颜料则填充于凝胶体的网络结构之中。当环境温度、湿度变化时，含有一定水分的网络状结构凝胶体平衡被打破，从外界环境口吸水膨胀或失水收缩，直至达到新的平衡状态。在此过程中，吸水膨胀或失水收缩速率常常不相等，当收缩力大于其凝胶体所能承受的最大屈服点时，便断裂为更小些的蛋白质分子，此时，凝胶体收缩内应力释放，达到一个新的平衡状态。当环境温度、湿度再次变化时，在动物胶未完全老化前，该平衡又被打破，向另一个更稳定状态发展，此过程的多次循环往复，最终导致了壁画起甲病害的发生。

三、壁画制作材料与工艺分析

目前，国内在壁画颜料分析方面的研究成果较多，这是由于考古研究和文物保护两方面的需要。在壁画考古研究方面，诸如不同时期壁画颜料及绘画技法的差异、壁画颜料的来源等问题，应用现代分析方法对颜料成分及结构进行研究，通过颜料中特征元素的分析，结合考古研究成果探索壁画的艺术渊源。对于壁画保护而言，许多壁画病害，诸如颜料变色、褪色、粉化、脱落等都与壁画颜料及胶结材料有直接关系。因此，在制定壁画保护方案时，例如揭取方案、选择修复材料及工艺时，首先要求对壁画颜料进行研究，以这些数据为基础，制定出科学、合理、经济、有效的壁画保护方案。

有关壁画颜料的研究历来受到文物保护界的重视，如20世纪80年代末期，敦煌研究院与化工部兰州涂料研究所合作，进行了题为《敦煌莫高窟壁画、彩塑用彩色颜料的剖析研究》的课题研究，对莫高窟11个朝代的44个洞窟中的各色颜料采用XRD和XRF方法进行了全面系统的研究，为敦煌壁画、彩塑的保护奠定了基础，还有陕西历史博物馆对唐墓壁画颜料、河南博物院对西汉壁画颜料、秦兵马俑博物馆对彩绘俑颜料、西安文物保护中心对汉阳陵兵马俑彩绘颜料、甘肃省博物馆对酒泉魏晋墓壁画颜料的分析等，所使用的现代仪器分析方法达十余种。目前在颜料分析方法上，比较一致的观点是采用XRD方法分析颜料的显色成分，采用矿相显微分析方法研究颜料的杂质成分，采用SEM方法分析颜料的微观形态特征及其元素成分。

相对于壁画颜料分析研究而言，有关壁画颜料中胶结材料的分析则很少。

四、壁画修复材料研究

我国自1957年捷克壁画保护专家约瑟夫·格拉尔使用医用注射器注射黏合剂方法对莫高窟第474

窟的起甲壁画的保护修复获得成功后，1962年在莫高窟应用聚乙烯醇和聚醋酸乙烯酯的水溶液进行试验，部分洞窟还采用了聚乙烯醇缩丁醛的乙醇溶液，并于1979年研究了聚乙烯醇和聚醋酸乙烯酯乳液的性能及在壁画保护中的应用。研究认为，聚乙烯醇和聚醋酸乙烯酯乳液具有很强的抗光老化性能，在洞窟较微弱的光照下，它们是非常耐老化的壁画修复黏合剂。苏伯民等人用聚醋酸乙烯酯乳液、聚丙烯酸酯乳液和Paraloid B72作加固材料对壁画颜料颜色的影响进行了研究，认为从壁画色度改变角度考虑，聚醋酸乙烯酯乳液和聚丙烯酸酯乳液作为敦煌壁画的加固材料较为理想，Paraloid B72对壁画颜料色度改变较大，不宜使用。汪万福等人通过测定聚醋酸乙烯酯乳液、聚乙烯醇、Paraloid B72、AC-33等几种材料的原液固含量、pH值、黏度、表面张力、冻融、高温稳定性、灰分、稀释稳定性、水可溶性、比重、密度等数据，认为聚醋酸乙烯酯乳液和聚乙烯醇在较寒冷的环境中不宜使用，而ROY-6260和AC-33具有较好的抗冻融性。聚醋酸乙烯酯乳液在水中浸泡24小时后，80%以上溶解，因此在潮湿环境下不宜使用。范宇权等人用有机硅氧烷、水溶性环氧树脂、AC-33、AC-3444、聚醋酸乙烯酯乳液、Paraloid B72、硅酸锂对壁画颜料颜色影响进行了研究，认为聚醋酸乙烯酯乳液和丙烯酸乳液是目前较有效的壁画加固材料。2003年，柳太吉等对麦积山石窟瑞应寺大殿内前室及帐内左、右山墙上壁画进行了保护，对颜料层泡状起甲部位以3%聚醋酸乙烯酯乳液与2.5%聚乙烯醇按3:1配制后进行渗透回贴加固。表面用2.5%聚醋酸乙烯酯乳液涂刷封护。常亚平总结了山西寺观壁画龟裂起甲病害的修复方法，首先对龟裂起甲部位清尘，用气囊和自制小型吹尘器除去尘土；然后注射黏合剂粘接加固，黏合剂为100（水）:2（明胶）:3（矾）（质量比）的胶矾水，脱脂棉压实，再贴压平实。敦煌研究院在西藏布达拉宫、罗布林卡及萨迦寺壁画修复中，针对西藏气候及壁画表面涂有清漆层的特点，采用了聚醋酸乙烯酯乳液、聚丙烯酸酯乳液和AC-33乳液进行加固，并在西藏地区推广应用。

综上所述，国内壁画常用的颜料层加固修复材料可分为两大类：一为传统的动植物胶；二为合成高分子材料，主要有聚醋酸乙烯的乳液、聚丙烯酸酯乳液和Paraloid B72等。我国壁画因类型较多，分布地域广泛，各地壁画所处环境条件不同。20世纪50年代，因适应墓室壁画揭取的需要临时采取加固措施，壁画颜料层保护材料以传统材料胶矾水为主。同时使用一些合成高分子材料，如聚醋酸乙烯的乳液、聚丙烯酸酯乳液等材料。在壁画保护领域，研究筛选新的、性能良好的壁画保护修复材料，如清洗剂、表面封护剂、加固剂、防霉剂等，是工作重点和难点之一。

五、壁画揭取、迁移、复原研究

壁画的揭取、迁移、复原是一项工艺技术比较复杂的不可逆操作过程，随后的加固修复更是一项原则性强、技术要求高的工作，需要及时、细致、耐心进行的精细操作过程。由于壁画及其所依附的建筑物是作为古代艺术品的一个整体来看待的，因此一般情况下应尽量避免使用这种方法保护壁画，这是确定采取其他任何方法都不能够使壁画在原地得到有效保护时，迫不得已而采取的一种保护方法。如墓葬经发掘后，墓葬本身已无法保护或进行保护代价太高，此时可采取揭取、迁移的方法保存墓葬壁画；再如古建筑因基本建设的需要而迁建或需要落架大修时，必须首先将壁画进行揭取、迁移，待整个建筑物修复后，再将壁画进行复原。还有石窟重层壁画，为使下面的壁画"重见天日"，进行揭取、迁移。

揭取、迁移、复原壁画的工艺一般可分为以下步骤：

①揭取壁画：包括清除画面灰尘、污物，加固颜料层，分割画面刷胶，并贴布揭取等。

②背面加固：包括清除杂物，加固背面颜料层或地仗层，复制背面地仗层（如果必要），贴两层玻璃纤维布，安装木龙古、角铁架、轻质铝合金框架或蜂窝铝板。

③复原：包括软化表面贴布、揭取壁画表面贴布、清除壁画颜料层表面余胶、修复颜料层。

因壁画由支撑体、地仗层、颜料层三部分组成，揭取壁画时也有三种方法可供选择，即仅揭取壁画颜料层，壁画颜料层与地仗层一起揭取，颜料层、地仗层、部分支撑体一同揭取。

揭取壁画颜料层的方法适合于以下情况的壁画保护：①地仗层非常脆弱；②地仗层与颜料层黏合状况很差，不允许颜料层和地仗层一起揭取；③地仗层太薄或根本没有地仗层；④壁画表面不是一个平面或表面凹凸不平；⑤希望揭取下的壁画重量较轻，易迁移。该方法的优点是：适用范围广，原则上任何结构的壁画都能应用该方法揭取；揭取壁画的面积较大，可以充分考虑画面内容来确定分割方式；对不是平面的壁画尤其适用，对于无地仗层或地仗层很薄的壁画揭取保护只能采取这种方法。缺点是：操作复杂；所需胶材料种类多；在表面贴布时需频繁用胶，势必增加了颜料层中现代胶的含量，为今后保护壁画埋下隐患。

壁画颜料层和地仗层一起揭取的方法适合于颜料层与地仗层黏合比较紧密，而地仗层与支撑体黏合较差的情况，是壁画揭取保护中最常用的方法。早期的揭取方法是将壁画分割成便于移动的小块，并在表面贴布后拆除背面墙体或沿着地仗与墙体的结合处撬开，妥善固定剥离下来的壁画块，迁移到预定地点进行背面加固、修整，最后回贴到准备好的墙面上，并作接缝处的修补。随着壁画揭取技术的不断改进，壁画分割面积越来越大，压至达到整幅壁画不分割，也有多幅壁画不分割而整体揭取的成功实例。同时，由于表面贴布不仅增加了工序、材料，而且在壁画复原时揭取画面贴布时对壁画颜料层影响较大，在壁画地仗层保存状况比较好、地仗层有较好的韧性（石窟壁画和多数建筑壁间中以麦草、棉麻为补充材料的泥质地仗）情况下，现在不使用表面贴布的方法揭取壁画。

揭取壁画颜料层、地仗层以及部分支撑体的方法适合于地仗层非常紧密，且与支撑体黏合非常紧密的情况，这种方法可以较多地保存壁画的历史文化信息，但因其操作工艺复杂、工程量大、工程预算大，现在一般很少使用。国内采取该方法揭取保护壁画的知名案例仅有两例，即山西永乐宫壁画的揭取和山东省济南市一座壁画墓的整体吊运。

六、专项研究

（一）壁画生物侵蚀研究

1. 微生物对壁画的危害

古代在制作壁画过程中，往往在地仗泥中添加草、麻、棉等纤维质材料，以增加强度，同时在绘画过程中往往添加动、植物胶等蛋白质材料，自然界中几乎无处不在的微生物附着在壁画上面后，很容易滋生蔓延。壁画表面的病害微生物以真菌为主，但为数不多的细菌在壁画材料劣化过程中也发挥着很大的作用。壁画中的有机质材料给微生物的生长繁殖提供了碳源，对壁画酥碱粉化、变色与褪色等病害也可能造成直接或间接的影响。

壁画千百年来不断风化，其影响因素除了化学和物理作用之外，还包括微生物的作用。例如，对位于黄河岸边的炳灵寺石窟进行地质调查时，经对石窟造像的红砂岩进行分析，我们发现，其胶结泥质中含有铁的氧化物，红砂岩实质上是硫酸盐还原细菌和铁细菌生长、繁殖的介质。这些菌类的还原作用会破坏砂岩的胶结剂，加速红砂岩的风化。

2. 昆虫对壁画的危害

在四川，对古建筑壁画产生危害的主要是等齿目昆虫，即白蚁。白蚁的种类很多，全世界有2000种以上，四川地区不少于100种，其中能够危害古建筑的白蚁主要是鼻白蚁的家白蚁、黄肢散白蚁、黑胸散白蚁等，他们能给古建筑造成毁灭性的损害。此外，昆虫落在壁画表面后，其触角和肢脚划伤画面造成壁画的物理褪色。昆虫粪便排泄到壁画表面，在污染画面的同时引起颜料层局部胶含量过高导致起甲病害的发生。

3. 植物对壁画的危害

不同的植物具有差异很大的生长类型，其中一些植物根系可沿岩体或墙体裂隙生长，通过根劈作用使裂隙加宽，导致岩体或墙体稳定性显著下降乃至丧失，也有可能导致洞窟或古建筑内部渗水病害的加剧。另外，植物分泌的一些有机酸也会对石窟壁画和墓葬壁画造成负面影响，使壁画的劣化程度加深。

（二）壁画水害治理研究

水可以直接或间接引发任何材料的文物发生病变，文物保护中的防水、治水一直是文物保护的重点及难点。为防止水对壁画材料的劣化作用，总体思路是：对于馆藏壁画，应以壁画材料对湿度的反应机理为依据，采取控制湿度在某一限定范围内变化，最好是恒温恒湿保护。对于室外文物，则应以文物材料和文物所处环境特征为依据，在查明水分来源的基础上，因地制宜，制定出切实可行、有效阻止水分劣化文物材料的治水方案，一般采取"堵""盖""导""排"结合的综合治理方案，也正因为如此，才使得各地区壁画保护中治水、防水措施各具特色，如敦煌莫高窟窟前有许多绿化树木，每年4—10月需要频繁浇灌，浇灌量很大，距离洞窟又近。研究表明，莫高窟底层洞窟壁画酥碱病变正是这些浇灌窟前树木的地表水渗入洞窟围岩所造成。为了防治酥碱病害，又不能砍伐这些窟前树木，现主要采取以滴灌代替大水浇灌、分阶段更新树木种类，以达到治水的目的。

（三）馆藏壁画保护修复研究

20世纪60年代，我国用生漆贴布作为馆藏壁画的过渡层。70年代开始采用环氧树脂和方管状铝合金型材框架作为支撑体。环氧树脂层厚度大约1毫米，并与铝合金框架组成支撑体。1981年，对山东嘉祥山隋墓揭取壁画，采用桃胶加固灰泥层，在石膏中嵌入铁丝网作为壁画支撑体。1982年，对水乐宫揭取壁画复原性修复，壁画经修整、加固后复原到建筑物的原位。1983年，对辽宁北票莲花山辽墓揭取的壁画，以加有三甲树脂的石膏作为支撑体。1990年，对北周李贤墓揭取壁画进行修复，采用E44环氧树脂、3051聚酰胺树脂和玻璃纤维布制成1.5~2.0厘米厚度支撑层。同一时期少林寺千佛殿壁画和芒砀山西汉柿园墓壁画的修复，也采用石棉纤维增强的环氧树脂+木龙骨框架作为支撑体。1993年，对青海省瞿坛寺揭取壁画的修复，采用环氧树脂粘接空心方钢管框架作为支撑体，并将壁画复原到建筑物的原位。1996年，唐墓壁画修复开始采用环氧树脂粘接铝合金型材框架作为支撑体。薛俊彦对嘉峪关魏晋壁画五号墓的壁画采用搬迁与半地下复原的方式保护。2003年，对由玻璃纤维布增强环氧树脂+木龙骨框架支撑体的弯曲变形以及对揭取壁画的损坏机理进行了研究。

第二节　存在的问题

（一）壁画保护不改变原状的理念问题

文物保护是一门新兴的文理交叉并重的综合性学科，其内容是多方面的，对文物进行保护时的方法也不是唯一的，可以有多种选择，这就需要对文物保护原则有深入的理解。在文物保护领域，一直存在有关美学、历史和艺术价值等方面的论战，但也达成了一些共同遵守的国际性协议。例如《雅典宪章》《国际古迹保护与修复宪章》《保护世界文化和自然遗产公约》等，各个国家也制定了适合本国国情的文物保护条例，例如澳大利亚的《巴拉宪章》。将我国执行的文物保护修复原则与上述国际性协议进行比较，我们发现，我国执行的文物保护修复原则中的多数原则与国际性协议（例如《威尼斯宪章》）是统一的，例如，最低限度干预原则、历史可读性原则、可再处理性原则、与环境统一原则、修复前后的存档原则等都是与国际协议是统一的。世界各国在文物保护方面，普遍同意的原则是：所有对文物的保护与修复都应有足够的研究资料为证，应该避免对文物材料有任何结构上和装饰上的改造。我国长期文物保护实践总结为"不改变文物原状原则"。同时，我国《文物保护法》中也明确规定了文物保护修复时必须坚持不改变文物原状原则。

不改变原状是文物古迹保护的要义。它意味着真实、完整地保护文物古迹在历史过程中形成的价值及其体现这种价值的状态，有效地保护文物古迹的历史、文化环境，并通过保护延续相关的文化传统。文物的原状是其价值的载体，不改变文物古迹的原状就是对文物价值的保护，是文物保护的基础，文物古迹的原状主要有以下几种状态：

① 实施保护之前的状态。

②历史上经过修缮、改建、重建后留存的有价值的状态，以及能够体现重要历史因素的残毁状态。

③局部坍塌、掩埋、变形、错置、支撑，但仍保留原构件和原有结构形制，经过修整后恢复的状态。

④文物古迹价值中所包含的原有环境状态。

一处文物古迹中保存有若干时期不同的构件和手法，经过价值论证，可以根据不同的价值采取不同的措施，使有保存价值的部分得到保护。

在壁画保护过程中，对这一原则的理解和执行随着文物保护工作的地域、种族、历史、文化、艺术及科学技术素质的不同而不同，如石窟壁画历代都有修缮，清代重修改装了大量壁画，什么是壁画的原状等问题一直困扰着壁画保护工作。再如建筑壁画，古建筑在历史上大多经历过多次维修，从其演变过程来看，一般可分为始建、重修和现存三个阶段，也就是存在始建时的原状、历史上某一维修阶段的原状和现存的原状。古建筑在历史上每一次维修都会增添新的信息，不同程度地改变着始建原状。从这层意义上讲，可以说古建筑的始建原状客观上是不存在的，或者说是很难保留下来的。历史上经过多次维修的古建筑，其代表某一时代建筑特征的就是某一维修阶段的原状，记录了历史信息，反映了其演变过程。古建筑原状指的是什么？不能专指某一种成状，而应该包括古建筑三个阶段的原状，即始建的原状、维修的原状、现存的原状。那么，在壁画修复过程中如何来掌握原状呢？今后应如何研究？这是我国壁画保护工作者共同面对的问题。

（二）壁画保护观念转变问题

文物保护的本质是保护其所蕴含的珍贵历史文化信息，而不是在保护文物材料自身，但因文物材料是珍贵历史文化信息的载体，通常是通过保护文物材料而达到保护历史文化信息这个本质目的。对于壁画而言，其历史文化信息和艺术价值是通过制作工艺与材料、绘画技法、所用颜料、建筑风格等反映出来的，因此，对壁画进行具体保护的过程中，应首先要求对这些珍贵历史文化信息不能扰乱和破坏。

（三）壁画保护修复材料的研究及更新问题

壁画颜料层起甲和粉化、地仗层酥碱、粉层起甲等是最常见的病害，必须使用适当的材料进行修复。传统修复材料使用的是胶矾水，20世纪50年代初期，捷克中国文物研究所专家在莫高窟进行现场实验，选定了聚乙烯醇和聚醋酸乙烯酯乳液作为起甲壁画的加固剂，并对加固工艺及工具进行了研究改进。

近年，我国文物保护工作者从国外引进了一种壁画修复材料——Paraloid B-72，这种材料是针对欧洲壁画制作材料与工艺而研究开发的，该材料因使用乙醇、丙酮、二氯甲烷、甲苯等有机溶剂，在修复壁画时可能会存在以下问题：①溶剂挥发太快，加固剂渗透深度不够；②加固剂浓度低时，加固强度不够，但浓度高时加固剂的反迁现象致使颜料层板结，加固效果不理想；③浓度超过3%时，已引起可察觉的色变；④无法修复酥碱壁画；⑤溶剂多为易燃品，修复建筑壁画时风险较大；⑥当使用二氯甲烷、甲苯为溶剂时，虽然溶解性能很好，但毒性太大，不利于修复人员身体健康。

壁画修复用的材料虽然用量不大，但要求较高。为了解决这个问题，壁画保护机构必须与高分子科研部门通力合作，联合进行技术攻关。

（四）修复工艺与效果的无损检测与评价

理想的壁画保护修复材料应该是：①材料无色透明，加固后不引起颜料颜色发生变化；②修复工艺简单易行，并具备可再处理性；③材料稳定性好，耐酸碱腐蚀；④渗透性强，能保证壁画病变部位全部被渗透加固；⑤加固后的壁画抗环境风化能力强，并具有透气性；⑥加固后的壁画应有一定强度；⑦应具有较长的老化周期，至少20年不发生明显老化；⑧材料应具有一定的防腐、防霉、防生物老化的性能。

目前，在对壁画修复材料性能检测力面，仅有修复材料是否引起了壁画颜料颜色改变能够做到无损分析(应用色度仪)，其他性能只能在实验室进行，但其与现场修复壁画存在明显差异，其数据只能作为参考。对壁画进行保护处理时所用的技术方法是否合理、是否有理论依据、是否有科学数据证实，这些都是保护方法是否具有科学性的重要依据。

科学评价壁画经保护处理后所获得的效果，一直是壁画保护中一项亟须解决的难题。以往对保护处理后的效果评价，有许多方面缺乏科学性，这并不是说在完成壁画保护工作后，拿不出检测的数据或检测数据不完善，而是指对效果评价的原则较为模糊，有些甚至是不科学的。因此，今后应开展壁画保护修复材料现场无损分析检测方法的研究。

（五）壁画颜料分析问题

如前所述，由于壁画考古研究和文物保护两方面的需要，在壁画颜料分析方面的研究成果报道较多，主要集中在颜料化学或矿物成分方面。现有成果表明，我国古代壁画中使用的颜料绝大多数属于无机矿物颜料，因矿物颜料自身不具备黏接能力，绘画时必须调入胶结剂，因此一个完整的壁画颜料概念应该包括颜料成分和胶结剂成分。以前由于受到分析方法的限制，壁画颜料中胶结剂的分析问题一直无法得到较好的解决。

近年有关建立古代壁画颜料数据库的问题已经提到某些文物保护单位的研究计划，如果没有颜料胶结剂的数据，则该数据库的科学价值将降低许多。同时，许多壁画病害都与胶结剂有直接的或间接的关系，许多壁画病害机理无法进行深入研究也与此有关，进而无法进行有效保护。随着分析仪器的快速发展，目前研究解决壁画颜料中胶结剂的成分分析这一困扰壁画保护研究的难题有望得到解决。

此外，由日本文物保护单位和仪器制造公司合作开发的、不需要取样而能够进行文物材料元素成分分析的全自动XRF仪器，已经用于壁画颜料的分析。以前，颜料不做XRD分析就无法研究其显色成分，但鉴于现在已有许多颜料XRD分析数据，如果能够了解颜料元素成分，即可推断其显色矿物成分。因此有必要引进这种无损分析设备，以使今后的壁画颜料分析真正做到不取样的无损分析。

（六）壁画病害机理研究方面的问题

如前所述，有关壁画病害机理研究方面，目前仅壁画红色颜料变色和壁画酥碱病害的研究做得较为系统。在壁画红色颜料变色机理研究方面，虽然已探明铅丹变色的环境条件，但在该条件下铅丹颜料为什么会变色则没有继续深入进行研究，同时，按照我国现在壁画保护所遵守的"不改变文物原状原则"，不允许对已经变色的壁画进行颜色还原。

关于壁画酥碱病害机理的研究，研究成果已被敦煌研究院等多家壁画保护单位应用到预防壁画发生酥碱病害的措施上，为我国壁画保护做出了一定的贡献，但该项研究存在一个明显的缺陷，即对于已经发生酥碱病害壁画的保护无任何现实意义。

（七）壁画保存环境监测与控制问题

壁画保存环境（包括气象环境和空气污染物环境）研究是进行壁画保护的必需数据，一般至少需要完整一年的监测数据，环境监测仪器系统是壁画保护单位最基础的设施，但壁画保存环境监测仪器系统（乃至整个文物保护领域中的环境监测问题）的研究开发，是始终没有解决的一个重要问题。首先，壁画保存环境的监测要求数据记录密度较高；其次，监测项目很多；第三，监测数据精度要求较高。因此对监测系统的最基本要求是自动化（包括对监测数据的处理与分析）与高精度，但目前还没有开发出专门用于壁画保护（或文物保护）的全自动环境监测系统。在壁画保护领域，乃至全国的文物保护单位都迫切需要一种能够满足文物保存环境研究的、价格较低廉的环境监测分析及环境控制系统。

（八）考古发掘现场的墓葬壁画保护问题

在考古发掘时经常会遇到这样的事情，当打开一座古墓葬时，眼看着壁画颜料化成了灰而无能为力，这些变化是由水分变化所引起的。墓穴中没有风，温湿度也非常恒定，这种高湿度和阴暗环境正是微生物生长、繁殖的良好条件，实际上生物腐蚀早已在墓穴中发生，由水分和其他因素引起的化学风化也早已作用在壁画材料上。即使没有其他任何形式的运动变化，壁画材料的强度也仅能维持本身的完整性。壁画的颜料层可能已失去任何有机黏着剂，而仅仅是机械地附着于地仗层上，一旦墓穴被打开，外部的干燥空气涌入墓穴，形成了壁画材料的迅速干燥，由于上述原因，这些材料在长期地下环境中已变得极其脆弱，其自身强度无法抵御这种剧烈的变化，造成壁画颜料层的灰化、粉化。如果干燥速度足够慢，就可防止上述过程的出现。如果控制干燥速度缓慢时，对于那些含水量已经经历了基本变化的文物，可以进行严密的观察；如果干燥速度不过于迅速，出现任何较大的危险之前，能够预测并制止它们的发生。

由于没有有效的考古现场环境控制方法及文物保护所需要的保护材料和技术的支持，而不得不使一些极为重要的遗物遗迹现象在绘图、照相之后遭受破坏，有的文物因现场保护不力和其他保护措施的缺乏，给日后文物保护与修复工作带来不必要的麻烦，考古发掘现场的壁画保护，乃至所有材质文物保护的重要性越来越受到文物保护专家、考古学家的重视。应尽早开展课题研究，其研究成果对保护目前已出土的现场文物和今后考古发掘工作的避行具有重要的现实意义和深远的影响。

第三节　多学科交叉在壁画保护中的应用

壁画保护修复是文、理、工、艺术、管理交叉并重的综合性学科，涉及考古学、艺术史、物理学、化学、生物学、工程地质与水文地质、岩土工程、结构力学、材料科学、气象学、环境科学、法学、管理科学等方方面面的内容。

随着壁画保护研究的不断发展，现代科学技术越来越重要。为了对壁画进行检测分析，提供准确数据，不可避免地要应用现代科学技术。在对壁画实施修复养护时，都是在传统技术的基础上加入现代新材料、新工艺。例如，为避免各种自然因素的破坏，积极改善壁画保存环境；为避免各种形态水的侵蚀，在寺观或石窟顶部修建防渗层和排水沟，改变并疏通地表水的流向、窟前地面排水、降低地下水位、排除建筑内潮湿结构等措施，切断水与建筑的直接联系。为避免壁画受日光直射和风沙、酸性尘埃的危害，防止剧烈的干湿交替变化而修建保护性功能的现代轻型材料构件的窟檐等。为防止石窟崖体的崩塌和滑动而采取大型块石砌体或浇灌混凝土挡墙，以阻止石窟崖体裂隙的发展，防止悬崖崩塌，同时采用化学材料灌浆加固。为了保持石窟崖体的原貌，采用喷锚加固技术，对多裂隙、较松弛、洞窟众多而岩石破碎的石窟崖体进行加固。最近，有些石窟的加固已不加混凝土钢筋网的罩面，而以化学喷涂材料代替。

一、工程与水文地质

我国北方石窟壁画绝大部分的支撑体开凿于沙砾岩中，四川地区的石窟壁画大部分支撑体则开凿于红砂岩。从地质学观点出发，这绝非偶然，主要由以下条件所决定：①这类沙砾岩类一般都从厚至巨厚层产出，有良好的整体性和坚固性，人工不但易于开凿成型，而且又利于石窟的保存。②四川砂岩颗粒均匀、岩性软，决定了开凿时可雕可塑，有利于造像时采用多种艺术表现手法。③石窟一般开凿在交通要道或枢纽附近，或是奇山异水处，或是比较僻静的地方。这样一是便于僧侣们潜心修行，二是有利于善男信女或过往商客、官吏朝拜，以扩大佛教的影响。该类岩石分布广泛，随处可见，可以满足选址的要求。④此类岩石垂直节理发育，往往能形成陡峭的崖壁，为开窟造像提供了理想的天然场所，而不需要人工开拓，省时省力。

由此可以看出，四川地区的古人在开凿洞窟时，一般都选择完整性好、成层厚度大而又比较均匀的岩体。此外，岩性不能过分坚硬，易于开凿，并具有良好的稳定性，未经构造变动。因此，大多数石窟是开凿在砂岩、沙砾岩等岩体中。此外，地质环境不仅决定着石窟造像的分布格局，它还决定着石窟艺术的表现手法。一般砂岩的结构比较致密、均匀，适合精雕细刻。因此开凿于砂岩中的石窟采用以"雕"为主的艺术表现手法，如云岗石窟、乐山大佛、南北石窟等。砾岩与砂岩比较，质地粗糙，不宜精雕细刻，因而开凿于砾岩中的石窟多采用"石胎泥塑"或壁画的艺术表现手法，如敦煌莫高窟、麦积山石窟等。至于龙门石窟，它既不开凿于砂岩中，但仍以精雕细刻而闻名海内外。这是由于它开凿于石灰岩中，石灰岩的主要成分是碳酸钙，成分细腻均匀，具有良好的可雕性，抗风化能力好，是良好的石雕材料，因此龙门石窟仍采用雕刻的艺术手法。

石窟壁画保护中的重点是石窟崖体的稳定性，以及"风化""水患"和"盐害"。因此，了解石窟壁画所处的地质环境对于石窟壁画的保护工作是相当重要的，如果不及时了解石窟所处位置的岩石条件，如果不了解地质环境对石窟壁画的影响因素，那么其他一切研究就等于徒劳。

二、气象学与环境科学

（一）气象学

在壁画的保存与利用过程中，环境温度、湿度、光照是直接作用于壁画材料的最普遍环境因素。任何材料组成的文物都有它最适宜的温度和湿度条件界限，超过这一界限，文物就易发生病变，壁画也一样。

针对博物馆壁画库房、展示和运输等壁画保存环境中的有害因素，开展综合研究，形成壁画保存环境监测、评价、控制等系列技术标准及相关产品，切实提高壁画保护工作的科技含量。

研究表明，文物保存环境质量越佳，对文物保存越有利。文物保存环境对文物的影响是一个缓慢的过程，环境监测是了解环境因素对馆藏文物的影响以及各种环境因素之间增效作用的必要措施，同时也是对文物实施预防性保护的首要前提，我国现行的环境评价监测技术手段和规范尚不能完全适用于壁画保存环境研究需要，无法对壁画保存微环境实施全面的科学监测和分析，因此应尽快建立壁画保存环境质量技术监控体系，进行长期监测与评估，为预防性技术保护工作提供数据支撑。与此同时，开展相关基础研究，加强环境因素对馆藏壁画影响作用机理以及各种环境因素之间增效作用的研究。

（二）环境科学

我们周围的空气是由氮、氧和多种稀有气体组成的混合物，不含水蒸气和固体杂质的空气称为干燥清洁的空气，它在自然界的主要组成部分是基本不变的，但随着人类工业活动和交通运输业的扩大，每年要向大气中排放大量污染物，这样空气就变得不再纯净，各种硫化物、氮氧化物等有害气体和粉尘等空气污染物不但威胁着人类赖以生存的大气环境，而且对文物也造成了很大的危害，壁画也不例外。近年来，空气污染物对石窟壁画的影响越来越引起国内外文物保护专家的关注，并进行了卓有成效的研究。研究表明，空气污染物不但能使石窟围岩蜕变风化，而且会引起壁画颜料变色、褪色等，其中尘埃往往是细菌、霉菌的良好载体，当空气中的降尘经常与湿气结合在一起降落在石窟表面时，便形成一层难以去除的外覆盖层，很适宜微生物的生长繁殖。

三、微生物学

在壁画中存在着许多无机矿物，还有少量的有机物。在潮湿环境下（相对湿度高于75%），微生物孢子附着在壁画上，很容易滋生蔓延，由于真菌比细菌更适应艰难环境，所以一般壁画上分离鉴定出的微生物多以真菌为主，细菌、放线菌的数量较少，但是这些细菌、放线菌在壁画生物腐蚀过程中却发挥着重要的作用。壁画中的有机胶结材料作为营养基，一些微生物可将其分解利用。同时，已有研究显示，真菌的生长过程可以改变壁画保护高分子材料的某些性能，加速其老化。

四、实验室分析与现场无损分析

（一）实验室分析

据统计，国内外约有30个单位的文物保护工作人员从事过中国古代壁画颜料的分析工作，曾经使用的方法及仪器有10余种，包括湿化学分析法、发射光谱法、X射线荧光法、紫外可见光谱法、红外光谱法、质谱法、X射线衍射法、光学显微镜及电子显微镜法、电子探针、质子X荧光法等。在这里不可能将所有方法都一一罗列，仅将目前国内比较常用的分析方法做以下介绍，为今后的研究工作打下基础，壁画颜料的分析方法很多，一般可归纳为形态分析、成分分析、微区分析和结构分析四类。

准确地分析出古代壁画颜料中胶结材料的种类、数量、现存状态，对于壁画病害机理的研究、壁画保护技术和保护材料的研究将有重要意义。因此这种分析技术的选择，始终是文物保护工作者所极力探求的，但到目前为止，全国范围内对于壁画颜料层中胶结材料的定性分析研究非常少，因此长期以来对于胶结材料的认识只是停留在很初级的阶段，一般只凭传统绘画技法推断它的情况，缺乏足够的科学分析数据。

随着科学技术的不断发展，用来对颜料及其胶结物进行分析的科学方法越来越多。在保证颜料样品不受损坏的条件下，比较准确地掌握古代颜料所携带的客观信息，以便对颜料的制作工艺、产地、变色规律等方面进行更进一步的研究。如何能够简便、快速、准确地分析出颜料样品的表面信息、晶体内部成分和结构、胶结物等信息，是不断探索的课题之一。

（二）现场无损分析

文物无损（微损）分析（non-destructive/micro-destructive analysis of cultural heritage），即采用某种方法或技术获取文物的化学组成、组织结构、物理机械性能等特性，从而达到了解文物产地、工艺、年代等信息，评估文物材料劣化程度、评估保护修复效果。这些方法和技术在应用时可以不取样或取样量极少，对文物不造成肉眼可以识别的破坏，不破坏文物的完整性和美学效果。

　　自20世纪70年代早期，离子束分析技术在欧洲开始应用于艺术品和考古材料的研究，随后自然科学领域的研究人员逐渐将各种应用于现代材料分析的分析方法应用于艺术品、考古材料的研究。我国自20世纪80年代开始开展文物的无损（微损）分析工作，主要研究对象包括陶瓷、玉器、颜料和玻璃器等。

　　常用的文物无损（微损）分析方法和技术包括（不限于）紫外光谱、X射线成像技术、电子显微技术、离子束微分析、X射线衍射、X射线荧光、X射线吸收光谱、X射线光电子能谱、俄歇能谱、激光剥蚀等离子体质谱、红外光谱、拉曼光谱、光纤光谱、二次离子质谱、气相质谱等。

　　理想的文物无损（微损）分析方法和技术应当实现非破坏/非介入、原位分析，分析过程快速、灵敏、高效，具有普适性、多用途的特点，能够通过采用对文物最小破坏的方式获取有关文物最大的信息量。

第三章　四川古代壁画制作材料及工艺

壁画病害与壁画制作材料、工艺密不可分，因此，研究壁画的制作材料与制作工艺是壁画保护中必不可少的一部分。壁画工艺与材料以及所表现问题的复杂性，也一直是壁画保护领域的难点与重点。

第一节　材料特征

一、支撑体

支撑体是壁画的骨架。壁画是建筑物的一部分，因此壁画的支撑体决定壁画所属的建筑类型：石窟壁画、寺观殿堂壁画、墓葬壁画。

（一）石窟壁画

其支撑体是石窟的岩壁。石窟壁画的保存数量最多。支撑体因地域不同，性能差别大。

（二）寺观殿堂壁画

支撑体为建筑墙体，如石墙、砖墙、土坯墙、夯土墙或竹编墙。

（三）墓葬壁画

墓道壁画支撑体一般为生土。墓室壁画支撑体为砖墙、石板壁或石条。

二、地仗层

在支撑体表面为绘画做准备的结构层，其作用是找平、防止开裂、为壁画的吸水和着色提供良好表面。最常见的地仗层是石灰地仗和草泥地仗。墓室壁画多用单层石灰地仗。石窟壁画和多数古建筑壁画多采用符合草拌泥地仗（多重地仗）。多重地仗一般由粗地仗和细地仗叠合而成。粗地仗起找平作用，厚度不均；细地仗主要为防止开裂并为绘画提供良好吸水和着色表面；细地仗可以有许多层。石灰地仗和泥土地仗层中都加有植物纤维等补强材料，防止地仗层干裂。泥土地仗多用谷物秸秆、粗麻等，靠近颜料层也有细麻、棉花等细纤维；石灰地仗一般只用麻和棉等细纤维，且用量较少。

（一）黏土

黏土是世界上分布与使用范围最广、使用最早的建筑材料，也是壁画制作材料中最主要、最常见的材料。黏土既是材料，又是黏合剂，可以作为支撑体的主要材料的有土坯墙、夯土墙、墓道的生土、砖的生坯，以及砌筑墙体时的砂浆。可以作为地仗的主要材料的有草泥地仗、麻泥地仗。可以作为颜料的有高岭土，其可以作为白色颜料使用。

（二）石灰与灰膏

石灰与灰膏是常用材料，仅次于黏土。石灰是通过煅烧石灰石、骨骼、贝壳形成，碳酸钙加热至850~900℃，形成氧化钙，称生石灰。生石灰加水变成熟石灰后才可使用。加适量水成为石灰粉，加过量水成为熟石灰（灰膏）。石灰与灰膏成分相同，但使用性质不同。石灰为固体，与填充料混合后无法直接使用，需加水成为砂浆才可使用；灰膏本身为膏体，易与填充料混合，使用方便，且水分子可排除石灰和填充料之间的空气，结合更加紧密。

（三）石膏

石膏既是填充物，又是黏合剂。在使用时需要在混合物中加入一定的水使其凝固，凝固过程中温度上升、体积膨胀。

（四）纤维

壁画制作过程中大都参加有机纤维，一则减少开裂，二则增加透气性。动物纤维的主要成分为蛋白质，常用头发、羊毛等。植物纤维的主要成分为多糖，常用麦草、稻草、棉、麻、纸等。地仗层中的有机纤维主要为植物纤维。

（五）沙子

作为填料，作用为提供地仗的体积，成分为二氧化硅，是典型的惰性材料。不能单独使用，必须由黏合剂（黏土、石灰）黏合在一起。沙子与黏合剂的比例是决定地仗性质的关键，比例过低则地仗容易开裂，过高则容易粉化。

三、颜料层

颜料层是壁画艺术中最精彩的部分。颜料来源于天然无机矿物颜料、天然有机染料、人造颜料。颜色主要有：红、蓝、绿、白、黄、黑、金。

（一）红色颜料

无机矿物颜料有赭石、铅丹、朱砂等。赭石在敦煌早起壁画和彩塑应用最普遍，晚唐以后可从赤铁矿中大量获得。铅丹：又名红丹、红铅，为橙红色，含铅，性质极不稳定，温、湿度较高情况下容易变黑变暗。朱砂：使用广泛，纯天然朱砂颜色鲜红，因含杂质，颜色呈褐红，光泽暗淡。

（二）蓝色颜料

蓝色颜料主要有青金石、石青、群青等。青金石：昂贵的天然矿物颜料，多见于石窟壁画，可能由国外传入。石青：又名蓝铜矿，是铜矿的次生物。群青：人造矿物颜料，于19世纪20年代发明，逐步取代稀缺的蓝铜矿。壁画中还常用有机染料靛蓝。

（三）绿色颜料

绿色颜料主要有石绿、绿铜矿、巴黎绿。石绿：又名孔雀石，是昂贵的天然矿物颜料。绿铜矿：铜矿的次生物，储量稀少，也可通过铜生锈获得。巴黎绿：人工合成颜料，1814年于德国合成，晚清传入中国，常见于清代以后的建筑壁画、彩画，对酸碱不稳定。

（四）白色颜料

白色颜料主要有石膏、方解石、高岭土。石膏：通常为白色、无色。主要用于白色地仗颜料和与其他颜料的配色。方解石：又名白垩，无色透明或白色半透明的无机颜料，质感柔软。高岭土：长时间被碳酸或水分解、风化形成。

（五）黄色颜料

黄色颜料主要有土黄、石黄、黄丹。土黄：褐铁矿风化后的黄色土状物。石黄：分为雌黄和雄黄，雌黄呈柠檬黄，雄黄呈橘红色。黄丹：又名密陀僧，亮黄色颜料。

（六）黑色颜料

黑色颜料主要有炭黑、无定形碳，具有石墨的层状结构。

（七）金色颜料

为显示壁画重要性或突出某些形象，在重要部位贴金或镶嵌宝石。常见于宗教壁画，通常采用沥粉堆金的技法，使色调更加富丽堂皇。

四、胶结材料

矿物颜料本身不具备黏合性，绘画时需要一定的着色剂和固色剂，通过胶水调和使颜料可以相互黏结，并附着于地仗层。动物胶：牛、马、猪、鱼等动物的皮、骨熬制，常见动物胶有明胶、阿胶、皮胶、骨胶、鱼胶等。植物胶：淀粉糊、阿拉伯树胶、桃胶、大漆等，一般含植物蛋白。动物胶和植物胶都是天然有机高分子化合物的混合物，分子量大、分子结构复杂，具有易老化、易分解，热稳定性和光稳定性差等特点。

五、表面涂层及其他材料

涂刷在颜料层表面的结构层，又称封护层。它有保护壁画、提高颜色饱和度的作用。此外，在颜料层表面还可以贴金或镶嵌宝石用以装饰。

六、四川地区壁画材料

以四川地区现存的明代寺观壁画——明教寺觉皇殿、观音寺（如图3-1-1）为例。

觉皇殿壁画制作材料总体来说包括三层：支撑体、地仗层、颜料层，因此，制作材料与工艺的研究，也就包括支撑体、地仗层、颜料层与所采用制作工艺等方面。通过实验室的各类分析仪器，包括偏光显微镜、数码显微镜、X射线衍射仪、离子色

图3-1-1 新津观音寺壁画

谱仪、激光粒度仪等，对壁画颜料层、底色层所用传统材料进行分析，对地仗层土壤成分、纤维含量以及微观结构等进行研究，得出壁画层位结构：竹篾墙体—粗泥层—细泥层—白粉层—颜料层，其中粗泥层中加入稻草纤维，且稻草纤维的含量约为1.8%，壁画细泥层中未检出纤维成分。

观音寺壁画结构组成从内到外依次为支撑体—地仗层—绘画层—表面历史干预层。支撑体为南方传统竹编夹泥墙和玻璃钢，玻璃钢是80年代壁画修复时替换的，只存在于毗卢殿北壁东铺位置。地仗层分为两层，底层粗地仗厚度为4.5~5厘米，主要组成为草拌泥，由黄泥、碎石、石英粉混合掺入麦秸秆制作而成；表层细泥层厚度为0.2~0.35厘米，主要由白云母、高岭石、生石膏混合掺入细麻、棉花和细砂组成。壁画彩绘层原始区域颜料均为传统矿物颜料，颜料层厚度为20~60皮米。白色颜料有两种，一种作为底色，其主要成分为生石膏，同时含有少量的白云母和高岭石，另一种则为铅白；红色颜料为朱砂，绿色颜料为氯铜矿，蓝色颜料为石青，黑色颜料为炭黑，金色为沥粉贴金。

毗卢殿外北壁中部墙体破损处可见竹篾与草拌泥（图3-1-2），推测草拌泥即壁画底层地仗（粗泥层），殿内北壁西铺第十二菩萨西侧神将底部地仗为表层地仗，呈白色，内含麻、棉花及砂粒等，因样品量有限，未开展纤维含量及粒度分析（图3-1-3）。XRD对毗卢殿北壁东铺第二菩萨最西侧破损处地仗样品制作材料分析结果表明，该件样品主要物相包括石英、高岭石、生石膏及水草酸钙石等。

图3-1-2   图3-1-3

从上述两个殿的实验分析来看，四川地区壁画材料大体由支撑体、地仗层、颜料层组成，表面涂层由特定历史原因形成，且各有特点。支撑体为四川特色的竹编夹泥墙，"竹"有竹子或竹篾打底，"泥"为草拌泥。与同时期的北方壁画不同，北方寺观壁画以土坯墙或砖墙为支撑体，例如，河北曲阳北岳庙、石家庄毗卢寺。地仗层多由粗泥层、细泥层组成，粗泥层同样为草拌泥并加稻草纤维，如龙藏寺壁画在制作时会加棕；细泥层的制作中多加麻来提升地仗张力。

第二节　绘画工艺

一般做法：①画师绘制小样；②将小样放在纸上放大到需要的尺寸；③在纸上沿线条扎孔（扎谱子）；④将谱子贴在墙壁上扑粉，印在墙上（过稿）；⑤画师按稿子在墙上绘制线条，并注明颜色代号6.徒弟按代号填色。技术高超的画师可以直接用柳条炭起稿，用墨线定稿，再由徒弟填色。

起稿亦叫"粉本"：将创作图案绘于白麻纸（羊皮），顺着画面墨线，用针扎成连续小孔，再将粉本置于画壁拓印；另一种方法是拓稿，先用木炭条在粉本背面依照线条勾描一遍，翻过来铺于墙面。

勾线也称"落墨"。起稿经修改后，先用淡墨勾出初稿，再用墨笔勾线定稿。勾线是绘画壁画的重要技巧，各代著名画师都有独特的勾线技巧和风格。

着色：勾线完成后，即按画稿拟定色彩进行着色，完成绘制程序。壁画内容浩繁、构图宏大，通常需要多人参与。因此，主画师要通观全局，规定题材内容应配备的色彩，在图案上标明着色代号，以便画工填色。

沥粉堆金：以白垩粉、熟桐油、糯米汤调制成稀胶液装入袋状容器，通过挤压容器使其沿画稿轮廓流出，待胶液稍干，贴上金箔或金粉末，所到之处即为金色线条。

四川地区现存以明代壁画最为精美（如图3-2-1、图3-2-2、图3-2-3、图3-2-4）。在现存明代壁画的绘画工艺上，南、北方大致相同，没有地域之分，但在图像构图及绘画技术上有较大不同。明代壁画官派画师与民间画法在用色上稍有区别，例如新津观音寺色彩多以棕红色为主调，新都龙藏寺、邛崃磐陀寺多以绿、蓝红等色为主。绘画技法上明代壁画以线描法著称，熟练运用30多种线描技法，尤其以铁线描居多。

图3-2-1 剑阁觉苑寺壁画

第四章　四川古代壁画常见病害

第一节　病害原理

壁画在长期保存过程中形成了多种多样的病害，这些病害的形成原因既有壁画自身内部因素，也受外部环境和人为因素的影响。壁画自身结构与材料是壁画病害产生的内因，外部自然环境中的降雨、温湿度、太阳辐射、积尘、有害气体、可溶性盐、有害生物等加剧了壁画材料的老化程度和速度，当然人类的破坏性活动也会给壁画带来程度不同的损害。

一、支撑体

支撑体作为壁画的骨架，有石、砖、土、木等各种材料，常见支撑体结构类型包括寺观壁画中的石墙、土坯墙、夯土墙、竹篱笆墙，墓室壁画中的砖墙、石墙、土墙，石窟壁画中的崖体、岩壁等。

（一）寺观壁画支撑体

寺观壁画墙体多为土坯墙，抗压强度大，抗拉抗剪强度小。受重力影响，墙基的土坯自重应力大，易产生裂隙，震动可加剧墙面开裂。地基沉降，墙体在厚度方向的应力发生变化，使墙体沿垂直方向在平面范围内产生弯矩，造成墙体内凹或外鼓，引起墙体开裂、变形、坍塌等。

（二）石窟壁画支撑体

洞窟围岩是壁画的天然支撑体，需要具备足够的力学稳定性，石窟岩体在活动性强烈的大构造及不同构造单元的交接带、大断裂带附近、褶皱轴部、各种软弱结构面易发岩体崩塌，且多受水文地质条件控制。

地下水与岩石之间多发生的溶解作用，并伴有水解、水合、氧化还原等多种作用形式的化学反应，其结果是造成岩石微观结构变化，矿物成分改变或流失，岩石结构疏松、空隙和裂隙发育、矿物颗粒破坏并"黏粒"化，导致沙砾的胶结结构破坏为破碎松散岩体。当大量雨水渗入岩体内，使岩体潮湿软化，抗剪强度降低，容量增大，润湿滑动面，从而诱发或促进崩塌的产生。

（三）墓葬壁画支撑体

墓葬壁画因长期处于地下，支撑体主要受地下水、水、可溶盐、微生物及植物等影响，对其产生破坏。雨水、冷凝水或地下水通过微孔进入土体，温度降低后土体微孔中的水生成冰晶，水结冰后体积膨胀约百分之十，冰晶继续生长而形成的大冰柱，由此冰晶膨胀造成土体结构破坏。往往地下水中含有大量的可溶盐，随着土壤水活动运移到支撑体表面，环境干湿循环的变化使其在微孔中形成盐结晶，结晶后体积增大产生应力，破坏土壤微孔结构，重复的盐的溶解和结晶使支撑体粉化。

此外，土体中存在大量的微生物，微生物代谢产物含有机酸，溶在水中会提高水的侵蚀性，从而消耗土壤矿物质进行分解。高大植物的根在地下分布深且广，形成庞大的根系，比地上的枝叶系统还发达，所谓"根深叶茂""树大根深"，随着根系不断地长大，对土壤产生挤压直接造成墓葬壁画墙体应力破坏。

二、地仗层

壁画地仗层指支撑体和颜料层之间的部分。不同地域、不同时代制作的地仗层材料不同，如西藏壁画地仗层主要为土和沙子，含沙量较高，四川地区明代壁画地仗层多为草泥多层地仗，一般分为三层，即粗泥层、细泥层、白灰层，粗泥层含有麦草、麻筋，细泥层含有棉、毛发等物。

（一）地仗空鼓

墙体与地仗层局部剥离形成空鼓。原因如下：制作地仗层时，地仗层与墙体收缩不一致形成空腔。地震或人为震动造成地仗与墙体分离。空鼓发生后，空鼓部位就会被脱落的墙体及地仗填充，随着脱落物的增加，空鼓面积不断向四周扩大，可能导致壁画整体脱落，造成不可修复的损害。

（二）地仗酥碱

酥碱病害被称为壁画的"癌症"。盐膨胀是地仗破坏的最主要因素，产生的原因是在水的作用下，地仗中大量可溶盐聚集，受温度湿度影响，不断溶解、结晶，恶性循环导致地仗酥碱。盐分的活动既和壁画的制作材料、工艺有关，也与古建筑所处环境密切相关。

三、颜料层

（一）褪色、变色

壁画大多采用天然矿物颜料，也使用少数天然植物颜料和人造合成颜料。植物颜料和合成颜料受紫外线照射发生老化，引起颜料褪色；紫外线也可引起部分矿物颜料产生光化学反应，导致变色。

（二）疱疹状病害

壁画表面泡状突起，直径约1~3毫米，高约1~2毫米。疱疹脱落后形成一个小坑，对壁画造成很大损伤。形成疱疹的主要原因是：地仗层中可溶盐、中溶盐含量较少，水的入侵将其大量带入地仗层，水分蒸发后在壁画表层结晶析出，将颜料顶起形成疱疹状。

（三）起甲病害

起甲是一个物理化学过程，以物理过程为主，影响因素较多，主要为水分蒸发：一是壁画自身材料成分；二是壁画所处气象环境（温度、湿度），相对而言，温度变化更易引起起甲病害。起甲病害可分为四类：龟裂起甲、泡状起甲、片状起甲、酥碱起甲。前三种起甲主要是粉层或颜料层起甲的过程，而酥碱起甲是地仗层酥碱脱落导致颜料层失去支撑发生的起甲过程。

（四）人为破坏

古代寺观殿堂主要以佛事活动为主，故焚香、烧纸在所难免，且后来多数寺观充当居住或办公、校舍等场所，人类活动密集，有意或无意地对壁画造成破坏，因此划痕、覆盖、涂写、烟熏、泥渍、水渍等现象较为普遍。石窟壁画主要裸露在外部，除自然灾害外，当人们保护意识淡薄时，常常在壁画上进行刻画、涂写等。墓葬壁画虽埋藏于地下，但也因盗墓、基建等情况的出现，受到破坏。

（五）动物粪便

壁画颜料层一般为矿物质颜料添加动物胶或植物胶，均具有不耐水、不耐菌群腐蚀的特点。鸟类、昆虫粪便严重污染画面，粪便中的水分和化学物质能溶解动物胶和植物胶。

第二节　病害类型

一、病害机理研究方法

直接验证法：地仗空鼓、地仗酥碱、颜料层起甲等病害与壁画材料工艺、载体含水量、易熔盐种类含量、保存环境等多重因素有关，病害机理的研究应将多种因素综合考虑，采用直接验证法。

特点：场景重现。将已知或假设壁画病害的发生、发展由一种或多种因素的反复变化所导致，而后将设计试验装置进行模拟，制作与壁画材质相同或相近的模块，提供现存壁画相同的环境条件，设定一定循环周期，再现病害发生和发展的过程。因此，模拟过程前需确定如下内容，这些内容将确定哪些因素是诱发病害的主要条件，确定影响因素的临界值。

①壁画的结构和组成，不同层位的厚度、层位的结合方式、状况。

②壁画支撑体的结构、类型与特征，包括支撑体制作材料的物理化学组成，物理力学特征，支撑体的工程地质特征，支撑体中含水量、易溶盐类型及含量等。

③壁画地仗的结构、土的类型及特征，包括地仗土制作材料的化学组成、物理力学特征（密度、颗粒密度、粒径、加筋材料的种类及含量、孔隙率、含水率、界限含水量、收缩性、膨胀性、力学强度等）。

④壁画颜料的种类（有机颜料、无机颜料）和化学组成（矿物成分），胶结材料的类型及相对含量等。

⑤壁画保存环境的周期性监测数据。如大气环境指标、区域温度适度监测数据、壁画温湿度变化的定期监测数据等，由此确定可能导致壁画发生病害的环境因子的阈值或诱使某类因素发生变化（水汽运移、易溶盐的溶解与结晶过程等）的临界值。

⑥历史上可能引起病害发生的重大事件（自然灾害、人为破坏），保护措施不当可能诱发某种病害的条件等。

（一）壁画病害类型（如图4-2-1~图4-2-10）

病害的定义主要针对病害的表现形式、外貌来确定，其机理作为补充说明。常见的病害包括起甲、酥减、空鼓、脱落、裂隙、污染、动植物及微生物损害（见表4-2-1）等。这些病害可以按照其发展趋势和稳定性的影响，分为活动性病害和非活动性病害。活动性病害意味着病害将有可能继续发展，对壁画稳定造成持续、深层的破坏；非活性动病害表示病害已产生但不再继续发展和蔓延，对壁画不造成稳定性影响。

表4-2-1 壁画病害类型

病害名称	病害类型		病害描述	图示
	活动性	非活动性		
龟裂	√		表面微小的网状开裂	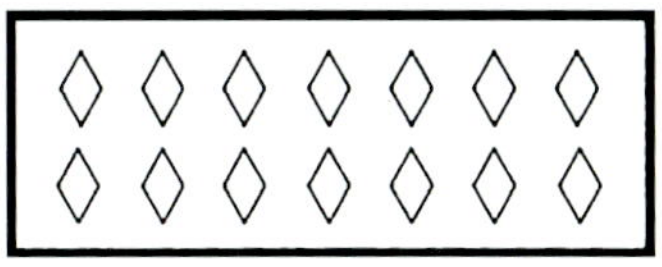
起甲	√		龟裂后呈鳞片状卷翘	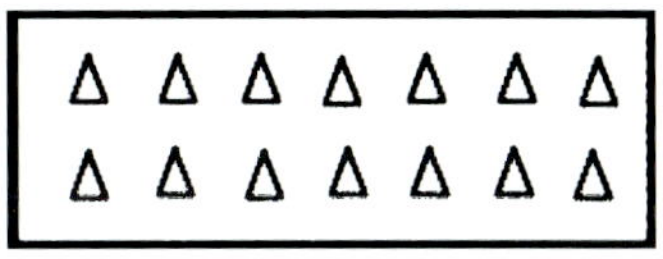
泡状起甲	√		呈泡状鼓起、破裂和卷曲起翘	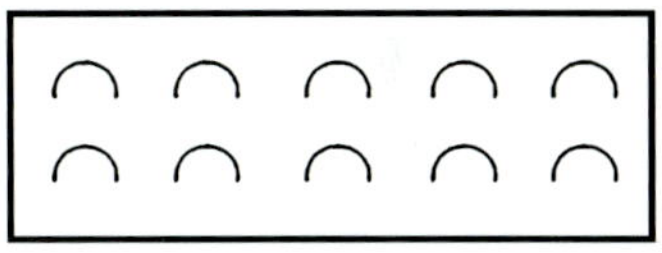
粉化	√		颜料层胶结材料老化，呈粉状或细颗粒状脱落	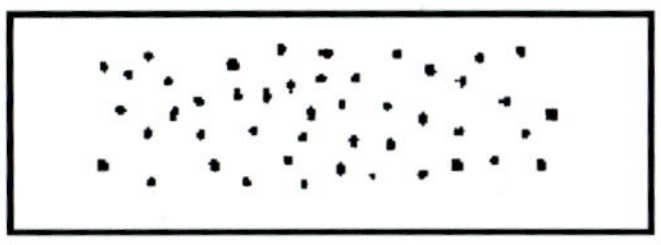
颜料层脱落	√		颜料层脱离底色层或地仗层	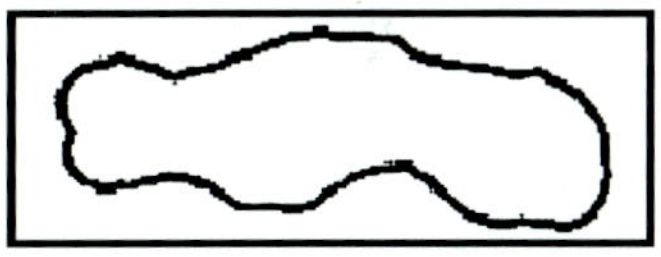
点状脱落	√		底色层脱离地仗层或颜料层，呈点状脱落	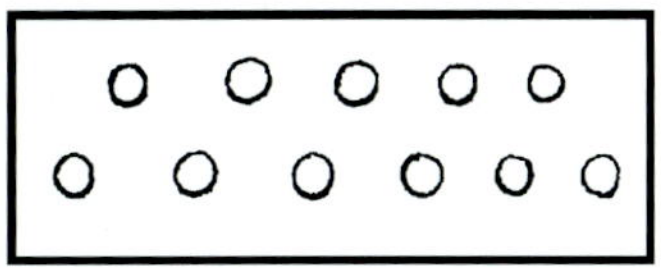
疱疹和疱疹状脱落	√		可溶盐在地仗层或颜料层富集，形成泡状突起。疱疹发生后，产生的脱落即疱疹脱落	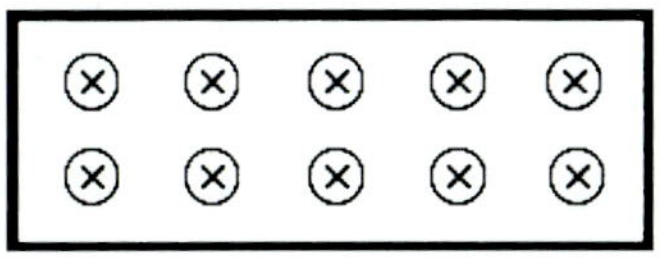
地仗脱落	√		地仗层脱离支撑体而掉落	

续表

病害名称	病害类型		病害描述	图示
	活动性	非活动性		
裂隙	√		壁画错位、开裂	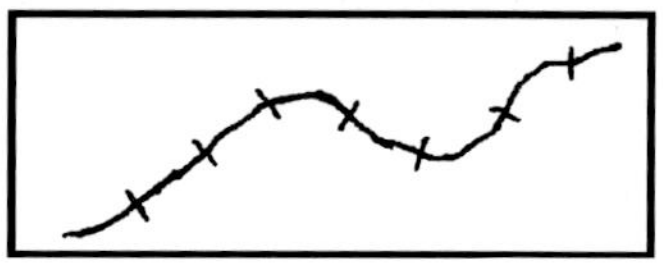
空鼓	√		地仗层脱离支撑体，但脱离部分仍与支撑体连接	
酥减	√		可溶盐作用导致壁画地仗层产生的疏松状态	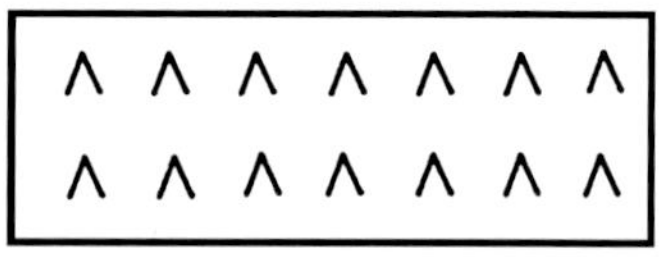
盐霜	√		画面表面盐结晶，俗称"白霜"	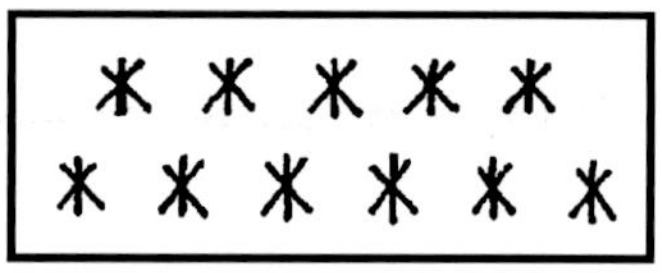
划痕		√	画面受外力刻画留下的痕迹	
覆盖		√	画面被其他材料所涂刷、覆盖	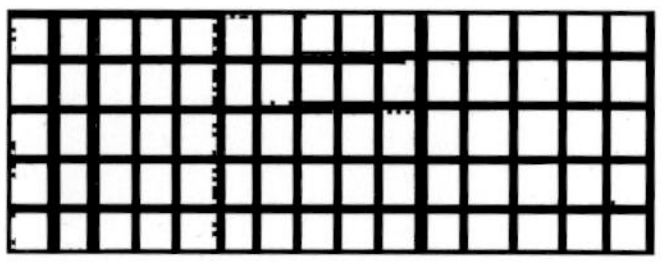
涂写		√	人为书写、涂抹	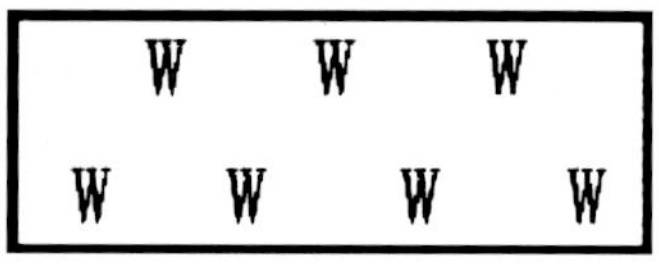
烟熏		√	画面被烟火或香火熏污的痕迹	
水渍		√	因水侵蚀在壁画表面留下痕迹	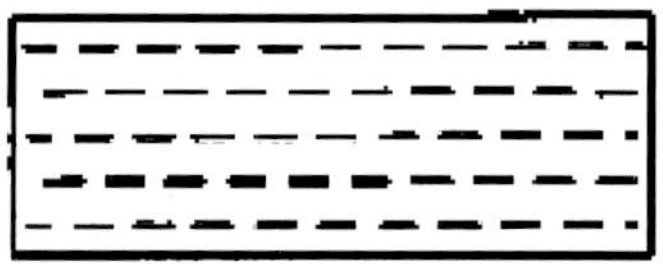

续表

病害名称	病害类型		病害描述	图示
	活动性	非活动性		
泥渍		√	泥浆留在壁画上的痕迹	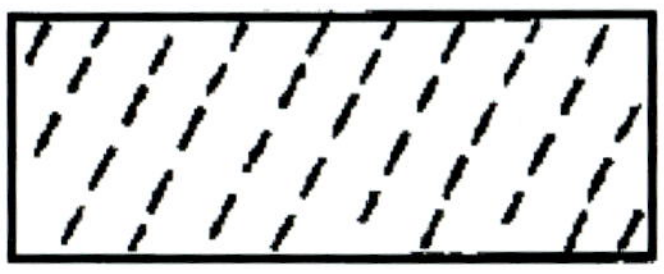
凝结水		√	水蒸气在壁画表面冷却凝结	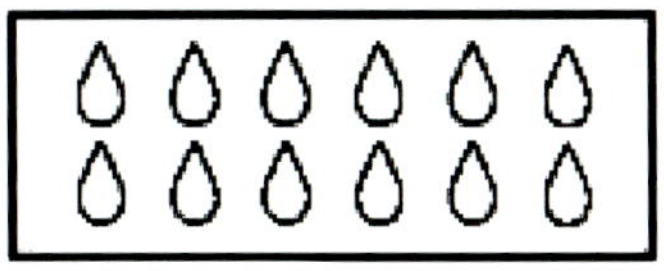
钙化土垢		√	壁画表面形成的难以去除的坚硬钙质土	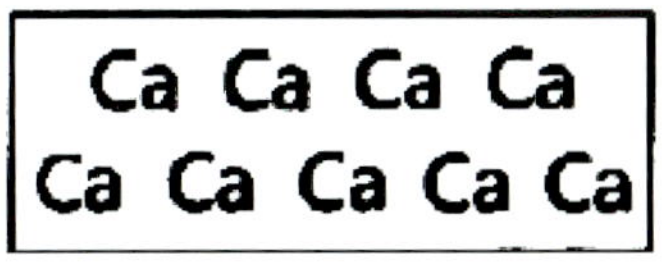
变色	√		颜料色相的改变	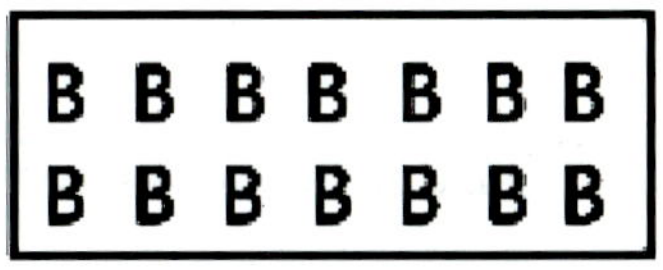
动物损害	√		动物活动对壁画造成的各种破坏	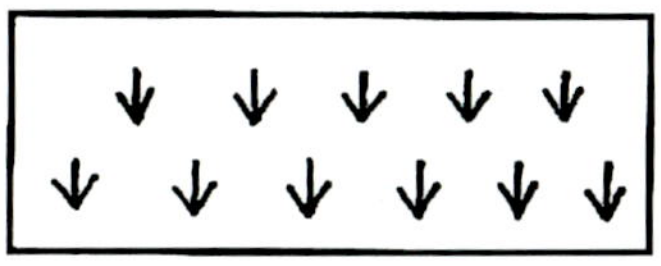
植物损害	√		植物根系、枝条对壁画造成破坏	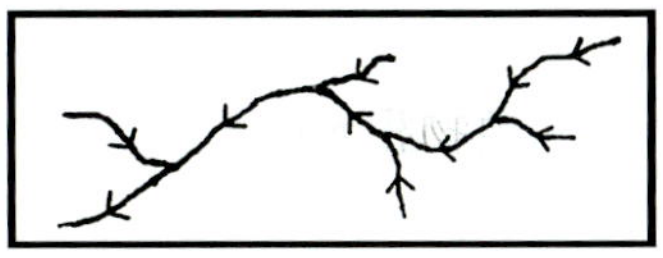
微生物损害	√		微生物滋生对壁画产生的伤害，包括霉变、菌害等	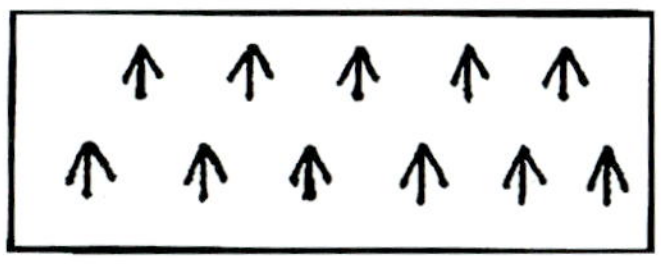
低等植物损害	√		低等植物在壁画表面生长对壁画产生的伤害	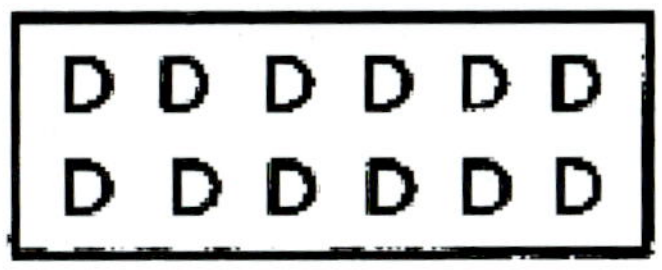

1. 起甲

起甲主要病害表现为壁画颜料层发生龟裂，呈鳞片状起翘或大面积甲片，严重时会脱落。原因：颜料层与地仗层之间的黏结力丧失。

图4-2-7　空鼓、裂隙　　　　　　　　　　　　　　　　　图4-2-8　污染覆盖

病害原因：

①地仗制作材料的性质。地仗与支撑体材料性质越接近，空鼓概率越小，如石墙、砖墙表面用石灰砂浆做地仗，很少会空鼓，反之若用黏土做地仗，容易空鼓。

②地仗制作工艺。凹凸不平的支撑体表面有助于地仗的结合，反之光滑的支撑体不适合地仗的结合，容易空鼓。地仗制作前未对支撑体进行"打毛"处理，容易产生空鼓。黏土地仗制作完后会干燥收缩，干燥慢，收缩率慢的不容易空鼓。干燥过快且水分流失过快，不仅容易空鼓，还容易裂缝。

③环境因素。主要指温湿度变化。温湿度变化越小，空鼓可能性越小。

④建筑结构。墙体下沉是导致空鼓的常见原因。这种空鼓常伴随平行于地面的裂缝或斜向裂缝。如果地仗较脆，会发生地仗断裂问题。空鼓+斜向裂缝主要因为墙体不均匀下沉导致，且常位于支撑体裂缝处。

二、病害成因

（一）保存环境的影响

壁画病害的产生离不开其所处的环境特征，环境对壁画的影响相对于人为因素和自然灾害而言，是缓慢而复杂的，各种因素相互交织共同造成壁画的病害。了解环境特征的影响类型对于确定壁画病害产生的机理和根治病害是必不可少的。壁画属于脆弱的文物，其对于温湿度、光照、灰尘、震动等影响极其敏感，环境对于壁画保存来说至关重要，环境的极端和骤变会给壁画的保存带来与日俱增的伤害，因此，要保证古代壁画的长期稳定必须从其保存环境入手。

（二）温、湿度影响

温度的变化，对壁画（多层复合材质）造成不同材质胀缩的差异，进而产生分离和脱落。温度升高可增加生物活性和化学反应速度，加快对胶结材料的腐蚀；文物在某一温度下有缓慢适应过程，若温度频繁波动，会加快老化过程。湿度的升高，会引起壁画内部的可溶盐溶解迁移至文物表面，发生腐蚀作用，或在文物内部结晶产生压力，迫使壁画表面开裂或剥落。

（三）水环境影响

在各种环境因素中，水对壁画的破坏作用最大。水分的主要来源有四种：毛细作用、冷凝或结

图4-2-9　历史人为干预

图4-2-10　裂缝变形

露、潮解、其他形式（渗水等）。水能溶解壁画中的可溶性材料，如颜料层中的胶结材料，使其脱胶粉化。水能溶解地仗层中的可溶盐或黏合剂，使地仗疏松、强度降低。水能浸涨黏土地仗，使其疏松、强度降低。为微生物提供生长条件，使地仗中的纤维和颜料层的胶结材料被微生物侵蚀。水能造成画面冲刷，使颜料层脱落。水的冻融能造成酥碱。水是可溶盐造成酥碱的必要条件（帮凶）。水有助于各种空气污染物的沉降，使其固定于壁画表面。水的存在为化学反应创造条件，加速壁画老化。

1. 毛细作用

毛细现象类似水泵，将地下水或地基附近的水不断运输到壁画表面，同时将可溶盐带到壁画表面，水分蒸发后就留下了盐的结晶，造成壁画的破坏。

2. 冷凝或结露

冷凝或结露是气态水转变为液态水的一种过程。当绝对湿度达到饱和或相对湿度达到100%时，就可能发生冷凝或结露现象。冷凝或结露可以发生在壁画或墙体的任何地方。

3. 潮解

盐类从空气中吸收水分溶解自己的现象成为潮解。许多盐都有很强的从空气中吸收水分潮解的能力。可溶盐的潮解过程非常迅速，但反向过程却相对缓慢，这种特点对壁画的保存十分不利。

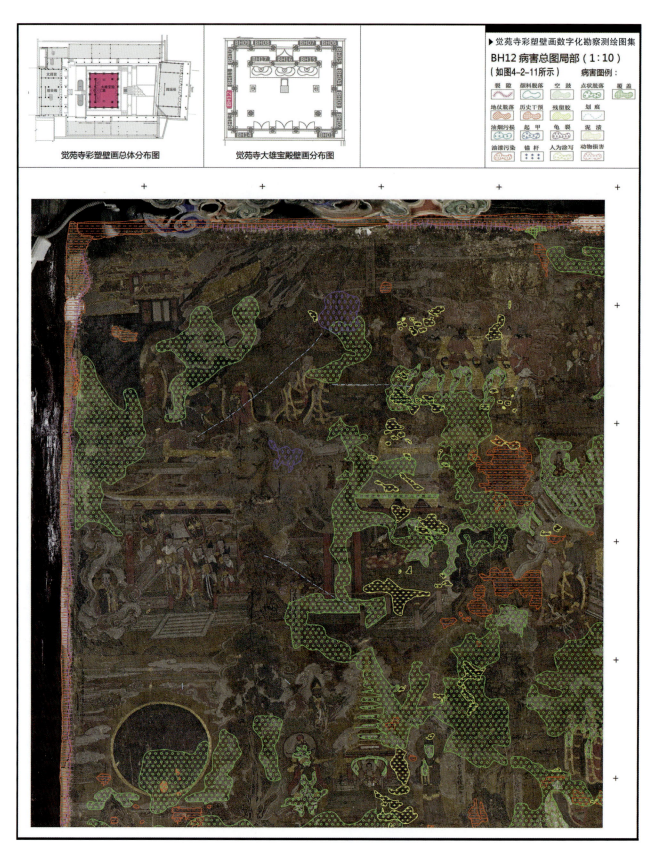

图4-2-11　觉苑寺彩塑壁画病害图示

4. 其他形式

渗水对壁画的侵害是最直接的。由于屋顶破损致使雨水、雪水漏到墙体，沿壁画表面流下是最常见的渗水形式；地表水通过墓室的裂隙、盗洞也可渗透到墓室。

（四）光照影响

光照是一种电磁波，红外线和紫外线对壁画的影响很大。

1. 红外光

红外光的危害是间接的，主要产生的是热效应，能提高壁画的表面温度，加速化学反应和生物生长；温度的频繁波动也会导致壁画频繁热胀冷缩而老化。

2. 紫外光

紫外光是高能电磁波，直接危害是可打碎分子中的化学键，造成黏合剂的破坏、植物颜料和合成颜料的褪色变色；间接危害是紫外光有助于光化学反应的进行，间接导致矿物颜料被破坏。

（五）可溶盐作用

壁画制作材料和所处环境都存在大量可溶盐。有些壁画在制作所用的水就含可溶盐；有些壁画在地仗制作时有意加入食盐防止开裂；部分支撑体也含有可溶盐；空气污染、化肥农药都可能含有可溶盐。可溶盐分为可溶性可溶盐、微溶性可溶盐、不溶性可溶盐，其中微溶性可溶盐对壁画的破坏作用最大。可溶盐对壁画的破坏作用主要是通过溶解、结晶循环实现的酥碱病害。可溶性可溶盐因溶解度大，结晶主要在壁画表面，对结构破坏较小；不溶性可溶盐不存在溶解、结晶循环，影响很小；微溶性可溶盐倾向于结晶在距离壁画1~2毫米或更深处，对颜料层、地仗层都造成破坏。

（六）空气污染

随着工业化的发展，空气中污染物的种类和浓度急剧升高，导致壁画劣化加剧。

（七）生物破坏

由生物造成的材料损害成为生物劣化。造成劣化的生物种类由菌类、藻类、苔藓、地衣、蕨类、高等植物和动物。生物劣化包括物理和化学两种过程。

1. 物理过程

生物生长使壁画产生裂隙。裂隙的存在为各种病害的发生、发展创造了有利条件。苔藓地衣的伸缩生长、蕨类和高等植物根系生长对壁画造成物理破坏。动物活动可能造成壁画机械性损害，动物排泄物除化学作用外，其干燥收缩也能将画层带起，造成起甲。

2. 化学过程

生物新陈代谢产生酸，会改变材料的化学性质。这些酸能直接与壁画材料进行化学反应，改变材料的化学性质。酸与壁画材料反应产生的可溶盐能够对壁画造成进一步的破坏。生物新陈代谢产生的络合物质可以与壁画颜料中的金属离子络合，夺取金属离子，从而改变颜料的化学性质。

因此，在日常的文物保护工作中要保证古代壁画的长期稳定，必须从其保存环境入手，控制壁画所处环境的温湿度、光照、灰尘污染物、有害微生物、有害昆虫以及人为不当干预等。

第五章 壁画保护的原则与程序

第一节 宗旨和原则

一、意义

文化是人类社会政治、经济、社会发展的精神活动及其产物，是人类历史发展过程中的积淀，并凝结在壁画的艺术风格、创作题材、绘画技法中，保护壁画的意义在于：

（一）有利于继承和弘扬中华民族优秀文化和民族精神。壁画作为一种艺术实体，是我国悠久历史文化的见证和重要载体，是研究我国古代社会结构、人民生产生活的珍贵实物资料。中华民族的伟大民族精神在其中得到了生动体现。此外，许多历史文物是国家对文物所在的地域、水域、海域拥有主权的铁证。因此，加强文物保护，对于传承中华民族的优秀传统文化，增强民族凝聚力，对于巩固民族团结和维护国家统一，对于加强同世界各国的文化交流，都具有重要意义。

（二）有利于推动科学研究，促进经济发展。壁画生动反映了不同历史时期科学、技术、文化、艺术发展的成就，是历史文化研究和现代科技文化创新、发展的依据，具有重要的科学价值。文物作为历史文化的载体，是历史研究的第一手史料。在尚无文字记载的历史发展阶段，没有文物资料，就没有历史研究可言。我国许多专业学科的历史正是利用了现存的大量文物资料，才得以理顺其演变、发展的历程。今天的科技文化创新和发展离不开历史文化遗产。大量古代科技和艺术成果至今还在被利用、借鉴和继承，成为发展繁荣现代科技、文化、艺术不可或缺的条件。加强文物保护，深入研究文物的科学原理和高超的工艺技术，能够从中得到有益的启示，推动科学研究，促进科学、文化、艺术发展。其次，壁画是重要的旅游资源，加强文物保护，能够为旅游业的发展提供宝贵的资源，促进文化产业和旅游业的发展，促进当地经济和社会协调发展。

（三）有利于满足人民群众的精神文化需求。中国壁画艺术贯穿了中华民族文化传统和中国独特的艺术风格，保护壁画和彩塑就是保护民族文化结晶。加强壁画保护，能使广大群众了解并传承中国传统文化，提高科学文化素质，提高艺术鉴赏力，丰富精神文化生活。

二、目的

（一）文物保护的目的在于保存人类历史发展的实物见证，保存人类创造性活动和文化成就的遗迹，继承和弘扬优秀文化。恢复壁画的安全性和稳定性，使之能够长久保存，并对其进行深入研究。

（二）消除或抑制各种危害壁画本体及其环境安全的因素，在壁画稳定的情况下，加强预防性保护，进行合理展示。

三、原则

壁画的保护和管理涉及多个可能的学科领域，是一项复杂的系统性工作，必须符合相关法律和技术规范，不得对文物造成损害。其工作程序是保证文物保护依法合规，技术上具有可行性和合理性，能够有效保护壁画的基本保障。

壁画保护和管理工作程序的每个步骤都是下一步骤的基础，对每一步骤实施专家评审制度。首先由相关领域的具有理论素养和实践经验的专家组成的委员会对相关程序的工作内容进行审查，然后由文物古迹行政管理部门根据专家委员会的意见对工作内容和相关措施做出审批决定，最后，文物古迹管理者根据审批决定和专家委员会意见实施相关工作。

在壁画稳定的情况下，加强预防性保护，进行合理展示。

第二节　保护程序

文物古迹的保护和管理涉及多个可能的学科领域，是一项复杂的系统性工作，必须符合相关法律和技术规范，不得对文物古迹造成损害。文物古迹保护和管理工作程序是保证文物古迹保护依法合规，技术上具有可行性和合理性，能够有效保护文物古迹的基本保障。

文物古迹保护和管理工作程序的每个步骤都是下一步骤的基础。

对每一步骤实施专家评审制度。首先由相关领域的具有理论素养和实践经验的专家组成的委员会对相关程序的工作内容进行审查，然后由文物古迹行政管理部门根据专家委员会的意见对工作内容和相关措施做出审批决定，最后，文物古迹管理者根据审批决定和专家委员会意见实施相关工作。

按照《中国文物古迹保护准则》的要求，壁画的保护修复技术工作可分为：全面调查保护对象，壁画价值与保存现状评估，确定壁画的理想保存状态，确定壁画保护的目标，壁画保护方案比选，壁画保护材料、保护工艺筛选，保护方案设计，保护修复实施，保护修复档案建设，实施效果评估，监测及日常养护等方面。

一、调查

调查是壁画保护程序中最基础的工作。调查分为普查、复查、重点调查和专项调查等。要按照各类项目要求的深度，制定相应的调查提纲和规范化的记录格式，收集或测绘地形图和相关图纸。壁画的全面调查包括：文献资料、文物修缮和历史干预信息、考古资料的收集，壁画保存现状与自然环境、人文环境现状及变迁历史的初步调查与了解。

二、评估

评估是根据对文物及相关历史、文化的调查、研究，对文物价值、保存状况和管理条件做出的评价，它包括对文物古迹的价值、保存状态、管理条件和威胁文物古迹安全因素的评估，也包括对文物

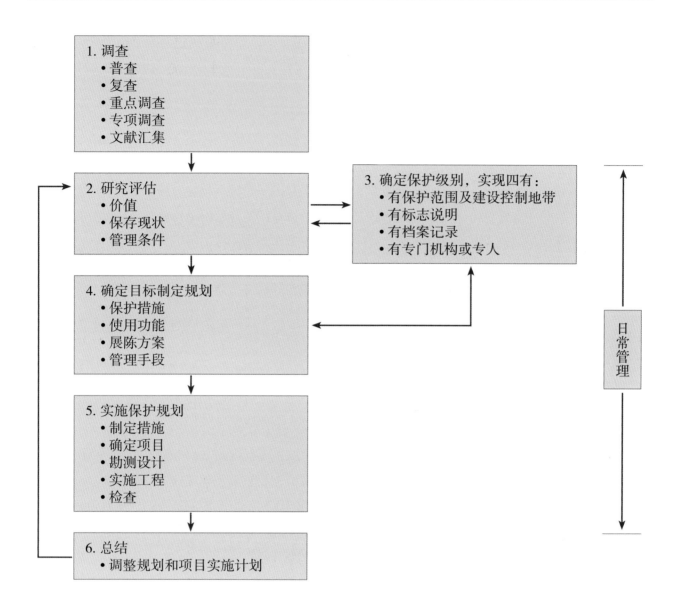

研究和展示、利用状况的评估。

壁画评估的对象为文物本体以及所在环境，依据现场调查资料，采取各种分析方法，将壁画的价值按照历史、艺术和科学价值进行详细评估，并通过摄影、测绘等手段，进行壁画病害类型和分布调查，进行壁画制作材料与工艺的分析测试，分析文物病害成因。根据病害成因，布设环境监测设备和模拟实验，开展壁画病害机理研究等。

三、定位

综合对壁画本体及环境评估和调查研究，确定壁画的理想保存状态，判断壁画是否需要进行保护修复。如果壁画不需要进行干预，则进入日常维护；如果需要干预，则进行下一步工作。

壁画保存的状态往往存在一定的问题，达不到理想状态，因此必须采取一定的技术或管理手段实施干预，才能达到或接近文物保存的理想状态。因此，对保护对象就需要确定一个保护目标，使得保护工作具有可操作性，在确保稳定性的前提下，还应当保证文物的真实性和完整性。

四、设计

在确定壁画保存的理想状态和保护目标后，需要开展壁画保护方案比选、保护材料与工艺筛选、保护方案设计等工作。

（一）壁画保护方案比选

针对壁画存在的问题，提出多种可行的保护方案，并分析各种方案之间的优劣。

（二）壁画保护材料与工艺筛选

针对拟定的初步保护方案，通过分析不同保护修复材料的性能和特征，进行实验室模拟试验，开展保护修复材料、工艺的筛选工作，优选出切实可行的保护材料。

（三）保护方案设计

根据对壁画调查评估、方案比选和保护材料工艺筛选的研究成果，进行壁画保护修复方案设计，达到修复人员可完全按照设计方案开展壁画保护修复的设计深度。

五、实施

壁画的保护措施包括加固、修缮、保护性设施建设、环境整治、迁移等。

（一）加固

加固是对壁画的不安全的结构或构造进行支撑、补强，恢复其安全性的措施。加固措施通常作用于文物古迹本体。加固应特别注意避免由于改变文物古迹的应力分布，对文物古迹造成新的损害。由于加固要求增加的支撑应考虑对文物古迹整体形象的影响。非临时性加固措施应当做出标记、说明，避免对参观者认识文物古迹造成误解。

加固必须把对文物古迹的影响控制在尽可能小的范围内。

若采用表面喷涂保护材料，损伤部分灌注补强材料，应遵守以下原则：

1.由于此类材料的配方和工艺经常更新，需防护的构件和材料情况复杂，使用时应进行多种方案的比较，尤其是要充分考虑其不利于保护文物原状的方面。

2.所有保护补强材料和施工方法都必须在实验室先行试验，取得可行结果后，才允许在被保护的实物上作局部的中间试验。中间试验的结果至少要经过一年时间，得到完全可靠的效果以后，方允许扩大范围使用。

3.要有相应的科学检测和阶段监测报告。

当文物古迹自身或环境突发严重危险，进行抢险加固时，应注意采取具有可逆性的措施，以便在险情舒解后采取进一步的加固、修复措施。

（二）修缮

壁画保护：对石窟、寺庙、墓葬壁画所采取的保护措施必须经过研究、分析和试验，保证切实有效。

壁画保护首先应采取防护措施。只有在充分认识壁画的退化机理的前提下，才能进行加固。

复原可能破坏壁画的真实性，不适合壁画的保护。只有在原有环境中确实难以保护的情况下，壁画才允许被迁移保护。

壁画所处环境复杂，需根据壁画的病害情况做专项研究，制定有针对性的保护方案。对壁画的保护应首先消除潜在的继续损坏威胁。

壁画具有重要的历史和艺术价值，是具有独创性的艺术品，对已缺失部分的复原难以重现壁画的原有艺术价值，而且有可能由于复原者的理解影响壁画整体的真实性。因此，应避免对壁画缺失部分进行复原。

（三）保护性设施建设

壁画是一种特殊的不可移动文物类别，它通常依附于文物建筑、石窟寺或古墓葬，随着其依附的文物本体出现破损、老化等问题，壁画的保护性设施建设也迫在眉睫。

保护性设施建设是消除造成文物古迹损害的自然或人为因素的预防性措施，有助于避免或减少对文物古迹的直接干预，包括设置保护设施，在遗址上搭建保护棚罩等。

监控用房、文物库房及必要的设备用房等也属于保护性设施。它们的建设、改造需依据文物保护规划和专项设计实施，把对文物古迹及环境影响控制在最低程度。

保护性设施应留有余地，不求一劳永逸，不妨碍再次实施更为有效的防护及加固工程，不得改变或损伤被防护的文物古迹本体。

添加在文物古迹外的保护性构筑物，只能用于保护最危险的部分。应淡化外形特征，减少对文物古迹原有的形象特征的影响。

增加保护性构筑物应遵守以下原则：

1. 直接施加在文物古迹上的防护构筑物，主要用于缓解近期有危险的部位，应尽量简单，具有可逆性。

2. 用于预防洪水、滑坡、沙暴自然灾害造成文物古迹破坏的环境防护工程，应达到长期安全的要求。

建造保护性建筑，应遵守以下原则：

1. 设计、建造保护性建筑时，要把保护功能放在首位。

2. 保护性建筑和防护设施不得损伤文物古迹，应尽可能减少对环境的影响

3. 保护性建筑的形式应简洁、朴素，不应当以牺牲保护功能为代价，刻意模仿某种古代式样

4. 保护性建筑在必要情况下应能够拆除或更新，同时不会造成对文物古迹的损害。

5. 决定建设保护性建筑时应考虑其长期维护的要求和成本。消防、安防、防雷设施也属于防护性设施。

由于保护需要必须建设的监控用房、文物库房、设备用房等，在无法利用文物古迹原有建筑的情况下，可考虑新建。保护性附属用房的建设必须依据文物保护规划的相关规定进行多个场地设计，通过评估，选择对文物古迹本体和环境影响最小的方案。

（四）环境整治

环境整治是保证文物古迹安全，展示文物古迹环境原状，保障合理利用的综合措施。整治措施包括：对保护区划中有损景观的建筑进行调整、拆除或置换，清除可能引起灾害的杂物堆积，制止可能影响文物古迹安全的生产及社会活动，防止环境污染对文物造成的损伤。

绿化应尊重文物古迹及周围环境的历史风貌，如采用乡土物种，避免因绿化而损害文物古迹和景观环境。

影响文物古迹环境质量的有以下三个主要因素：

1. 自然因素：包括风暴、洪水、地震、水土流失、风蚀、沙尘等。

2. 社会因素：包括周边建设活动、生产活动导致的震动，污水、废气污染，交通阻塞，周边治安状况以及杂物堆积等。

3. 景观因素：主要指周边不协调的建筑遮挡视线等。

对可能引起灾害和损伤的自然因素，重点应做好以下工作：

1. 建立环境质量和灾害监测体系，提出控制环境质量的综合指标，有针对性地开展课题研究。

2. 编制环境治理专项规划，筹措充足的专项资金。

3. 制订紧急防灾计划，配备救援设施。

4. 整治应首先清除位于保护区划内，影响文物古迹安全的建设和杂物堆积，根据规划和专项设计有计划地实施整治维护。

5. 对可能损害文物古迹的社会因素进行综合整治，对直接影响文物古迹安全的生产、交通设施要坚决搬迁，对污染源头要统筹疏堵。

6. 与有关部门合作，通过行政措施对严重污染并已损害文物古迹的因素实施积极的治理。

7. 对交通不畅、周边纠纷和治安不良等因素，可通过"共建""共管"，建立协作关系加以治理。

8. 对可能降低文物古迹价值的景观因素，应通过分析论证逐步解决。

9. 改善景观环境，应在评估的基础上清理影响景观的建筑和杂物堆积。

10. 通过科学分析、论证、评估确定视域控制范围，并在保护区划的规定中提出建筑高度、色彩、造型等的控制指标，通过文物保护规划和相关城乡规划实现视域保护。

（五）迁移

迁移是一种特殊的文物保护工程，迁移不仅会影响文物的真实性、完整性，还会使文物失去其原有的自然、人文环境，是不得已而为之的选择，实施壁画迁移工程应当遵守以下原则：

1. 特别重要的建设工程需要。

2. 由于自然环境改变或不可抗拒的自然灾害影响，难以在原址保护。

3. 单独的实物遗存已失去依托的历史环境，很难在原址保护。

4. 文物古迹本身具备可迁移特征。

迁建新址选择的环境应尽量与迁建之前环境的特征相似。迁建后必须排除原有的不安全因素，恢复有依据的原状。

迁建应当保护各个时期的历史信息，尽量避免更换有价值的构件。迁建后的建筑中应当展示迁建前的资料。迁建必须是现存实物，不允许仅据文献传说，以修复名义增加仿古建筑。

六、管理维护

管理是为文物古迹保护、实现文物古迹的价值进行的协调和组织工作，是文物保护的基本工作。

包括确定文物古迹保护目标，制定规章制度，组织对文物古迹的研究，阐释文物古迹的价值，实施对文物古迹的保护、监测，管理文物古迹中的旅游活动，建立高素质的管理队伍。

（一）档案建设

在壁画保护修复过程中要做好修复档案建设工作，为后续的保护和研究留下翔实的资料，保护修复档案应当包括保护过程中的所有资料。

记录档案应当按照国家关于档案法规进行收集、汇编保管，但对于一项文物古迹来说，至少应包括五个方面的内容，即历史文献汇集、现状勘测报告、保护工程档案、监测检查记录、开放管理记录。

汇集历史文献要求：

1. 有文必录，收录有据，不厌重复，不作删节。

2. 不以现在的是非标准取舍历史记录，不以现在的认识水平分辨真伪。

3. 慎重注释，只作技术性注解，不作是非评价。

（二）保护项目评估

壁画修复过程中需要进行多次保护项目的评估，发挥各学科专家的作用，确保保护措施的必要性、科学性和可操作性，利用最小干预和适度干预达到理想的保护状态。

（三）保养维护和监测

保养维护及监测是文物古迹保护的基础。通过一次保护修缮不能解决所有的保护问题，保护工程的结束并不是保护工作的结束，保养维护能及时消除影响文物古迹安全的隐患，并保证文物古迹的整洁。应制定并落实文物古迹保养制度。

监测是认识文物古迹变化过程和及时发现文物古迹安全隐患的基本方法。对于无法通过保养维护消除的隐患，应实行连续监测，记录、整理、分析监测数据，作为采取进一步保护措施的依据，长期监测和日常维护应当贯穿壁画保护的全过程，是一种非常重要的预防性保护手段。

第三节　壁画保护的规范

我国文物保护行业现已颁布的标准中，与壁画保护相关的标准主要有《古代壁画保护修复档案规范》(GBT 30235-2013)、《古代壁画保护修复方案编制规范》(GBT 30236-2013)、《古代壁画病害与图示》(GBT 30237-2013)、《古代壁画现状调查规范》(WW/T0006-2007)、《古代壁画脱盐技术规范》(WWT 0031-2010)、《古代壁画地仗层可溶盐分析的取样与测定》(WWT 0032-2010)、《古代壁画可溶盐测定——离子色谱法》（WWT 0079-2017)、《古建筑壁画数字化勘察测绘技术规程》（WWT 0082-2017)等八个规范，其中国家标准三项，行业标准五项。

一、《古代壁画保护修复档案规范》(GBT 30235-2013)

规定了古代壁画修复档案记录的主要内容、档案记录使用材料与形式、档案书与要求、档案存档要求、档案封面格式等。其中，档案记录内容为核心部分，包括基本信息、现状调查资料、病害机理研究报告、保护修复材料和工艺筛选报告、设计(修复)方案及相关单位信息、保护修复过程记录资料、绘图资料、影像资料、自评估与验收资料、其他相关资料等。此规范适用于我国古文化遗址、古墓葬、古建筑、石窟寺、近现代建筑物的壁画以及馆藏壁画的病害调查和壁画保护修复工程。

二、《古代壁画保护修复方案编制规范》(GBT 30236-2013)

规定了古代壁画保护修复方案编写的基本信息、价值评估、前期调查与研究、保护修复工作目标、保护修复技术路线及工艺措施、施工安全措施、工作量与进度安排、经费预算、保存条件建议、信息资料管理、方案委托及编制单位基本信息、各方签章。此规范适用于我国古文化遗址、古墓葬、古建筑、石窟寺、近现代建（构）筑物的壁画以及馆藏壁画保护修复方案编制。

三、《古代壁画病害与图示》(GBT 30237-2013)

规定了古代壁画相关术语和病害的定义以及病害相对应的图示符号。此规范适用于我国古文化遗址、古墓葬、古建筑、石窟寺、近现代建（构）筑物的壁画以及馆藏壁画的病害调查和壁画保护修复工程。

四、《古代壁画现状调查规范》(WW/T0006-2007)

规定了古代壁画现状调查的工作内容、工作程序、工作方法和现状调查报告的相关格式。此规范适用于我国古文化遗址、古墓葬、古建筑、石窟寺、近现代建（构）筑物的壁画以及馆藏壁画的保存现状调查和壁画保护修复工程。

五、《古代壁画脱盐技术规范》(WWT 0031-2010)

规定了酥碱壁画修复加固的脱盐工艺和空鼓壁画灌浆加固后的脱盐工艺。此规范适用于古代壁画保护修复工作中关于酥碱壁画修复加固脱盐和空鼓壁画灌浆加固后的脱盐。

六、《古代壁画地仗层可溶盐分析的取样与测定》(WWT 0032-2010)

规定了古代壁画地仗层中可溶盐分析的取样和分析项目、分析方法。此规范适用于古代壁画地仗层中可溶盐分析的取样和测定。

七、《古代壁画可溶盐测定——离子色谱法》（WWT 0079-2017)

规定了离子色谱分析在古代壁画可溶盐离子测定或脱盐效果评价中样品采集、处理和测定的方法。此规范适用于古代壁画地仗中可溶盐种类及含量的离子色谱法测定。

八、《古建筑壁画数字化勘察测绘技术规程》（WWT 0082-2017)

规定了古建筑壁画数字化勘察测绘的基本规定、测绘工作、摄影工作、项目成果、质量验收等方面的要求。此规范适用于以古建筑为载体的壁画的数字化勘察测绘工作。

第六章　修复材料与工艺

第一节　常用修复材料

修复材料与工艺的选择遵循"最大兼容，最小干预"的原则。通常选用低黏度、高黏性、无眩光、无变色、透气性好、耐老化以及良好的可逆性和可操控性的黏结材料。尽可能利用和原始材料相匹配的材料，以增强其兼容性，辅之以必要的添加材料和胶粘剂，对传统无机加固材料有必要进行一定范围的加固试验，比较加固效果。针对壁画的不同病害，本着细致、严谨的科学态度反复进行研究、试验；所选用的材料与工艺必须经过在现场的充分试验和论证后才可用于实践中。对壁画病害的修复加固材料及工艺进行现场试验，记录试验过程，对比加固效果。

壁画修复材料按照用途可分为：清洗材料、黏结材料、修补材料三类。

（一）清洗材料

清洗材料一般用于去除壁画表面污染所用，常用的清洗材料有：去离子水、乙醇溶液、六偏磷酸钠、乙二胺四乙酸二盐（EDTA）、氨水等。

1. 去离子水：是指除去了呈离子形式杂质后的纯水，常用于壁画表面轻度污染，提升壁画张力、清晰度。因其成分单一，无添加成分，方便取用，故是壁画修复中常用的清洗材料。

2. 乙醇溶液：常用于壁画污染物清理，配比有70%或75%的浓度。

3. 六偏磷酸钠：主要用于壁画钙质土垢的清洗。通常情况下，使用15%的六偏磷酸钠水溶液去浸润表面难溶解的盐，六偏磷酸纳会与难容盐阳离子发生络合反应，这样就可以达到清洗难溶盐的效果。

4. 乙二胺四乙酸二钠盐(EDTA)：与难溶盐的反应机理的六偏磷酸钠基本一样，都是通过络合反应实现，通常EDTA二钠盐不单独使用，需配成溶液使用。

5. 氨水：多用于馆藏壁画的霉菌清洗。需要先用去离子水清洗表面霉菌孢子，然后用毛笔蘸取少量氨水清洗剂，涂刷在霉斑部位，用纸巾紧贴壁画表面，吸附霉斑中的污物和色素，最后再用去离子水冲洗，反复操作，达到清洁效果。要注意的是，氨水具有一定腐蚀作用，要注意使用。

（二）黏结材料

黏结材料用于处理壁画起甲、粉化、酥碱等常见病害的黏结修复材料。早期传统的修复材料是胶矾水，但随着壁画保护技术的不断提高，如今常用材料有：ParaloidB72、AC-33、聚醋酸乙烯乳液、丙烯酸乳液等高分子加固材料，以及桃胶、明胶等天然高分子材料。

1. ParaloidB72（如图6-1-1）：简称B72，B72是由丙烯酸甲酯和甲基丙烯酸乙酯组成的共聚物，成分比例大约为1：2。B72是一种白色的类似于玻璃状结构的无色透明晶体，多数有机溶剂可将其溶解，该材料的优点是常温固化速度快，耐老化性能好，固化后机械强度高，并且有很好的耐光耐热性能，且热塑性良好。其结构式如下：

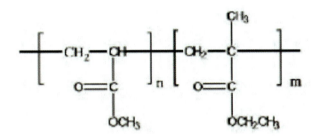

图6-1-1 B72结构式

2. AC-33（如图6-1-2）：是经丙烯酸甲酯和甲基丙烯酸甲酯在一定条件下发生共聚后得到的一种高分子聚合物，这种聚合在通常状态下为乳白色液体，为水溶性加固保护材料。AC-33的使用非常方便，常用乙酸乙酯、丙醇做溶剂，在常温下可以很快发生固化，其固化后具有能承受一定的强光照射、酸碱腐蚀、温湿度变化及力学强度等作用的优良性质。其结构式如下：

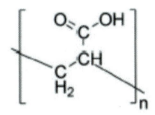

图6-1-2 AC-33结构式

3. 聚醋酸乙烯乳液（如图6-1-3）：是以乙酸乙烯酯为主单体，水为分散介质，进行乳液聚合而得的高分子乳状液。聚醋酸乙烯乳液具有胶黏强度较高、固化速度较快、无毒安全、无环境污染等特点。聚醋酸乙烯乳液为乳白色黏稠液，无臭，无味，有韧性和塑性。软化点约为38℃。不能与脂肪和水互溶，可与乙醇、醋酸、丙酮、乙酸乙酯互溶。其结构式为：

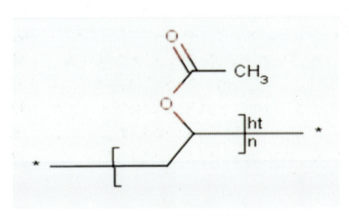

图6-1-3 聚醋酸乙烯乳液

通过在青白江明教寺觉皇殿壁画修复实验中得出，各种浓度的聚醋酸乙烯液在粉土中渗透均较好，在黏土中渗透与水的渗透区别不大，0.75%的在黏土中渗透次之。为此，聚醋酸乙烯乳液稳定性较好，可以广泛运用于成都地区的壁画保护修复工作（如图6-1-4）。

图6-1-4 聚醋酸乙烯乳液修复实验前后对比

4. 丙烯酸乳液：是由纯丙烯酸酯类单体共聚而成的乳液，具有较好的耐水性和耐候性。曾在四川地区壁画修复实验中做过详细分析（如图6-1-5）：浓度低的情况下有较好的渗透性，但黏结性较差；高浓度有较好的黏结性，但渗透性较差。有机硅丙烯酸乳液渗透性优于丙烯酸乳液，但黏结性略差于丙烯酸乳液。丙烯酸乳液和硅丙乳液按照 1∶1 比例混合的混合乳液，当浓度为 0.5% 时，渗透效果好，但黏结性稍差；当浓度为1%时，对单纯的颜料层粉化有较好的加固效果，对酥碱白灰层加固时，虽有好的渗透性，但黏结性稍差；当浓度为 1.5% 时，对粉化颜料层加固时渗透性较差，但对较疏松的地仗层（酥碱）有较好的渗透性和加固效果。因此，在壁画修复中要达到渗透性和黏结性的平衡。

图6-1-5 丙烯酸乳液实验修复前后效果对比

5. 桃胶、明胶等天然高分子材料是以动物的骨、皮、肌腱及其他结缔组织中提取的胶原蛋白精制而成，是一种多肽天然有机高分子化合物。明胶分子中的氨基是碱性，而羧基是酸性，因此明胶既能与酸反应，又能与碱反应，是两性化合物。桃胶、明胶有较好的透气、透水性，对颜料颜色影响较小，是稳定性较强的常用胶结材料。

（三）修补材料

主要用于修复壁画地仗层缺失。地仗修补应优先考虑用原工艺材料，根据一定比例配合黏结剂，制作修补材料。常用的修补材料有沙子、石灰、黏土等。

第二节　常见病害修复工艺

一、空鼓

空鼓是壁画支撑体和地仗层因黏性丧失或减弱，导致地仗层局部脱离支撑体的现象。空鼓会导致壁画表面开裂鼓起，引起壁画大面积脱落。目前主要手段为：更换支撑体、灌浆加固。

（一）更换支撑体

地仗层破碎严重，空鼓面积大于1/3，或其他病害需更换支撑体，应果断采取这种方式。

1. 预加固

如果画面保存效果不佳，应在更换支撑体前对画面进行干预加固，可采取画层表面贴纸、贴沙，或采取低浓度加固剂注射或喷洒。

2. 画块分割

必要的情况下，需要对壁画进行局部分割揭取，以便更换背部支撑体，具体方法见壁画揭取、搬迁技术。

3. 更换支撑体

对原支撑体进行测绘定位，根据原材料、原工艺进行更换。

4. 复原画面

将分割的画块重新组装复原，具体方法同壁画复原技术。

5. 填补修整

对画面分割裂缝选用相同的地仗材料和矿物颜料，对修补裂缝进行填补和补色，做到远观一致、近看有别，增强整体画面效果。

（二）灌浆修复

通过介入灌浆材料将空鼓壁画固化，灌浆材料与原壁画的材料物理特性和化学组成接近，具有稳定的化学性质，通过对环境特征、制作材料、工艺及病害产生机理等方面综合研究，选择最优材料。对壁画顶部和上部的空鼓病害，因重力作用的影响，应采用黏结度较强的灌浆材料。灌浆材料主要有填料、黏结剂、添加剂。填料为充实空鼓空间，为主剂；黏结剂具有胶结固化能力，将空鼓表面与灌浆材料黏合在一起，并增加灌浆材料机械强度；添加剂为提高灌浆材料性能，包括固化剂、稳定剂。

1. 预加固

对画面进行预加固；清理壁画空鼓背部残块和沙土，用低浓度加固剂内壁进行预加固。

2. 支顶壁板

制作带有柔软脱盐吸水垫层材料的壁板，用可调节丝杠将壁板支顶到壁画表面，在支顶壁画的同时进行吸水脱盐处理。既可在灌浆时保护壁画，又可在灌浆后将壁画推回原位。

3. 钻孔装管

在壁画破损或线条不集中的部位，从支顶壁板穿过，钻开直径0.5厘米~1.5厘米的小孔，把柔软透明的塑料注浆管插入泥层空袭中，并在注浆部位附近开观察孔，既可观察，又能出气。

4. 灌注浆液

常压灌浆、加压灌浆，一般多采用人工常压灌浆。用注射器压入空鼓部位，注射顺序由下至上，注射前应封堵已有裂缝和漏洞，防止泄露。在注浆过程中，地仗层会局部鼓起，应小幅度多次收紧丝杠，加大顶板压力，将壁画尽量推回原位，增加灌浆材料与壁画结构的结合度，并使浆液刘翔细小孔隙。注浆应间隔10-20分钟，防止壁画大面积潮湿坠落。

（三）锚固修复

对于大面积空鼓，目前使用广泛的做法是灌浆回贴和锚杆加固结合修复，增强壁画内部拉固力。其修复程序为：钻锚固孔、灌注浆液、插入锚杆、平整修补。

二、起甲

对于壁画颜料层起甲的部位，采用注射黏结剂回贴的办法，通过介入黏合材料重新建立壁画颜料层的黏合力。修复顺序为由上而下。黏结剂的基本要求是：不改变壁画的物化性质，具有良好的渗透性和流动性，具有较强的黏结力，不改变颜料颜色。修复程序如下：

1. 除尘

使用吸耳球对表面灰尘进行吸附处理。

2. 预加固

如地仗层出现酥碱，应在除尘后使用1%~1.5%的加固剂注射或喷洒地仗层，进行预加固。对于松散的甲片，在表面粘贴宣纸条临时固定，便于后续注射回贴，并在操作面下方放置白纸，收集不慎脱落的甲片。

3. 黏合甲片

根据情况使用一定浓度的丙烯酸乳液进行配比，制成注射黏接剂，后对壁画起甲部分进行背部注射，将注射液渗入起甲部位，使之软化。

4.回贴甲片

用修复刀将软化后的颜料层回贴至原地仗层，注意回贴时注意力度，不能破坏壁画层位关系，且使用修复刀时采用光面纸垫在修复刀下进行操作。

5. 平整修补

先滚压后平整，使起甲壁画完全与地仗层贴合，平整后避免留下刀印。

三、酥碱加固

酥碱病害的治理要求：不能对壁画颜料色彩及表面形貌有影响，不能在壁画表面形成反光膜。加固必须有较好的渗透性和黏接力。加固剂失效后，分解物不能产生负面影响。

（一）专业术语

酥碱：由于可溶盐作用导致壁画地仗层产生的疏松状态。加固：通过介入黏合材料回复壁画结构中颗粒物之间的聚合力的处理方法。加固主要针对的病害是酥碱和粉化。

（二）修复思路

理想的加固效果：加固后壁画物理性质与原壁画相同，化学性质稳定、抗劣化，不改变光学性质，不妨碍以后的保护。

注意事项：

① 加固条件的问题。加固溶液的渗透深度取决于毛细作用，如水分含量高则影响渗透效率，尽量选择干燥季节，环境潮湿的应采取低温烘烤等方式。

② 渗透深度的问题。为增加渗透深度，应适当选择溶质和溶剂，尽量采用溶液形式、低挥发材料。

③ 加固强度的问题。并非加固强度越高越好，而是亲近原材料强度最好。

（三）加固程序

酥碱的加固程序与起甲修复相比，大体操作程序较为相似，只是在操作中要增加脱盐工序。

1.除尘

用洗耳球和小羊毛刷清除壁画表面尘土。当颜料层非常脆弱、地仗层粉化脱落较多，应把握好除尘力度，既要清除粉尘，又要注意保留粉化的地仗层

2.填垫泥浆

若酥碱壁画地仗粉化脱落或缺失很少，则直接注射黏合剂。若酥碱壁画地仗粉化脱落或缺失较多，颜料层大片悬浮，应填垫泥浆。方法：用注射器将低浓度加固材料少量多次地注入地仗缺失部位，使其渗透，将参有细沙的稀泥浆均匀铺于地仗缺失部位；严格把握填垫泥浆的量，防止影响颜料层回贴效果；泥浆凝固后，注射黏合剂。

3.注射黏合剂

用注射器将前期筛选的黏合剂沿悬浮颜料层边缘注入颜料层背部，2~3次为宜。

4.回贴颜料层

黏合剂被泥浆和地仗层吸收后，用修复刀将悬浮的颜料层轻轻地贴回原处。

5.滚压

黏合剂完全渗入后，用棉球对衬有棉纸的颜料层从未裂口处向开裂处轻轻滚压，保持平整，不应压出褶皱或产生气泡。

6.压平

用修复刀将衬有棉纸的壁画压平压实，应避免留下刀痕。

7. 脱盐

环境要求：气温15℃~35℃，相对湿度低于75%。前提：空鼓壁画灌浆加固后有可溶盐聚集时进行，酥碱壁画修复加固后进行。

8. 二次脱盐

脱盐板脱盐后，壁画表面凹凸不平处可能存在盐分残留，应进行二次脱盐，主要采取水蒸气雾化器。用超声水蒸气雾化器产生的蒸汽将5厘米×5厘米吸水棉纸润湿贴在壁画表面，用软海绵轻压贴合，吸水棉纸干燥后取下。蒸汽温度为20℃，蒸汽量根据壁画面积适当调整。经过7~8次排列式吸附，可基本达到目的。

（四）酥碱加固材料

盐分可分为：可溶性盐、微溶性盐、不溶性盐，其中微溶性盐对壁画的破坏作用最大，主要通过溶解、结晶循环造成，通常在距壁画表面1毫米~2毫米处造成破坏。可溶性盐溶解度大，结晶主要在壁画表面，对结构破坏较小。

脱盐：针对壁画病害实施的一种去除盐分的技术措施。脱盐垫：由壁画保护层、脱盐材料层、缓冲层组合的保护壁画和吸收盐分的软垫。保护层接触壁画，一般用棉质；脱盐材料层是高吸水性、高吸盐性的材料，对壁画不产生作用和影响。缓冲层一般用2厘米厚度的海绵，防止外力支顶导致壁画表面损伤。脱盐板：加载脱盐垫、带透气孔的支撑板。

1. 脱盐工具

真空盒、真空泵、脱盐板、敷设脱盐板。

2. 脱盐材料

脱盐材料技术要求：

① 不含腐蚀性、污染性的物质，中性环境，不造成修复性损伤。

② 吸收能力好、吸盐效率高，便于实际操作。

③ 经济实用。

四、揭取、搬迁与复原技术

（一）揭取、搬迁原因

自然灾害导致建筑物损毁。壁画保存条件恶劣且无法改变，如墓葬渗水。古建筑落架维修，无法原址保护，需要先截取，待古建筑修缮完成后复原壁画，如遇国家重大工程，必须对文物进行迁移，这是为了更好地管理、保护和展示。

（二）壁画揭取

因壁画由支撑体、地仗层和颜料层三部分组成，揭取壁画时也可以有三种方法选择：仅揭取颜料层，颜料层与地仗层一并揭取，颜料层、地仗层、部分支撑体一同揭取。

1. 前期准备

在壁画揭取前，需要对壁画进行勘察记录并对其颜料层上的病害进行加固，以免揭取时发生二次损坏。

（1）勘察记录：壁画在揭取前，必须进行摄影、录像、测量和临摹等工作，详细记录，做好壁画信息，以便在壁画分幅揭取、加固后，以原始记录为依据进行修整复原。

（2）除尘：一般壁画泥层较牢固无脱胶和严重酥碱情况时，在临时加固前，应先用软毛刷或吸耳球轻轻清除壁画画面上的灰尘。黏附较牢的灰尘污迹，为防损伤画面，可先用水或有机溶剂小心将其湿润软化后，再将其去除。

（3）加固颜料层： 如果要揭取的壁画画面有脱胶、起甲、酥粉、裂缝等病害，或画面强度不够时，必须在揭取前采取临时加固措施。所谓临时，就是所使用的加固材料，必须具有"可逆性" 以备修复中认为应该改进时可以重新处理。

（4）画面分幅：面积小的壁画，或者有条件可以整幅揭取的壁画，这道工序自然省略。当壁画画面大且薄，难以一次性揭取时，可采取分幅揭取。分幅时要考虑画面分布，避免在人物面部、画面的精华部分分幅；尽量利用其自然裂缝，不开新缝；避免出现空鼓断裂错位，也为防画面过碎而难以复原。

需要注意的是：分块画线时采用直线、斜线和曲线的问题，从施工的角度来看，自然是点线方便，因此在画线过程中，只要不妨碍画面的艺术形象完整，就应尽量采用直线，有的画面形象比较复杂，在不可能完全用直线的情况下，也可采用斜线或曲线，但应尽量避免曲线，这样会给修复工作带来许多困难。

当整幅壁画分幅确定后，一定要准确、翔实地记录整幅壁画及各分幅的尺寸、位置及画面局部脱落的位置，最好绘一个壁画分幅位置示意图，编好分幅号，并将号码依照示意图指示标在壁画背面，以使修整复原时校核使用。

（5）制作托板：为揭取较大的完整画面而不损伤壁画，应制作托板，当画面揭取下来以背面放相应大小的保护板——托板，将壁画夹固于中间，以便搬动和转移。

托板的制作材料及优缺点：

木质托板缺点是：

①韧性小：虽托板上垫有棉絮、纸张等作为保护层，但往往由于保护层韧性不足，导致画面受力不均而易造成损坏，因而不能进行较大壁画的揭取。

②重量大：由于木板重量大，不便于操作搬运。

③吸潮变形：木质托板遇到潮湿空气会吸潮变形而导致壁画画面受损。木板发霉，继而使壁画画面发霉。

泡沫板托板：用聚苯乙烯泡沫塑料板（以下简称泡沫板）作托板，因泡沫体内含空气，且为闭孔型结构，所以泡沫托板具有以下优点：

① 强度较高。

② 弹性好，且弹性适中，使壁画安全，不易折断，是一种较为理想的缓冲防震。

③ 密度小，用泡沫板制作托板比较轻，易操作易搬运。

④ 表面平，使壁画画面受力均匀而不易折断。

⑤ 防潮，耐酸、碱、盐的性能好。

⑥ 有自息性，使用安全。

由于泡沫板具有以上优点，因而在四川地区已广泛采用。

2. 壁画揭取

因壁画类型复杂，保存状况差别较大，揭取方法应根据具体情况而定，大致分为三类：

第一类：整体搬迁法，就是把整个壁画连墙壁一起切割下来，全部搬走。当壁画的画面层、地仗层和墙体都结合比较牢固，壁画的机械强度也比较好的情况下，才能采取此类整体揭取搬迁法。

第二类：部分揭取法，即只将壁画的地仗层（或地仗层的部分）与画面层一起揭取下来的方法，当壁画的画面层和地仗层之间黏合牢固时可采取此法揭取。

第三类：颜料层揭取搬迁法，只揭取颜料层，当壁画的地仗层机械强度差，或壁画只有画面层而没有地仗层时，采取此法揭取。

揭取方法：揭取壁画的方法很多，主要有拆取法、锯取法、震取法、撬取法和木箱套取法等。

拆取法：用托板托住壁画前面，在墙身外面拆除墙体支撑结构，自上而下逐层拆除，每隔约50~70厘米再加上挡板，以防揭取过程中壁画灰泥层倾倒，当将墙体支撑结构拆除到底边时，迅速将托板连同壁画地仗层一起向内推倒，平放在托板上。这种方法简单易行且安全。

锯取法：当壁画背面的墙体不能拆除时采用的一种方法。基本操作方法是：用合适的锯条将壁画的泥层锯开，脱离原有的墙体。采取此种方法的条件是：壁画泥层应在二层以上（一层厚度在2厘米以上时才能采用），揭取时锯掉底层，保留表层，所用锯条要细而长，一端安柄，一端开齿，常常是用木工的锯条改制而成。小型的钢钉用铝丝锤扁后开齿。

揭取时先安放好托板，再用纱布将画面与托板固牢，以免画面与地仗层脱开，然后用细而长的锯条，从壁画一边开始先由下而上，这样既可防止出现滑脱现象，又可防止锯下来的泥土进入画面背后而朦破壁画，当锯到壁画最上边时要特别小心，在锯上下底边的同时，迅速将托板连同锯下的壁画推倒平放在地上。

震取法：此法与锯取法大致相同，如果壁画的地仗层和支撑结构之间结合得比较牢固又不易锯开时，可采用震动的方法。此法是先用钻子从壁画的地仗层一端打入灰泥层中间去，因在钻打过程中使周围的泥灰层受到强烈震动而与墙体分离开。所以震取前一定要保护好画面。

撬取法：出现大面积空鼓时，且画面层与地仗层强度比较好时，采用此法比较方便。操作是用一种带木柄的平铲，从壁画后面插入到地仗层与墙体脱离的空隙内，自上而下轻轻撬动，直到地仗层和墙体完全脱开，将壁画揭取下来。

木箱套取法：做一个与画面大小尺寸相同的木箱，在箱底垫上棉花或纸保护壁画画面，然后在壁画四周挖槽，将木箱套上去，直到木箱底接近画面时，从壁画背后将壁画与墙挖断，这时壁画便装入到木箱中，取下木箱，画面向下，在背面加盖，用木棍绞绑后，将画面向上，揭取完毕，即可运输。

（三）壁画搬迁

壁画揭取下来后，除了将壁画搬至安全地方，还要清除杂物，加固背面颜料层或地仗层，复制背面地仗层（如有必要），贴两层玻璃纤维布，安装木龙骨、角铁架、铝合金框或蜂窝铝板等一系列工作。

1. 前期准备

搬迁壁画前，首先将必要的工具和材料准备齐全（如铲、刀、钻、凿、锯、木材、 棉花、角钢等），对木材的要求是木节少、木质松软、干燥等。木材的尺寸可根据壁画面积的大小轻重进行选择。

2. 背面加固

当壁画揭取下来后，搬迁到较宽敞、明亮、干净的修复室，进行背面加固。

仔细清除壁画背面的杂物。将画面向下，背面向上平放在柔软的水平面上，用竹签、尖刀等工具剔除画面背面上的残片、灰泥等杂物，使壁画背面变成一个干净、平整的平面，操作时必须十分小心，不能损伤颜料层。

确定是否在背面复制地仗层或补作地仗层，如果需要复制或补作地仗层，那么在复制时应使用原地仗层材料制作，并用水溶性树脂和泥抹制，以增加地仗层强度。待地仗层快干时，抹压出现的裂缝，使地仗层平坦无缝。

在颜料层背面（如无地仗层）或复制了地仗层，均匀涂刷环氧树脂黏合剂，并贴上玻璃纤维布条，所用胶黏剂最好是干燥固化时没有收缩，且黏结力大。环氧树脂具有贴布所需的特性，贴布时一定要平展，不能在布与壁画地仗层之间有气泡。

3. 包装运输

包装与运输工作都是搬迁壁画工作中的重要环节，不可忽视。揭取的效果虽然良好，如果因为包装不慎或是运输中出了毛病，使揭取下来的壁画受到损失，是非常可惜的，应该尽力避免。

包装时一般是将壁画装入箱内，利用揭取壁画的壁板作为包装箱的底板，上面加一层盖板，或在十字格式的框子上下用穿带、螺栓拧牢，四边垫板或木块。这样的包装箱是揭取后钉成的，在箱的空处垫以锯末包或用木丝、泡沫塑料块、旧棉花代替。

运输时一般用汽车，将包装箱平放垫牢。应特别注意的是行车速度，在路面情况不良时，车速需尽量放慢以防震动。存放壁画的库房，必须干燥通风，最好单层摆放，需要重叠摆放时，应搭临时支架，使各层壁画不要互相挤压。

四、壁画复原技术

（一）准备工作

准备工作包括：支架制作与安装、校对画面关系尺寸、搭架。

（二）安装壁画

安装壁画应注重顺序，一般先下层后上层，逐条安装；挂画时要对准，先用铁活进行初步固定，尺寸确认无误后，最后固定铁活。

（三）修整壁画

修整壁画主要分为：壁画锯缝修补、壁画补缺补平、修复壁画画面、补线补色。

五、壁画边缘加固

边缘加固技术

边缘加固是通过介入修补材料到缺损壁画的边缘，以防止缺损部分继续扩大的处理方法。

边缘加固是防护性手段，其目的是防止壁画脱落范围的扩大。理想的加固效果是加固后的壁画物理性质与原壁画相同；化学性质稳定、抗劣化；加固处理不改变光学性质，即加固后的壁画看上去与原来没有差别，加固处理的结果不妨碍以后的保护。

边缘加固材料的选择应充分了解壁画制作材料及所处环境的基础上进行，选择与原材料物化性质、颜色、纹理相同或相近的材料，修补和边缘加固材料应作为牺牲性材料介入到壁画结构中。

操作过程：边缘加固的操作过程主要有除尘、预加固、打湿、介入材料进行修补和边缘加固。

除尘：壁画破损或脱落部分的边缘经常残留一些松散的地仗材料，此外还经常有积尘、蜘蛛网、鸟粪等各种污染物。因此使用软毛刷或吸耳球进行清洁处理。

预加固：有时操作面材料疏松，无力抓住修补和边缘加固材料，此时应对操作面进行加固，使其恢复一定的机械强度。加固时应注意避免加固剂在表面形成一层膜，否则不利于修补和边缘加固材料的结合。

打湿：为了使修补和边缘加固材料与壁画紧密结合，在进行修补和边缘加固时，应将操作面打湿，降低壁画对修补和边缘加固材料中水分的吸收速率，确保结合质量。

介入修补和边缘加固材料：修补和边缘加固材料不仅起到封护壁画残损面的作用，更重要的是对壁画有承托和锚固作用。因此，上述操作面不仅指壁画的残损面，而且还包括与之相邻的支撑体。实际操作时应反用力将修补和边缘加固材料压在壁画残损面和支撑体上，使其牢固结合。有时壁画存在一定程度的空鼓，此时应尽量向空鼓空间内塞入修补和边缘加固材料，然后将壁画推回原位，再进行残破表面的修补或边缘加固。在材料干燥过程中应注意观察，防止开裂。如果开裂，可采用刷水后反复抹压的办法处理。注意表面纹理的处理，不要过于光滑，应与壁画表面的纹理相同或相似。颜色的调节可采用在材料中加入颜料或修补后再全色的办法，但原则是远观与壁画和谐，近看与壁画有别。

注意事项：

①干燥的问题：加固溶液的渗透深度取决于壁画的毛细作用。如果壁画材料的微孔中存在水，则溶液渗透效率降低甚至无法渗透，因此，加固应尽量选择在干燥季节实施，如果环境或壁画比较潮湿，应采取措施使其干燥。

②渗透深度的问题：一般情况下渗透深度越大越好。为了增加渗透深度，应该选择适当的溶质、溶剂，并注意操作方法，加固剂应选用小分子材料，尽量采用溶液形式，溶剂最好选择非极性、低挥发性材料，便于将加固材料带到壁画结构深处。操作时可在加固部位临时覆盖一层塑料薄膜以延长渗透时间。

③加固强度的问题：传统的观念认为加固强度越高越好，但实践证明并非如此。加固强度越高，加固部位与未加固部分的物理性能差别越大，产生病害的可能性越大。另外，加固强度越高，病害越容易侵害未加固的部分，使壁画原材料成了牺牲材料，违背了加固的初衷。因此，加固强度并非越高越好，而是越接近原材料的强度越好。

1. 缺失地仗层修补

依据壁画缺失地仗层修补材料筛选实验结果，用质量分数为1%的AC-33乳液调和粉砂：石灰=1：1修补材料，粉砂和石灰的粒度控制在150~300微米。其特点是容重小、透气透水性好、收缩率小、强度适中并可调节，修复工艺如下：

（1）清理画面灰尘，用质量分数为10%的桃胶将宣纸贴到壁画表面，对颜料层进行保护。

（2）在地仗层脱落处，用排刷、修复刀等将沙土、地仗碎残块清理干净。

（3）沿地仗层脱落处边缘，用注射器和专门用于壁画修复的大号加长针头滴渗质量分数为15%的AC-33乳液，对地仗层加固。

（4）用上述方法滴渗质量分数为5%的AC-33乳液，对灰泥层加固。

（5）将上述泥浆涂抹于地仗层缺失处，少量多次进行。

（6）修补材料表面应低于壁画颜料层。

（7）每天收压3~5次，直至修补材料完全干燥。

（8）依据画面内容适当补色。

2. 破碎地仗层修补

（1）用吸耳球、修复刀将破碎地仗缝隙中的尘土和画面灰尘清理干净。

（2）依据资料拼接破碎壁画地仗层。

（3）沿破碎地仗层缝隙，用注射器滴渗质量分数为20%的AC-33溶液，对地仗层加固。

（4）如果缝隙较大，可用大号注射器注浆。

（5）修补材料表面应低于壁画颜料层。

六、壁画表面污染物清除

（一）污染物类型

①泥土及钙质土垢。

②菌斑污染。

③残留胶污染。

④其他污染物（油漆、涂料、粉笔标记、人为刻画、粪便等）。

（二）清除原则

壁画画面清除是不可逆过程，是迫不得已的直接干预行为。全面分析污染物类型、影响范围及程度、成因，明确清洗部位、清洗程度及清洗材料工艺。严格遵守操作规范，避免无法挽回的损失。清洗过程的每一阶段应是可控的、渐进的、可选择的。结束后避免留下有害物质和磨损痕迹。准确把握"度"。

（三）清除技术

（1）画面钙质土垢的清除

清洗剂应遵循润湿能力和渗透深度较好且不改变壁画颜料颜色的原则。常用的清除材料有去离子水、六偏磷酸钠、乙二胺四乙酸二钠盐等。

（2）壁画霉斑的清除

清洗方法一般有两种：一种是直接用毛笔蘸取清洗剂清洗，后用去离子水冲洗，自然晾干；另一种用毛笔蘸取清洗剂清洗，再立即在壁画上敷贴两层纸巾，吸收表面污染物和色素。两种清洗方法以第二种最佳，常用于馆藏壁画霉斑清除工作。

第七章　预防性保护

预防性保护（Preventive Conservation）是我国文化遗产保护领域重要的指导思想，已经发展到涵盖遗产保护、监测预警、防灾减灾、环境调控等诸多方面，目前在一系列行业规范中对预防性保护的内涵进行了阐释，近年来被纳入了文物保护事业发展国家战略的高度。

2015年版《中国文物古迹保护准则》第12条规定"最低限度干预：应当把干预限制在保证文物古迹安全的程度上。为减少对文物古迹的干预，应对文物古迹采取预防性保护"。其中将预防性保护定义为"通过防护和加固的技术措施和相应的管理措施减少灾害发生的可能、灾害对文物古迹造成损害，以及灾后需要采取的修复措施的强度"。

2017年国家文物局印发的《国家文物事业发展"十三五"规划》将预防性保护相关内容作为整体，明确强化了不可移动文物领域的预防性保护原则，提出"推动文物预防性保护常态化、标准化，出台日常养护、岁修、巡查和监测工作规范"。2018年中共中央办公厅、国务院办公厅印发的《关于加强文物保护利用改革的若干意见》将预防性保护的重要性进一步强化，要求"支持文物保护由抢救性保护向抢救性与预防性保护并重、由注重文物本体保护向文物本体与周边环境整体保护并重转变"。

第一节　预防性保护

如今文物保护理念已从抢救性保护向预防性保护转变。从中华人民共和国成立初期的修文物到如今的从文物环境角度思考文物保护，努力使文物处于一个稳定、长久的生存环境。文物预防性保护理念在20世纪由意大利提出，但是系统性接受并传播该理念的却是在21世纪前后。

一、预防性保护定义

预防性保护，是指通过有效的管理、监测、评估、调控等措施，尽量减轻或延缓各种人为和自然风险因素对壁画的破坏作用，保障壁画及载体的安全。现阶段壁画预防性保护主要包括管理维护和技术防控两个方面，具体内容包括风险监测、保养维护、防护加固等。

二、预防性保护原则

（一）预防为主，防治结合

旨在采取有效的措施尽量减轻或延缓各种人为和自然风险因素对壁画的破坏作用，既包括及时采取防护措施减轻或避免新的破坏发生，也包括针对已经出现的破坏或病害进行有效的治理。

（二）兼顾管理措施与技术防控

管理措施与技术防控共同服务于壁画预防性保护，有效的管理措施是壁画预防性保护的重要保障，包括管理制度科学建设、管理人员专业培训、管理工作落实监督等方面。科学的技术防护是壁画预防性保护的主要手段，即采用监测预警手段对壁画保存环境、安全状况、本体病害等进行风险因素的识别、分析和评价，在此基础上针对性地指导壁画保养维护、防护加固等措施的实施。

（三）突出重点，分级施策

壁画预防性保护实施过程中应当突出重点问题，兼顾一般问题，通常对于严重威胁壁画安全的诸如载体结构失稳、突发地质灾害等问题进行专项加固或防治，对于直接影响壁画保存的本体活动性病害进行及时保护修复，对于可能造成壁画破坏的环境因素进行实时监测预警。

三、预防性保护技术手段

（一）风险监测

针对壁画保存产生不利影响的各种风险因素进行监测，通过监测数据统计分析、监测评价体系构建、监测结果科学评估和监测预警联动响应等程序，为风险处理提供决策依据，由于保存环境、结构材料及病害特点的差异性，不同壁画载体面临的风险因素存在一定区别，但是大体监测内容可分为壁画保存环境监测、安全状况监测、本体病害三个方面。

1. 保存环境监测

（1）气象环境监测

指直接影响壁画保存的古建筑、石窟、古墓葬等建筑形式区域或微区的气象环境，一般包括空气温度、相对湿度、降雨量、蒸发量、风向、风速、光照度、紫外线辐射强度、悬浮颗粒物（PM2.5、PM10）、有害气体（二氧化硫、氮氧化物、二氧化碳）等指标，其中空气温度和相对湿度为基本监测指标。监测内容及测点布置应根据不同类型壁画依附建筑形式的体量规模、形制结构、空间特征进行调整。

（2）人为活动

指人为有意识或无意识活动对壁画产生的不利影响，主要包括偷盗侵扰、划痕、电气火灾、烟熏污染、表面覆盖、车辆震动、施工爆破等。考虑到人为活动影响的随机性和复杂性，监测内容应根据具体对象受人为活动影响情况进行选择。

（3）地质灾害

指壁画依附的载体，如古建筑、石窟、古墓葬等，所在的地质活动或地质环境异常变化而产生的灾害，对壁画的破坏往往具有突发性和毁灭性。例如：地震导致古建筑墙体倒塌，滑坡、泥石流、崩塌等导致石窟崖体或洞室失稳，地面沉降、塌陷导致古墓葬墓室坍塌等。通常地质灾害破坏范围广和程度大，对壁画及其依附的古建筑、石窟、古墓葬等均会产生严重影响，一般应对壁画及其依附建筑实施整体监测，监测内容宜根据具体对象受地质灾害影响情况进行合理选择。

2. 安全状况监测

（1）载体稳定性

指直接影响壁画安全保存的载体稳定性进行监测，主要由承托壁画荷载的支撑体稳定性确定。

由于不同类型壁画支撑体结构特征不同，其载体稳定性监测的内容存在差异，一般寺观殿堂壁画主要监测壁画依附古建筑墙体的倾斜、歪闪、开裂、空鼓等，石窟壁画主要监测壁画依附洞窟岩壁的危岩（石）、裂隙、空主、表层脱落等，墓葬壁画主要监测壁画依附墓室岩土体、砖石构件等的结构性病害。由于壁画载体稳定性往往受多种因素影响，且与依附的古建筑、石窟、古墓葬等建筑整体结构稳定性密切相关，一般应对壁画及其依附建筑实施整体监测，监测内容宜根据具体对象的结构特征、结构安全问题、稳定性评估结果及失稳发展趋势等进行合理选择。

（2）水害

指对壁画安全保存影响明显的保存水环境中水的危害进行监测，主要包括地表水、地下水、毛细水、冷凝水等。不同类型壁画保存水环境各异，水害监测的内容侧重点也不同，一般寺观殿堂壁画主要监测壁画依附古建筑墙体受屋顶雨水渗漏、墙体下部毛细水运移等；石窟、墓葬壁画主要监测壁画依附洞窟或墓室壁画受地下水出渗、毛细水运移、冷凝水结露等。由于壁画水害影响机制复杂，且与依附的古建筑、石窟、古墓葬等建筑保存水环境中水的危害密切相关，一般应对壁画及其依附建筑实施整体监测，监测内容宜根据具体对象的保存水环境特点、水害类型、影响程度、变化情况等进行合理选择。

（3）南方地区特有灾害——白蚁

南方地区寺观殿堂壁画载体多为编竹夹泥墙结构，木骨架支撑体极容易因白蚁蠹虫危害导致材料糟朽劣化进而威胁壁画安全，因此需要长期对白蚁蠹虫风险进行长期监测。

3.本体病害监测

指对壁画本体保存构成严重威胁的主要病害进行监测。一般在病害现状调查和评估的基础上，选择代表性区域的典型病害进行定期监测，往往以活动性病害（裂隙、空鼓、酥碱、颜料层起甲等）为主，通过对病害种类、分布范围、发育程度等监测结果的对比分析，了解壁画病害现状和发展趋势，为后期保养维护、防护加固等措施的实施提供依据。

（二）保养维护

保养维护是壁画预防性保护中的基础性、日常性工作，即根据风险监测结果，针对壁画保存产生轻微或缓慢不利影响的风险因素，主要从管理维护方面采取的日常的、长期的保护措施。由于壁画依附于古建筑、石窟、古墓葬等建筑而存在，故壁画的保养维护大多是结合各类建筑的保养维护工作而进行的，具体操作可参考《古建筑保养维护操作规程》等相关内容，壁画保养维护可从检查记录、应急处置、日常保养、管理维护等方面实施。

1.检查记录

检查包括日常巡视检查、定期巡视检查和专项巡视检查。壁画管理使用单位或其委托的专业技术人员，应注重对壁画保存环境、安全状况、本体病害等风险监测的结果进行专项检查和记录，以及日常性的巡视检查记录，随时观察壁画微变化。巡查记录应注意文字、图片、影像等多种形式，定期存档，记录人员还可以对记录情况进行分析建议。

2.应急处置

若在检查中发现严重威胁壁画安全的情况，应立即上报文物主管部门，并尽快在专业技术人员的指导下，采取临时支护等必要措施进行抢救性防护加固。

针对可能发生的地质灾害、气象灾害、人为灾害等情况，管理使用单位应提前编制壁画应急处理预案，并联合当地文物部门、气象部门、公安消防等相关部门联动相应，制定协同处理机制，提高文物安全应急意识和水平。

3. 日常保养

壁画的日常保养主要分为壁画本体保养和环境治理。

壁画本体保养主要对壁画存在的浮尘、蜘蛛网、昆虫粪便、表面污染等表面轻微附着物的清理，由于壁画的保养维护技术较为专业，建议管理使用单位委托专业单位进行清理，切不可自行处理，以免对壁画造成伤害。

壁画环境治理主要是对壁画共生的环境进行治理。例如，泥沙堆积掩盖、垃圾杂物堆放、燃烧香烛纸钱、排水系统不畅、鼠蚁频繁活动、树木杂草滋生等对壁画产生比例保存环境影响。壁画管理使用单位应加强日常巡查，做好日常环境整顿治理工作，注重壁画及其周围环境的物品摆放，避免环境变化影响壁画保存。

4. 管理维护

（1）开放管理

对于对外开放的壁画，应加强游客管理，明确游客承载数量，控制参观人员流量，设置必要隔离屏障，制定应急疏散预案，确保文物及游客安全。

（2）设施维护

对于壁画保护性设施、安全防范装置、陈列展示设备等，应定期进行检查维护，确保设施设备正常使用，避免壁画安全产生隐患。

（三）防护加固

防护加固是壁画预防性保护中的主要工作，即根据风险监测结果，在保养维护工作无法满足壁画保护要求的条件下，针对壁画保存产生突发性不利影响的风险因素进行专业技术保护。根据防护加固对象、目的及方法的不同，大致可分为主动性防护和被动性加固两类，前者主要通过三防工程、地灾防治、载体加固、水害治理、环境调控等环境控制手段，减轻壁画环境风险源的不利影响，后者通过对壁画本体进行人为干预，补强消除或减缓壁画本体病害的破坏，达到壁画稳定状态。

1. 主动性防护

（1）三防工程

对于壁画依附的古建筑、石窟、古墓葬等载体避免受到人为破坏、火灾、雷击等风险，分别通过安防、消防、防雷三项专项措施进行保护防范。

（2）地灾防治

对于壁画依附的古建筑、石窟、古墓葬等载体面临地质灾害（滑坡、泥石流、崩塌、地基沉降、塌陷等），应通过地质灾害防治专项措施进行防治。

（3）载体加固

针对壁画载体出现的结构安全问题，进行补强消除危险的保护手段，如寺观殿堂壁画的载体古建筑出现墙体倾斜、歪闪、开裂、鼓胀等，石窟壁画的载体岩壁出现危岩（石）、裂隙、空鼓、表层剥落等，墓葬壁画的载体出现墓室岩土体、砖石构件等结构性病害，应通过加固补强裁体结构进行防护，防护方式有锚杆（钉）锚固、裂隙注浆、空鼓加周、构件连接等方法。本书第六章对此进行详细说明，此处不再赘述。

（4）水害治理

针对壁画保存水环境中水的危害问题进行防范治理，如寺观殿堂主要因壁画依附古建筑墙体受屋顶雨水渗漏、墙体下部毛细水运移等，石窟、墓葬壁画主要因洞窟或墓室壁面受地下水出渗、毛细水运移、冷凝水结露等，此类水害问题通常可采取地面保护性建筑（防雨棚）、地表防渗和截排水、地下阻排水、空气除湿等方法进行治理。由于壁画水害影响机制复杂，且与依附的古建筑、石窟、古墓葬等载体保存水环境中水的危害密切相关，一般应对壁画及其依附建筑水害实施同步治理。

（5）环境调控

对于壁画区域不利于其保存的环境因素，例如高温潮湿、温湿度频繁波动、紫外线照射、降尘、空气霉菌孢子等，有条件的应通过环境调控措施进行处理，通常可采取空气温湿度调控设备（空调）、去紫外光源、杀菌防尘等方法。

2. 被动性加固

被动性加固是通过人为干预的手段对壁画已出现的活性病害进行保护修复的方式。按照《中国文物古迹保护准则》要求，在文物保护中应尽量减少人为干预，因此，不到万不得已情况下，不对壁画本体进行强制干预。被动性加固方式在本书第六章已详细说明，此处不再赘述。

第二节　数字化保护

我国文化遗产保护工作逐步进入信息化时代，对于文化遗产保护、管理、监测档案、研究以及展示利用都面临向数字动态化的转变过程中，尤其对于壁画这类信息密集、保存状态脆弱的文物，结合科学勘察对其进行数字记录，成为当前这类文物保护工作的重要基础任务。文化遗产保护的核心是保护文化遗产的价值，从某种角度来讲，世界上不存在永不消亡的文化遗产，只是消亡的程度与速度不同，然而保护文化遗产，就是在减缓消亡的发生，让更多的子孙后代能有见证历史的机会。为此应该将更多的历史信息记录并永久地保存下来。从这方面来说，文化遗产作为历史信息的载体，它们所承裁的历史信息与文化遗产本身具有同样重要的价值。对于文化遗产历史信息的提取和记录，就是对它们进行档案记录的过程，这一过程贯穿文化遗产保护的全过程。因此，在我们国家遗产保护的行业准则中就明确指出：文物古迹的记录档案也是它们价值的载体，真实、详细的记录文件在传递历史信息方面与实物遗存具有同等重要的地位。在当前的技术环境下，数字化工作是做好文化遗产档案记录中相当重要的环节，特别是针对像壁画这类保存脆弱且信息量丰富的遗产类型。

一、数字化的概念及意义

传统的测量测绘方式针对对象信息的采样率是相当有限的，我国早期以保护为目的的针对壁画进行的测绘，主要是通过简单的手工测绘工具量取轮廓尺寸，再加以手绘临摹绘制等手段，随着摄影技术的发展与普及，摄影记录很快被应用到壁画的测绘记录工作中来。在相当长一段时间内，摄影技术仅仅是作为图像留存及展现需要应用在测绘中，而较为精确的摄影技术是在近十年来才逐步应用到壁画的测绘实践中，且发展相当迅速。与此同时，各类精细测量工具的发展也推动了壁画的测绘记录水平，从平板仪、测距仪到全站仪，各类测绘工具的应用均带来一次次壁画测量测绘的革新，特别是计算机技术的普及以及近年三维激光扫描和摄影测量技术的应用，将壁画测绘带入数字化时代。

如果说传统的测量测绘方式是一种针对对象信息进行的采样率相对较低的抽样调查，那么数字化测绘方式则是针对对象信息的全样本采集。也就是说，传统的测量测绘方式形成的测绘成果在很大程度上依赖于测绘人的认识水平和测绘记录水平，成果深度也因为采样率有限而注定存在较多的遗漏信息。数字化测绘在有一定精度和采样率指标标准控制下，测绘成果相对比较统一，接近全样本的采样率也使得测绘成果信息丰富，不容易遗漏测绘信息。

文物数字化是在20世纪70年代以后随着计算机技术的产生而普及，并随着数字化测绘设备的逐步广泛应用而逐渐成熟。数字化技术应用于文物保护已有数十年之久，在近十年间三维激光扫描技术和数字摄影测量技术的迅速发展，使文物信息记录具有客观性、即时性、稳定性、精确性等多方面的优势。目前壁画数字化主要使用数字扫描于摄影、三维扫描、数字摄影测量等技术类型（如图7-2-1所示）。

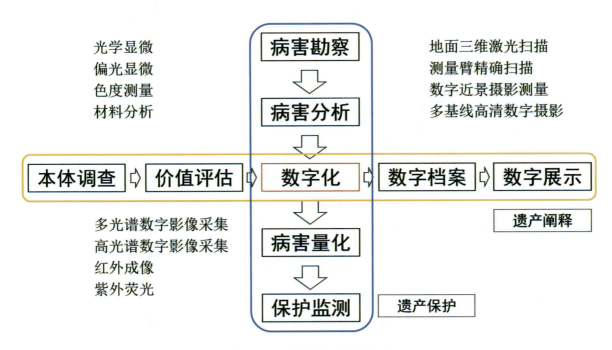

图7-2-1　壁画数字化测绘方式

二、技术手段

壁画数字化是在一系列测量测绘技术和数字记录技术的综合，应用于壁画的数字化信息保存工作，主要针对壁画的物质特性，采集壁画在形貌方面的集合形态特征和材质方面的表面纹理色彩特征，利用计算机算法进行匹配加工，为壁画建立真实、完整、便于传播的三维数字模型档案，应用于文物保护及阐释的各个方面。

（一）数字扫描与摄影

主要用于采集平面型交物和其他形状文物的表面纹理、色彩等图形信息。对包括壁画、彩画、书画、文献、织物等类型文物，采用数字影像记录设备，将文物表面的图案、文字、色彩等信息的影像转化成数字图像文件，并通过计算机设备进行处理和存储。与传统影像记录或绘图记录方式相比，数字扫描与摄影采集的二进制数字图像文件，其质量经长久保存也不会发生变化，存储占用的实体空间较少，成果档案的查询、统计和处理更为方便快捷。

数字影像记录设备利用光电转换系统将影像转换成数字信号，存储为多个RGB（红、绿、蓝）像素纵横排列组成的平面矩阵图像文件。根据光电转换装置的不同，分为数字扫描和数字摄影两种工作方式。数字扫描应用线阵光电转换装置（如扫描仪、扫描式数字后背）对文物影像逐行扫描形成数字图像文件。早期数字化工作中，数字扫描成果质量相对较好，但其因设备体积较大、对环境要求高、采集时间长且扫描过程必须对文物进行持续照明，故多用于可移动文物和馆藏文物影像采集。数字摄影使用面阵（矩阵）光电转换装置（数字相机、矩阵式数字后背），通过单次曝光成像形成数字图像文件，随着技术进步，数字摄影成果质量已经接近数字扫描成果，由于数字摄影设备体积较小、对环境要求低，采集时间短，可使闪光光源工作，故更适应壁画、墓葬等局限性环境下文物形象采集。

数字扫描与摄影用于客观、精细、准确地记录文物平面纹理和色彩信息。为保证记录成果的准确性，采集设备、照明设备的性能、参数必须符合相关要求，多次采集时需保持前后一致，图像采集、处理、存储过程要进行色彩管控。为保证采集成果的透视变形最小，采集过程中扫描/摄影设备光轴成垂直于被采集平面(尽量避免使用偏转移轴成像)。为保证采集成果的完整和精细度，如文物尺度较大，单次扫描/摄影可能难以完整采集或采集精度不足，此时应将被采集文物分为若干个区域，保证每个区域与相邻区域有一定比例重叠，然后分别采集每个区域的数字图像文件，最后在计算机中将各区域数字图像文件按顺序拼合，形成能完整、高精度地记录文物表面纹理、色彩信息的数字图像文件。

（二）三维扫描技术

主要采用结构光扫描和激光扫描两类非接触式扫描方式。结构光扫描是将光栅连续投射到物体表面，摄像头同步采集图像，然后对图像进行计算，并利用计算技术还原两幅图像上的三维空间坐标，从而实现对物体表面三维轮廓的测量。激光扫描是利用激光测距的原理，通过记录被测物体表面大量的密集的点的三维坐标、反射率和纹理等信息，可快速复建出被测目标的三维模型及线、面、体等各种图件数据。

三维扫描技术可以精确获取文物表面三维信息并永久保存，同时建立的三维数据库可以最大限度地减少研究过程对文物的直接接触，便于信息传递和交流。从20世纪90年代开始，三维激光扫描技术便成为空间数据获取的一种重要技术手段，并在意大利率先应用到文物保护领域。美国的斯坦福大学利用此技术对米开朗基罗雕像进行了数字化，使艺术雕像得到了更好的展示与保护。为收集文物、艺术画廊的原始数据，加拿大开发了 NRC"s 3D Imaging系统。文物保护工作者还利用三维激光扫描设备对世界名画蒙娜丽莎进行扫描，记录油画现状，分析油画表面残损。

21世纪初，我国逐步在古代建筑、石窟和壁画保护工程中使用三维激光扫描技术，一些博物馆也不同程度地对馆藏珍贵文物进行了三维数据采集工作。2001年，在建设三峡水利工程的过程中，考古发掘出土了大量的文物，为了保护好这些珍贵的文化遗产，采用了三维激光扫描技术将考古挖掘的现场进行数字勘察记录，并进行了古遗址的三维重建。2006年，使用三维激光扫描仪对北京的故宫进行了数据扫描，在获取的古建筑内部空间数据的基础上，绘制出了故宫的梁架平面图等数据，并与原有图纸作对比，从而得出量化的残损变形评估。2010年后，龙门石窟、云冈石窟、杭州西湖南山造像等重要石窟类文化遗产保存地，都使用了三维数字化技术对彩塑壁画进行记录、测绘、展示。

（三）数字摄影测量

数字摄影测量是基于数字影像与摄影测量的基本原理，应用计算机技术、数字影像处理、影像匹配、模式识别等多种学科的理论与方法，提取所摄对象用数字方式表达的几何与物理信息的摄影测量学的分支学科。近年来，数字摄影测量也越来越多地被应用到国内外文物保护中。例如，为了获取安丙家族墓的基础信息资料，以进行进一步的考古研究和文物遗迹的保护设计，利用数字摄影测量技术对安丙家族墓获取数据，进行数字化测图。还有利用数字摄影测量技术获取乐山大佛等值线图，对其进行建模等。国外文物保护工作者也将此项技术用到水下遗址、岩画、馆藏塑像勘察记录等领域，也有将数字摄影测量技术与三维激光扫描技术相结合，发挥各项技术优势，使记录成果更加全面和完善。

三、技术流程（如图7-2-2所示）

（一）测绘

1. 测绘要求

需要准确获取壁画表面三维信息、特定病害的几何特征和定量信息、壁画依存载体的空间几何信息、所在建筑环境的空间格局信息。

2. 技术手段及设备

主要技术包括三维扫描技术、数字摄影测量和控制测量等技术。

主要使用设备包括三维扫描设备、全站仪和数码相机以及相关配件等设备。应根据测绘对象的测量范围和测量精度不同，合理选择设备种类和型号。具体技术手段选用及测量设备要求。

3. 技术流程

测绘工作分为现场工作和内业工作两部分。

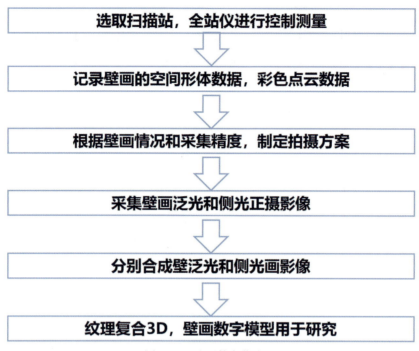

图7-2-2 壁画数字化流程

四、成果评定

壁画数字化成果应包括：工作报告、测绘成果数据、摄影成果数据，摄影成果数据应根据WW/T0006整理在完整的古建筑壁画数字化勘察测绘项项目成果内容中。

（一）项目报告

项目报告内容包括报告文本、报告图册和相关附件。

报告文本应介绍项目情况和技术路线等分析，其内容包括：项目信息、项目概况、基本概况、勘察测绘结论及保护建议、价值评估、本体勘察、保存环境、病害调查。

报告图册内容包括：壁画数字正射影像图、壁画本体及载体勘察分析图、壁画病害数字分布图。

相关附件应包括：测绘摄影工作所用主要设备及相关参数、数据表格、工作场记等，使用设备的合格证书，三维扫描数据说明，对原始单站数据进行详细说明，可采用表格形式，控制测量说明（内容应包括控制点平面分布图、坐标数据表等）。

（二）测绘数据

测绘成果数据主要包括三维点云数据、壁画点云正影图像。

（三）摄影数据

摄影数据分为壁画正影影像图和现场工作照片两部分。

壁画正影影像图主要成果包括：分辨率为50DPI的壁画数字正影像图等比例缩略图，壁画泛光正影像图和壁画侧光正影像图，以及未拼合壁画影像单张原片的RAW格式原始数据。

现场工作记录照片要求能够反映古建筑及院落等文物坏境、壁画空间分布位置与历史照片相对应的现状记录照片，以及现场所采用设备、工作过程的记录照片。

（四）工作成果整理要求（如图7-2-3）

壁画数字化勘察测绘项目成果分为项目报告和数字档案两项内容。项目报告为打印版本，其中报告文本与报告图册应提交A3幅面（或以上）彩色打印本；数字档案为电子版本，内容包括该项目所有成果电子版，应在电子文档存储设备（如数据硬盘）中提交。

图7-2-3 工作成果整理

赋存环境数据采集

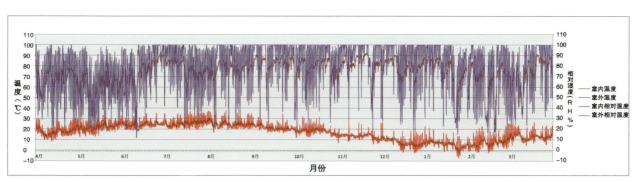

2015年4月—2016年3月，觉苑寺大雄宝殿室内外温度湿度变化图

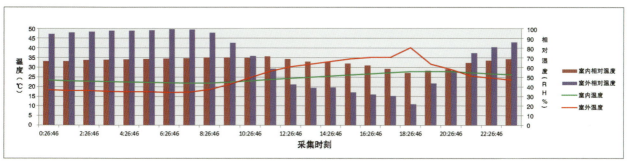

2015年8月5日，觉苑寺大雄宝殿室内外温度、湿度变化图

样品编号：Jys-bh23#
取样位置：BH17主佛袈裟
样品描述：红色带底层
分析结果：红色颜料层直接绘制在细泥层上，且均存在分层
现象。使用激光拉曼对两层红色物质分别进行检测，检测结
果显示，靠近地仗层的为铅丹，厚约25微米~50微米，之上
为朱砂，厚约16微米~22微米。觉苑寺壁画红色颜料使用工
艺为：先用铅丹作为红色颜料层的底色直接施加到细泥地仗
层上，然后再上朱砂，增强色彩层次感。

Si	Fe	K	Ca	S	Pb	Hg	Ba
14.73	6.50	3.25	11.32	10.61	20.42	29.04	4.08

XRF元素分析

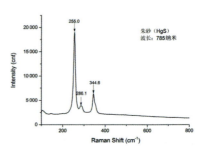

剖面结果

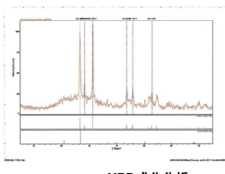

XRD成分分析

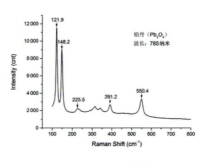

铅丹拉曼

朱砂拉曼

第八章 经典案例

案例一：新都宝光寺念佛堂壁画抢险加固工程

宝光寺位于成都市北郊十八公里处的新都区。据考证，唐玄宗开元二十九年（741年），该寺已名为"宝光寺"，现存建筑多为清代重修。2001年宝光寺被国务院公布为第五批全国重点文物保护单位。

念佛堂坐落于宝光寺北区，为清代晚期修建的硬山式建筑。1915年宝光寺念佛堂重修时，在殿内北壁绘制了"释迦涅槃图"。该壁画长4.21米、高3米。壁画中双树涅槃场面基本继承了传统涅槃图像的布局，但画面宏大、人物众多，唐代以后几乎不见的天龙八部及诸天众表现，反映了清代涅槃图像的新风尚。

随着念佛堂建筑年久失修，加之经历了"5·12"和"4·20"两次强烈地震，壁画遭受剧烈振动，出现大面积空鼓、开裂现象，随时面临掉落、坍塌危险。2019年，按照文物保护法律法规相关要求，对宝光寺念佛堂壁画保存现状做进一步勘查，并开展保护修复工作。

一、壁画制作工艺

念佛堂壁画属寺观壁画，由支撑体、地仗层、颜料层、表面涂层组成。支撑体使用长25厘米~28厘米、宽13厘米~15厘米、厚5厘米~6厘米的土坯砖叠砌成两层砖墙，墙体总厚为55厘米~60厘米。地仗层为三层：第一层厚约2厘米~3厘米，其中泥土占96.1%，草占3.9%，应为粗泥层；第二层厚0.5厘米~1厘米，其中泥土占93.3%，砂占3.1%，草占3.6%，应为粗泥层。第三层为厚0.2厘米~0.6厘米的白灰浆，其中白灰占97.3%，棉花占2.7%，属白灰层。由此可见，当初修建念佛堂建筑时，并未考虑绘制壁画，故在粗泥层和白灰层之间没有制作传统寺观壁画中常见的细泥层。

二、壁画病害类型及原因

（一）壁画病害类型

"释迦涅槃图"因年久失修，房屋结构失衡、壁画地仗层工艺等原因导致壁画本体结构及表面出现多种病害现象，按其病害发展程度可分为活动性病害和非活动性病害。

活动性病害：因壁画结构及壁画制作工艺等因素引起的地仗层空鼓、裂隙、颜料层起甲、粉化、脱落。活动性病害发展速度较快，对文物影响较大，亟须修复。

非活动性病害主要为颜料变色、褪色，壁画表面污染、划痕等。非活动性病害现处于相对稳定的状态，且发展速度较为缓慢，对文物的影响暂不突出。

表 8-1-1　念佛堂壁画病害统计表（平方米）

	空鼓	裂隙	颜料脱落	水渍	划痕	污染覆盖	人为修复	地仗脱落	合计
面积	5.45	6.8米	2.415	0.55	1.75	1.91	0.505	0.06	12.64
百分比	43.11%	—	20%	4.35%	13.84%	15%	4%	0.47%	100%
分布区域	北壁、中壁	中壁	北壁	北壁	中壁、南壁	全壁	北壁	北壁、中壁	—

三、病害类型

（一）病害类型

经过调查发现，念佛堂中的《释迦涅槃图》存在严重的病害。首先，壁画的粗泥层和白灰层之间大面积出现空鼓（如图8-1-1）现象。壁画总面积为12.64平方米，空鼓面积为5.45平方米，占壁画总面积的43.11%。由于壁画白灰层和粗泥层脱离，造成大面积的空鼓出现，空鼓位置主要分布在中部和上部区域。由于上部壁画受重力影响，且中壁壁画脱离地仗强度不足，致使壁画中部出现裂隙（如图8-1-2），这些裂隙在有重力产生的褶皱处较为集中，同时还有错位现象出现，裂隙总长度为6.8米。空鼓和裂隙现象使得壁画的白灰层处于极度危险的状况，稍有外力作用，壁画表层可能出现整体的坍塌。

另外壁画表面还有大面积的颜料层脱落（如图8-1-3），脱落面积为2.415平方米，占壁画总面积的20%。在20世纪90年代维修前，壁画上方出现了较为严重的屋顶漏水现象，表面还存有较多的水渍痕迹（如图8-1-4），水渍面积为0.55平方米。壁画表面大面积分布了人为的划痕（如图8-1-5），这些痕迹严重影响了画面的完整性。划痕主要集中在中下部，人容易触及的位置，划痕面积为1.75米。此外还有浮尘覆盖污染（如图8-1-6）、历史修复痕迹（如图8-1-7）和地仗层脱落等（如图8-1-8）。

综上分析，新都宝光寺念佛堂壁画存在大面积空鼓和众多的裂隙分布，这两种病害严重威胁到壁画的结构稳定。因此，按照壁画病害完好、微损、中度、严重、濒危的分级标准，新都宝光寺壁画目前处于濒危状态。

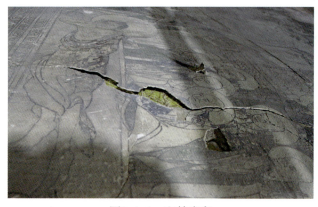

图8-1-1　空鼓病害

图8-1-2　裂隙

图8-1-3　颜料层脱落

图8-1-4　水渍污染

图8-1-5　划痕

图8-1-6　浮尘覆盖污染

图8-1-7　历史修复痕迹

图8-1-8　地仗脱落

（二）病害特征

（1）活动性病害：包括颜料层起甲、粉化、脱落，地仗层空鼓、裂隙、脱落，浮尘污染等。这些病害处于不稳定的状态，是壁画保存潜在的危害，特别是在受到部分外部因素影响下，对壁画造成的伤害会更大，因此需要进行修复加固处理。

（2）非活动性病害：包括颜料变色、褪色等，这些病害现处于相对稳定的状态，且发展速度较为缓慢，对文物的影响也不明显。虽然目前暂不做处理，但要对其进行监测和研究，以防发生大的变化，从而影响文物的安全。

四、保护修复技术

在保护修复过程中，我们严格遵循《中华人民共和国文物保护法》《中华人民共和国文物保护法实施条例》《中国文物古迹保护准则》等法律法规，并在依据《新都宝光寺念佛堂壁画抢救性保护修复方案》（川文物保函（2013）140号）要求的基础上，根据宝光寺念佛堂壁画存在病害的表现特征及程度，按照保护程序分步实施。

（一）修复材料

严格按照现场修复实验的各类病害修复材料的种类、配比，将所需材料制备好。

（1）壁画起甲修复材料：针对宝光寺念佛堂壁画起甲病害的表现特征，在室内和现场实验研究的基础上，选用聚醋酸乙烯乳液（如图8-1-9）（浓度为1%~1.5%），作为颜料层及地仗层修复加固材料。

（2）灌浆材料：由于宝光寺念佛堂壁画结构的特殊性，厚度为2~6毫米的白灰地仗层与环氧树脂板支撑体间仅留存5毫米左右厚度的泥质地仗层，传统灌浆材料的注入会使浆液于空鼓间隙内形成"泥饼"，造成壁画表面的台状凸起，且传统灌浆材料对白灰地仗层而言黏结效果不佳，无法达到预期稳固与平整效果，遂选用适宜浓度的聚醋酸乙烯乳液作为灌浆材料。

（3）清污材料：使用去离子水作为壁画浮尘的清洗材料。

（4）修复用黏土（如图8-1-10）：将澄板土使用纯净水进行脱盐处理（如图8-1-11），晒干后待用。

（5）纤维材料：将黄麻（如图8-1-12）用稀释的次氯酸钠溶液（浓度1%）浸泡，除杀杂尘和微生物，漂洗后晒干。

（6）支撑体加固材料：

①横梁：使用截面长度10厘米，宽度4.5厘米的槽钢，将其涂刷防锈漆后作为固定壁画新框架的横梁。

②支撑框架：使用管壁厚度为2毫米的铝合金方管用于构筑壁画的新支撑框架。

③衬托：使用截面长度及宽度均为5厘米的木塑作为壁画底衬的新衬托。

④加固用环氧树脂板（玻璃钢板）：使用与壁画底衬相同材质的环氧树脂板（厚度3毫米），切割为适宜尺寸的方形板材后作为破损底衬的加固材料。

⑤加固用碳纤维布：使用宽度10厘米的碳纤维布，作为破损底衬及新衬托、新框架的加固材料。

图8-1-9　聚醋酸乙烯乳液

图8-1-10　黏土

图8-1-11　脱盐后的黏土

图8-1-12　黄麻

（二）保护修复工艺

根据壁画多种病害共存的实际现状和严重程度的差异，病害壁画保护措施的实施应有轻重缓急之分。据调查，现存壁画有颜料层脱落、灰尘覆盖、龟裂起甲、空鼓、水渍、裂隙、划痕、不当修复等病害，除画面残缺、部分不当修复（虽为不当修复但目前结构稳定，强行更替易对壁画造成二次伤害）暂不处理外，其他病害均为此次修复的对象。

修复的先后次序为：颜料层起甲、建筑材料覆盖、灰尘覆盖、空鼓（包含空鼓病害导致的裂隙）、支撑体损坏、地仗层缺损、划痕、不当修复。

1. 壁画颜料层起甲、粉化、脱落病害的修复（如图8-1-13）所示：

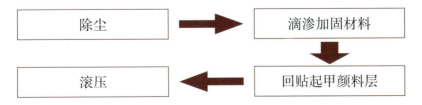

图8-1-13　颜料层起甲粉化病害修复工艺流程图

①除尘（如图8-1-14、图8-1-15）

首先使用软毛刷和吸耳球，清理起甲部位背后和表面的浮尘及异物。

②注射黏结材料（如图8-1-16）

将黏结材料沿起甲的裂口注射到起甲颜料的背部，使之与地仗同时渗透，渗透次数视颜料层厚度及病害程度而定，一般2～3遍。

③回贴颜料层

待病害部位颜料层被软化并干燥至一定程度时，用衬有棉纸的修复刀具，将起甲颜料层轻轻贴回原位。

④对起甲颜料层进行滚压（如图8-1-17）

再用白色纺绸包脱脂棉扎绑的棉球，对起甲颜料层进行滚压，使颜料层和地仗层充分结合。滚压的方向是从颜料层未裂口处向裂口处轻轻滚动，这样既能将起甲内的空气排出，不会出现气泡；另一方面，颜料层也不会被压出皱褶。

⑤颜料层粉化病害加固

待整个壁面注射加固完成并干燥后，用喷壶将浓度1%的胶结材料均匀地喷洒在颜料层表面，这样既可检查出未修复的部位，同时可增加颜料层的内聚力，达到修复颜料层粉化病害的目的（如图8-1-19）。

图8-1-14　轻度除尘

图8-1-15　软毛刷深度除尘

图8-1-16　滴注黏结剂图

图8-1-17　按压颜料层

图8-1-18　滚压

图8-1-19　起甲病害修复后

2. 污染治理过程（如图8-1-20~图8-1-24））

壁画表面存有较多的污染物，如雨水冲刷痕迹、涂料覆盖等。此次清理修复过程中我们使用的是物理法进行修复的，以达到清理修复的目的。具体流程和方法所示：

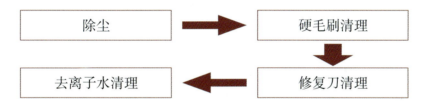

图8-1-20　建筑材料污染修复流程图

图8-1-21　污染病害修复前

图8-1-22　硬毛刷清理

图8-1-23 修复刀清理

图8-1-24 污染病害修复后

3. 空鼓壁画的修复

针对宝光寺念佛堂壁画颜料层起甲、大面积空鼓、地仗破损、裂隙的特殊情况，我们首先对壁画表面颜料层病害进行修复加固，然后对灌浆区域的裂隙与破损部位进行封护，并用壁板做好支顶，确保在后续灌浆过程中浆液不会出现流溢状况。具体工艺如图8-1-25所示：

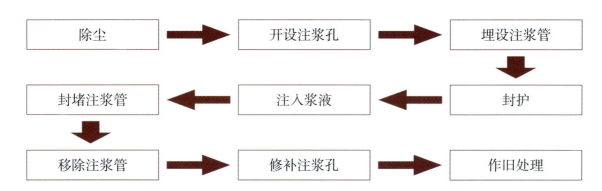

图8-1-25 空鼓病害修复工艺流程图

A. 灌浆材料备制：聚醋酸乙烯乳液胶黏剂与去离子水制成灌浆材料，使用高速搅拌器搅拌均匀。为了使灌浆材料具有较好的流动性及粘接性，灌浆材料的胶黏剂浓度应适中。

B. 空鼓灌浆处理方法具体如图8-1-26、图8-1-27、图8-1-28、图8-1-29所示：

①表面颜料层病害处理

按照颜料层起甲、粉化病害修复方法进行修复。

②开设注浆孔

使用可调节丝杆和壁板支顶，进行临时防护，并开设注浆孔。

③清理异物

a. 将空鼓病害部位的杂物处理干净，确保更大限度地将凸起地仗层回位。

b. 使用空气压缩机清理空鼓病害部位的浮尘。

④植入注浆管

待清理工作完成后，按照空鼓部位的实际情况将长度不等的注浆管植入到事先开设的灌浆孔中。

⑤封护

使用脱脂棉对可能漏浆的部位进行封护处理。

⑥归位（修复前初步归位）

使用可调节丝杆和壁板做好支撑，并使用可调丝杆对空鼓病害部位进行归位。

⑦灌浆

使用灌浆器具将配置好的注浆材料分次灌注到病害部位。

⑧回贴

注浆工作完成并初步凝固后，将注浆管去除，并用支顶丝杆和壁板将空鼓病害部位回贴至原位。

⑨修补注浆口

使用地仗层修复材料修补注浆孔。

图8-1-26 去离子水增强张力

图8-1-27 植入注浆管

图8-1-28 注浆

图8-1-29 支顶壁板

4. 支撑体加固

（1）空鼓病害修复时期加固

进行壁画"双树涅槃"场面下方区域的空鼓病害修复时，发现该区域的环氧树脂板底衬（如图8-1-30、图8-1-31）存在严重破损情况，难以支持白灰地仗层回贴时所需的支顶力度。同时该区域的"泥质"地仗层为20世纪90年代修复时填补的水泥石灰浆，碎裂后堆积于空鼓区域间隙中难以清除，回贴工作无法正常进行。为保障文物安全，决定先行对此区域的破损环氧树脂板底衬进行加固，具体方法（如图81-32~图8-1-41）所示：

图8-1-30　环氧树脂板底衬破损区域外部

图8-1-31　环氧树脂板底衬破损区域内部

A. 切取

于表面贴敷纱布进行保护后，使用薄刃刀具在已形成裂痕处切取空鼓病害区域的白灰地仗层，清除内部堆积的水泥石灰碎块，暴露出破损的环氧树脂板底衬。

B. 环氧树脂板底衬加固

①麻绳加固

使用电钻于裂隙两侧钻设孔洞后，于孔洞中穿入麻绳，对裂缝进行捆绑加固，将裂缝两侧拥有高低落差的底衬牵扯至同一平面。

②竹片加固

贴附薄竹片于裂缝区域的环氧树脂板底衬表面，进一步加强其稳固性。

C. 泥质地仗层填补

确认环氧树脂板底衬加固完毕恢复承载力后，对该区域缺失的泥质地仗层进行填补，并在填补前于底衬表面均匀铺适量麻束，用以提高泥质地仗层与环氧树脂板底衬的连接力及地仗层的自身强度。

D. 白灰地仗层回贴

待确认泥质地仗层干燥并对收缩缝进行填补后，回贴切取的白灰地仗层。

图8-1-32　钻孔

图8-1-33　麻绳加固

图8-1-34　竹片加固

图8-1-35　环氧树脂板底衬加固完成

图8-1-36　栽入麻束

图8-1-37　补泥处理

图8-1-38　泥质地仗层填补完毕

图8-1-39　涂刷黏结剂（聚醋酸乙烯乳液）

图8-1-40　回贴白灰地仗层

图8-1-41　支撑体加固完成

（2）支撑体整体加固

针对宝光寺念佛堂壁画的支撑体严重受损情况：环氧树脂板底衬多处破裂变形，木衬托及木框架遭白蚁蛀空，我们在完成壁画空鼓病害的修复工作后，使用与壁画面积等同尺寸的壁板于正面进行支顶。在确保壁画得到有效支撑，不会于修复过程中发生前倾危险后，拆除后墙对受损的环氧树脂板底衬进行加固，并使用木塑及铝合金方管作为新的衬托与框架以替换原有木质结构。具体方法如图8-1-42、图8-1-43所示：

①空鼓病害处理

按照空鼓病害修复方法进行修复。

②支顶

使用可调节丝杆和与壁画面积等同尺寸的壁板（与壁画接触面铺垫毛毯与海绵）作为支撑，确保壁画不会于修复过程中发生前倾危险。

③墙体拆除

拆除壁画后方的"38"砖墙，暴露壁画支撑体。

图8-1-42 支顶壁板

图8-1-43 墙体拆除

A. 环氧树脂板底衬加固如图8-1-44~图8-1-51所示：

①清理异物

a. 切除丧失支撑作用且无法回贴归位的部分残损环氧树脂板底衬，并清除其下方脱落的泥质地仗层碎块。

b. 将支撑体表面的杂物及浮尘清理干净，确保加固材料能与其进行稳固粘接。

②地仗层填补

环氧树脂板底衬的破裂大多导致对应区域的泥质地仗层碎裂并与白灰地仗层脱离，遂于修补底衬前对其进行填补。

③粘接加固

a. 对于切除残损环氧树脂板底衬的部位，使用适宜尺寸的环氧树脂板粘贴于原有环氧树脂板底衬破损处对其进行加固（具体尺寸及位置分布见附件2——宝光寺壁画支撑体结构图）。

图8-1-44　清理异物

图8-1-45　涂抹黏结剂（聚醋酸乙烯乳液）

图8-1-46　填补地仗层

图8-1-47　粘接环氧树脂板

　　b. 对于部分存在裂隙，但环氧树脂板底衬仍与壁画地仗层粘接牢固，具有一定支撑作用的破裂部位，通过在裂隙处粘贴碳纤维布对其进行加固，具体流程如图8-1-48、图8-1-49、图8-1-50、图8-1-51所示：

图8-1-48　涂刷底层环氧树脂胶

图8-1-49　粘贴碳纤维布

图8-1-50　平刮直至完全贴敷

图8-1-51　涂刷表层环氧树脂胶

B. 衬托替换（如图8-1-52、图8-1-53）

①清理异物

将环氧树脂板底衬表面的杂物及浮尘清理干净，确保加固材料能与其进行稳固粘接。

②新衬托粘接

使用木塑作为壁画的新衬托，与环氧树脂板底衬进行粘接，共布置四列（具体尺寸及位置分布见附件2——宝光寺壁画支撑体结构图），代替原有木衬托作为新框架与壁画底衬的连接体。

③碳纤维布加固

待木塑衬托与壁画粘接完毕并确认干燥后，于其表面包覆碳纤维布作为进一步的加固措施。

图8-1-52　粘接木塑

图8-1-53　碳纤维布加固

C. 框架替换

①横梁架设

使用长度为4.64米的槽钢固定于壁画左右两侧的石柱上方，作为新框架顶端衔接的横梁。

②新框架搭设（如图8-1-54~图8-1-57）

a. 使用截面长度及宽度均为10厘米的铝合金方管作为新框架的纵撑，共设立4根，纵撑顶端与槽钢横梁进行固定，底端使用厚度为10厘米的混凝土固定于壁画下方墙体。

b. 使用截面长度为10厘米，宽度为2.5厘米的铝合金方管作为新框架的横撑，共设置4根，于壁画高度范围内均匀分布，横撑与纵撑使用螺丝进行固定。

c. 使用碳纤维布包覆于框架横撑与纵撑交点处对其进一步加固。

图8-1-54　横梁架设

图8-1-55　框架纵撑固定

图8-1-56　框架横撑固定

图8-1-57　碳纤维布加固

D. 连接（如图8-1-58、图8-1-59）

①间隙填充

因白蚁蛀蚀后，木质框架支撑强度下降逐渐弯曲，导致壁画随之产生略微形变，壁画下端的衬托与铝合金框架间存在空隙，遂使用涂刷有防蛀防腐材料的木楔对空隙进行填充。

②连接衬托与框架（如图8-1-60、图8-1-61）

a. 使用螺丝及厚度2毫米的铝合金方片将铝合金框架与木塑衬托进行连接固定（具体位置分布见附件2——宝光寺壁画支撑体结构图）；

b. 使用碳纤维布包覆于铝合金框架及其下方的木塑衬托、环氧树脂板底衬表面，作为进一步的加固措施。

图8-1-58 底部空隙　　　　　　　　　图8-1-59 填充木楔

③与古建木结构断连（如图8-1-62、图8-1-63）

确认壁画与新框架稳固连接后，截断原有木框架顶部与古建木结构的连接。

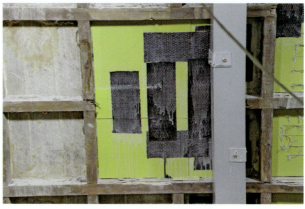

图8-1-60 连接固定衬托与框架　　　　　图8-1-61 碳纤维布加固

图8-1-62　连接固定完毕（局部效果）

图8-1-63　与古建木结构断连

E. 墙体回砌及透气窗设置（如图8-1-64~图8-1-69）

支撑体加固结束后于壁画后方砌筑厚度12厘米的砖墙，墙体与铝合金框架相距7厘米，与壁画环氧树脂板底衬间留有24.5厘米的距离，保证内部有充足的透气通风空间，同时在砌筑墙体时加入透气窗（已背附不锈钢方格网，防止蛇、鼠入内），进一步加强通风，共设置6扇，其中室内4扇常年敞开，室外2扇可于连日阴雨后的晴天打开，降低内部空气湿度。

图8-1-64　加固措施（1）

图8-1-65　加固措施（2）

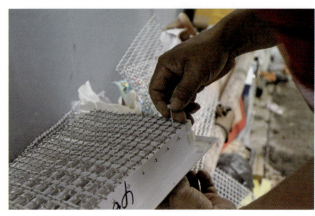

图8-1-66　背附不锈钢方格网

图8-1-67　外部透气窗安设

图8-1-68　内部透气窗安设

图8-1-69　墙体砌筑完毕

5.泥质地仗修补

按照地仗材质分析结果及组分，用纯净水调和制成泥，分少量多次填补于地仗边缘或脱落区域，对其进行加固处理。填补泥层高度与原泥质地仗面相同，不可高于白灰地仗层，表面为自然状。具体工作流程和方法(如图8-1-70~图8-1-71）所示：

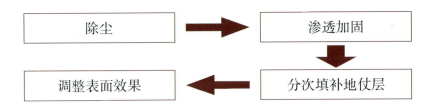

图8-1-70　泥质地仗修复流程图

①除尘

使用软毛刷等工具，清除地仗破损面的浮尘和杂质。

②加固

使用注射器将地仗加固材料渗透加固破损部位。

③填补地仗

为防止收缩，在填补地仗时可分为多次进行，使新泥层与旧地仗粘接坚固。

④表面处理

将修补后的地仗表面处理成自然的糙面，并与周围地仗协调统一。

图8-1-71　除尘

图8-1-72　软毛刷深度除尘

图8-1-73　滴渗加固材料

图8-1-74　补泥处理

6. 白灰地仗层修补

使用加固材料对缺失部位边缘处的残损白灰地仗层进行加固，再用与原地仗材质相同的材料进行修复。具体工艺流程和方法如图8-1-75~图8-1-81所示：

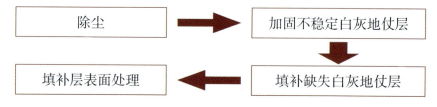

图8-1-75　白灰地仗层修复流程图

①除尘

首先用软毛刷、吸耳球等工具，清除白灰地仗层残损处表面的浮尘和杂物。

②加固

使用白灰地仗层加固材料，渗透加固病害部位。

③填补白灰地仗层

使用与原白灰地仗层相同材质的材料，填补白灰地仗层缺失部位。

④作旧处理

将修补后的白灰地仗层区域表面处理成自然的糙面，并与周围白灰地仗层协调统一。

图8-1-76　白灰地仗破损病害修复前

图8-1-77　除尘

图8-1-78　石膏填补

图8-1-79　初步填补完成

图8-1-80　自然糙面处理

图8-1-81　白灰地仗破损病害修复后

五、保护项目总结

（一）工程完成情况

在保护工程实施过程中，针对宝光寺念佛堂壁画多种病害特点，严格按照"不改变文物原状"及最小介入、最大兼容的基本原则。按照保护方案的保护材料和修复工艺及保护程序，依次对其存在的空鼓、裂隙、颜料脱落、人为修补、划痕、覆盖、水渍、地仗脱落等病害以及历史加固进行修复加固和处理。工程共完成壁画病害修复面积12.64平方米，其中颜料层起甲、脱落2.415平方米，空鼓灌浆加固5.45平方米，覆盖污染物清理12.64平方米，修补地仗脱落面积（含划痕、历史干预）2.315平方米，裂隙修复6.8米。

（二）重点、难点及存在的问题

念佛堂壁画的结构由内向外依次为支撑体、地仗层、白灰层、颜料层和表面涂层，虽与传统殿堂壁画大体相同，但制作工艺有着较为明显的区别，主要表现于地仗层材料的特殊性。壁画早先的地仗层共由三部分组成，第一层为2～3厘米厚度的粗泥层（泥土96.1%，草3.9%），第二层为厚度0.5～1厘米厚度的粗泥层（泥土93.3%，砂3.1%，草3.6%），第三层为0.2～0.6厘米厚度的白灰层（白灰97.3%，棉花2.7%）。其中，白灰层的作用相当于传统殿堂壁画结构中的"细泥层"。在20世纪90年代的保护工程中，工作人员在揭取后将第一层地仗去除，保留与白灰层粘接较为牢固的第二层地仗，并使用水泥石灰浆将其补平，所以现今留存的地仗层共有两部分，即厚度0.5～1厘米的泥质地仗层与厚度0.2～0.6厘米的白灰地仗层。

与传统泥质地仗层相比，白灰地仗层质地硬脆，制作成型后无法使用任何材料进行软化。念佛堂壁画空鼓病害区域的白灰地仗层因

图8-1-82　遭受蛀蚀的木质衬托

长期处于高凸形态，已造成其不可逆的略微延展变形，面积相较于平整状态时有所增加。又因壁画的原有木支撑框架早已被白蚁蛀空（如图8-1-82、图8-1-83），支撑强度大幅下降，纵向木撑逐渐出现弯曲现象，同样致使壁画随其产生略微的形变。考虑到壁画已长期处于此形变状态，若强行矫正，施力过程中极易使壁画的环氧树脂板与白灰地仗层发生崩裂状况，为保证文物安全，决定在其稳定状态下不对其做过多干预。

所以对于壁画的部分严重空鼓病害部位，传统的灌浆回贴方式并不能使变形的白灰地仗层恢复平整状态，若强行支顶归位只会对其造成更多伤害，令其在挤压中产生大量折痕乃至裂缝，表面的颜料层也会出现皱痕甚至起甲脱落状况。针对此类区域，在此次保护工程中使用预先保护切口方式，即于支顶前使用薄刃刀具在壁画原有裂缝或尽量避开主画面的空白区域进行人为裁切，待壁画平铺后对出现的切口重叠部分进行打磨，尽可能保证壁画回贴后的平整与完整性。

在20世纪90年代的保护工程中，工作人员于壁画保留的地仗层背部涂刷环氧树脂浆液并铺垫玻璃纤维布，使其成为粘接于壁画背部的环氧树脂板底衬。随后于底衬之上粘贴木质衬托，与顶部固定于古建木梁的木框架进行连接完成壁画的回贴工作。近年的"5·12"和"4·20"两次强烈地震使壁画支撑体受损严重，环氧树脂板底衬多处破裂变形（如图8-1-84），致使地仗层与画面遭受破坏，加上念佛堂严重的白蚁灾害导致木衬托及木框架几乎全部蛀空，随时可能面临崩塌状况。

由上述情况得知，若新支撑框架与建筑木结构断连，可以有效避免发生震动时壁画载体随建筑摇

图8-1-83 遭受蛀蚀的木质框架

图8-1-84 破裂变形的环氧树脂板底衬

晃。在材料的选择上，新衬托及框架需具有防虫、防腐的特性，木质材料不作选用考虑。

此次的抢险加固工程使用槽钢固定于壁画左右两侧的石柱上方，作为新框架顶端衔接的横梁；选用高强度、抗腐蚀的铝合金方管制作新框架的横撑与纵撑，纵撑底端使用混凝土固定，从而达到壁画与建筑木结构断连目的；使用具有防火、防水、耐潮湿、抗腐蚀、不被虫蛀等优良性能的木塑作为环氧树脂板底衬与铝合金框架连接的新衬托，木塑衬托与铝合金框架使用铝合金方片及螺丝连接后，表面贴敷碳纤维布再次进行加固；采用适宜尺寸玻璃钢板对壁画附着的环氧树脂板破裂部位进行补强加固，并粘贴碳纤维布进一步增加牢固性。

（三）存在的问题

（1）文物保存环境

念佛堂建筑目前的内部通风较弱，难以形成有效的空气对流，加之壁画所在墙壁后方的水沟较浅，地表水不能较好地排流，使得堂内湿度较大。因壁画泥质地仗层与白灰地仗层中的纤维含有较多有机物，长期处于潮湿环境下容易腐烂和发霉，若渗透至壁画表面则易产生霉斑，甚至导致颜料层的霉变和脱落，对画面造成破坏。超过一定界限的湿度也会对修复使用黏接剂的牢固性及时效性造成影响，必须得到重视。

（2）白蚁灾害（如图8-1-85）

念佛堂建筑整体受白蚁灾害严重，目前壁画经过此次抢修，在对其支撑体进行加固时，新增框架及衬托均已选用防蛀材料，应无受损风险，但依据先前壁画表面的大量蛀孔判断，白蚁在蛀蚀木质材料的同时也会对地仗层及画面造成破坏，于壁画内部穿行时也会对结构稳定性造成影响。壁画保留的木衬托与木框架虽已蛀空并喷涂防治药物，但难以保证不被蚁群继续作为活动场所，需要加强监控。

图8-1-85　分飞期的白蚁灾害

（四）保养维护建议

①降水或空气相对湿度过高时最好减少参观时间，甚至暂时关闭；天气晴朗或空气质量较好时，建议打开壁画左右两侧墙壁的窗户及殿门进行适度通风。堂内严禁焚香点灯，防止壁画烟熏病害的产生。

②增加对白蚁灾害的监测与防治强度。

③建议加深壁画所在墙壁后方的排水沟，使地表水得到更好的沉降，进而降低念佛堂内的空气相对湿度。

④管理单位加强对文物的监测和日常维护，尤其注意壁画表面是否出现新的病害及壁画所在墙体北向面是否继续受雨水影响。

六、壁画修复前后对比（如图8-1-86~图8-1-107）

图8-1-86　空鼓断裂病害修复前后对比

图8-1-87　空鼓断裂病害修复前后对比

图8-1-88　空鼓断裂病害修复前后对比

图8-1-89　空鼓裂隙病害修复前后对比

图8-1-90　空鼓病害修复前后对比

图8-1-91 空鼓病害修复前后对比

图8-1-92 空鼓病害修复前后对比

图8-1-93 空鼓病害修复前后对比

图8-1-94　空鼓污染病害修复前后对比

图8-1-95　污染病害修复前后对比

图8-1-96　污染病害修复前后对比

图8-1-97　污染病害修复前后对比

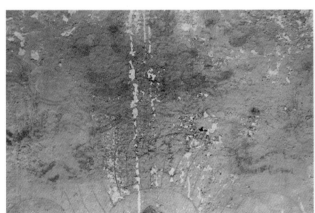

图8-1-98　污染病害修复前后对比

图8-1-99　污染病害修复前后对比

图8-1-100　历史加固病害修复前后对比

图8-1-101　历史加固病害修复前后对比

图8-1-102　综合染病害修复前后对比

图8-1-103 综合染病害修复前后对比

图8-1-104 综合染病害修复前后对比

图8-1-105 综合染病害修复前后对比

图8-1-106 综合染病害修复前后对比

图8-1-107 综合染病害修复前后对比

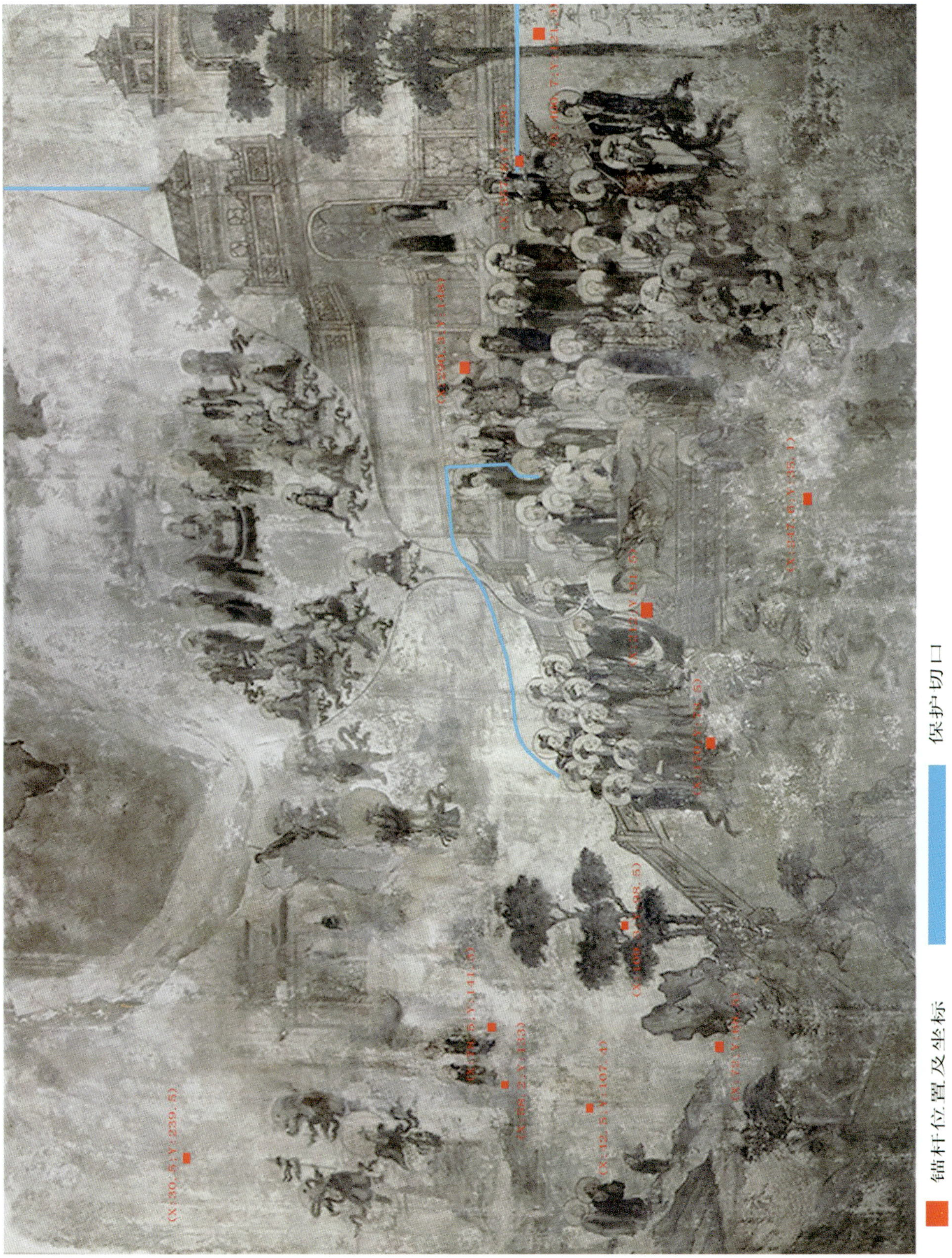

附录1

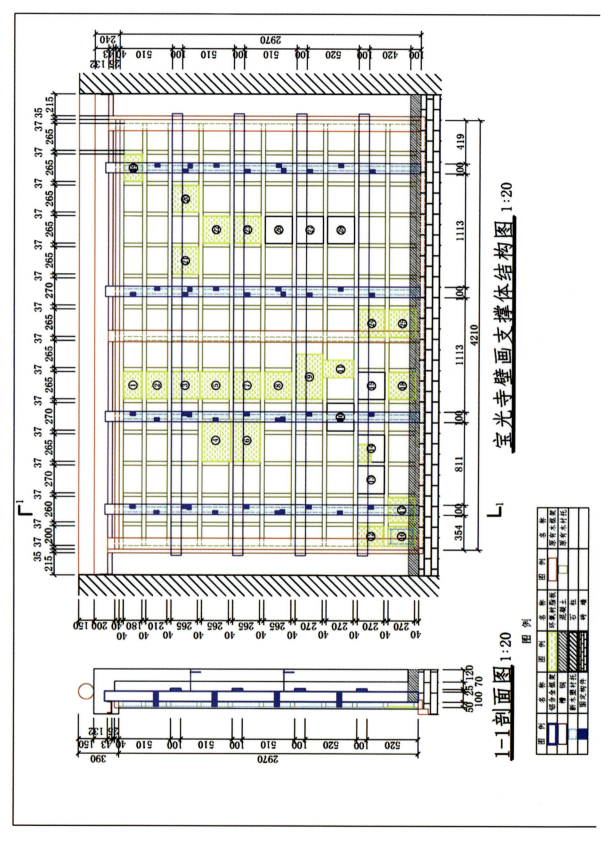

宝光寺壁画支撑体结构图 1:20

1—1 剖面图 1:20

图例

图例	名称	图例	名称	图例	名称
	铝合金瓶灵		环氧树脂板		原有木瓶灵
	楞钢		混凝土		原有木衬托
	新木墨衬托		石柱		
	固定构件		砖墙		

案例二：青白江明教寺觉皇殿保护修复项目

明教寺觉皇殿位于四川省成都市青白江区城厢镇（原金堂县县城），是原明教寺建筑群仅存的明代古建筑。觉皇殿建于明成化元年（1465），代表了四川地区明代中期木构建筑深受官式建筑风格影响的特点，其殿内至今还保存了大量的明代建筑彩画、壁画，以及两尊明代彩塑。1981年，明教寺觉皇殿被公布为成都市文物保护单位，2012年被公布为四川省重点文物保护单位。

觉皇殿现存壁画都处在明间和次间的梁架和梁枋间，以及西次间佛像后扇面墙的背面和斗眼殿内一侧。

由于壁画在漫长的保存过程中受其材料自身原因、历史人为干预、保存环境等诸多因素影响，因此产生了颜料层起甲、粉化脱落，地仗空鼓、断裂、酥碱、破损、脱落，支撑体（竹篾墙）脱卯、断裂、糟朽、变形，及泥渍、浮尘、生物结丝覆盖、烟熏等多种病害。致使壁画出现起甲、粉化脱落、空鼓、裂隙、脱落、淡化、变形、失稳和缺失等现象。特别是颜料层起甲、粉化、脱落以及地仗层酥碱、断裂、脱落和支撑体变形、失稳等活动性病害，将会导致壁画的进一步损伤。

第一节　勘察研究

一、现状调查

由以上价值评估可以看出，觉皇殿壁画具有较高的文物价值。但随着时间推移，壁画表面以及内部结构相应地发生了一系列变化。为了更好的遵循不改变文物原貌、最小干预等文物保护原则，最大限度保护文物的真实性和完整性，以及进一步了解觉皇殿壁画真实的保存现状，我们进行了细致的现场调查。

（一）调查方法及内容

1. 现状调查方法

按照中华人民共和国文物保护行业标准《古代壁画病害与图示》《古代壁画现状调查规范》的要求，对觉皇殿壁画保存现状进行了详细的调查，并绘制病害示意图。

2. 调查内容

此次调查内容是建设方所委托的觉皇殿壁画部分，有：斗眼壁画、梁枋画、梁架画以及西次间佛像扇面墙背面壁画。

3. 图像采集设备

对觉皇殿壁画进行拍照，记录壁画现状，并为现状调查和其他保护工作提供详实的第一手资料。拍摄时采用色标卡矫正，选择合适曝光和色值。

4.病害现状调查图标准

根据病害图例，对照壁画实际状态绘制壁画病害图（如图8-2-1）。

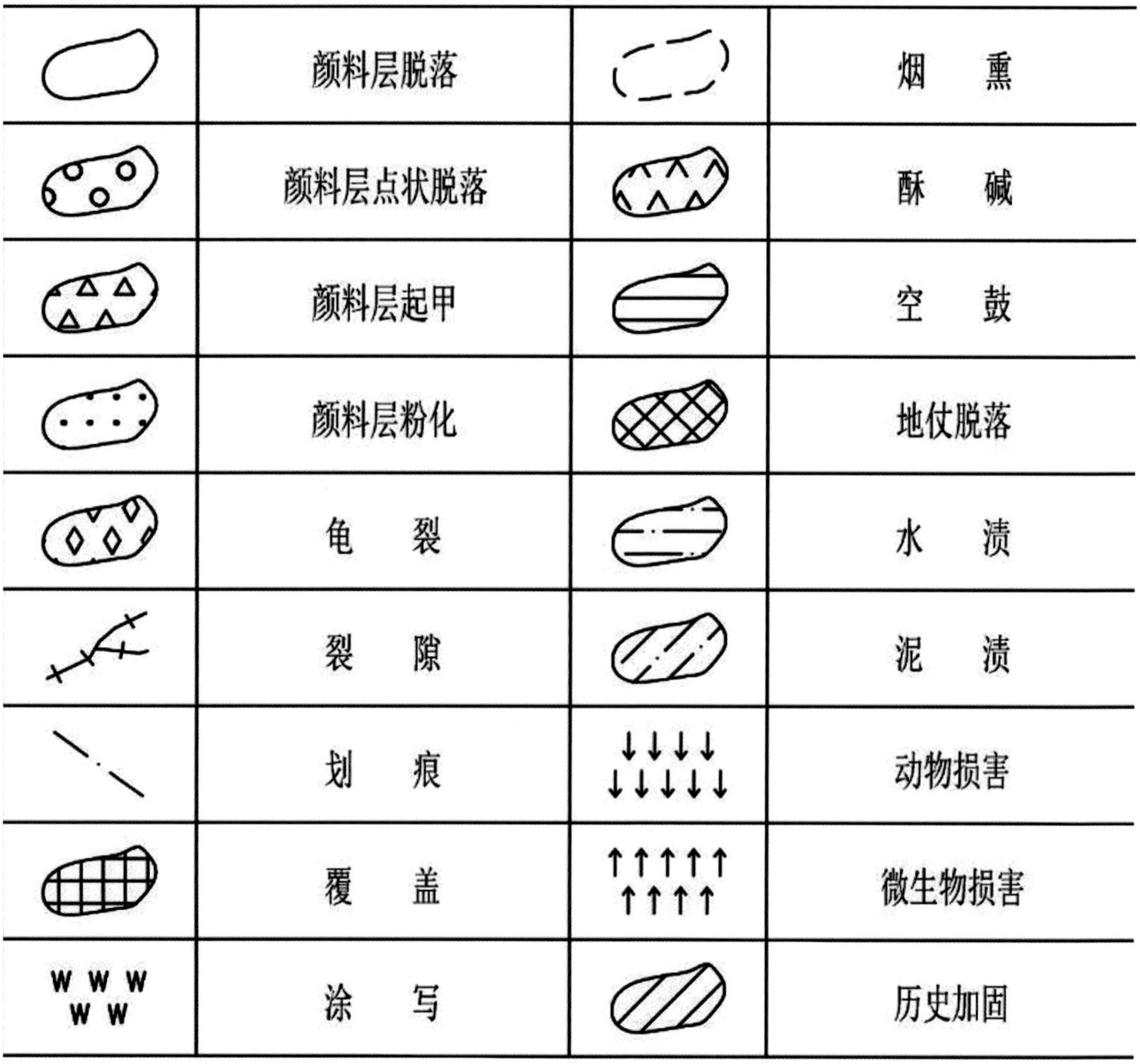

	颜料层脱落		烟　熏
	颜料层点状脱落		酥　碱
	颜料层起甲		空　鼓
	颜料层粉化		地仗脱落
	龟　裂		水　渍
	裂　隙		泥　渍
	划　痕		动物损害
	覆　盖		微生物损害
	涂　写		历史加固

图8-2-1　病害图图例

5.绘制壁画病害图

现场调查中，对所涉及壁画的保存现状进行了详细调查，为了准确、直观、真实地反映壁画修复前的保存状况，依据调查标准，使用AutoCAD软件并以拍摄的数码照片为底图，绘制完成了壁画病害图。

二、调查结果

（一）斗眼壁画

现存斗眼壁画分别处于觉皇殿东壁、西壁、南壁上部斗拱之间，北壁出抱厦，无斗眼画。原斗眼壁画内外两面皆有，现仅存内侧。具体分布参见图8-2-2。

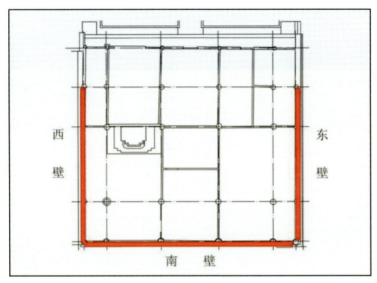

图8-2-2　斗眼画分布示意图

1. 东壁斗眼

东壁斗眼共9个，仅殿内一侧存有画面。9幅斗眼画分为两种规格，分别为1、2、8、9号相同，3~7一致（如图8-2-3）。

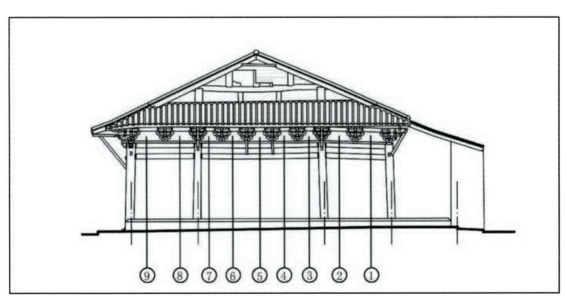

图8-2-3　东壁斗眼画分布及编号示意图

北起第一幅（如图8-2-4）：整体损伤严重，仅存左下角两小块表层地仗及画面，且存在起甲、粉化脱落及污染物覆盖现象。底层地仗存在空鼓、酥碱病害。

图8-2-4　东壁北起第一幅斗眼画保存现状

北起第二幅（如图8-2-5）：壁画表面存在浮尘污染和烟熏病害，局部存在颜料层起甲、脱落病害，表层地仗空鼓病害严重，并出现严重变形，同时，存在严重的酥碱病害。底层地仗空鼓、酥碱病害严重。

图8-2-5　东壁北起第二幅斗眼画保存现状

北起第三幅（如图8-2-6）：壁画表层地仗酥碱、空鼓、变形严重，并有大面积脱落，颜料层存在起甲、粉化脱落、覆盖污染病害；底层地仗存在严重空鼓、酥碱病害。

图8-2-6　东壁北起第三幅斗眼画保存现状

北起第四幅（如图8-2-7）：壁画颜料层起甲脱落粉化病害严重，并存在酥碱病害；底层地仗空鼓病害严重。

图8-2-7 东壁北起第四幅斗眼画保存现状

北起第五幅（如图8-2-8）：表层地仗大部分脱落，残存部分存在空鼓、变形病害，颜料层存在起甲、粉化脱落病害，并有严重覆盖污染病害；底层地仗空鼓，酥碱病害严重。

图8-2-8 东壁北起第五幅斗眼画保存现状

北起第六幅（如图8-2-9）：画面表面圆形贴纸上部起翘，并存在覆盖污染病害；颜料层污染病害严重，并存在起甲、粉化脱落壁画，表层地仗空鼓、变形病害严重；底层地仗空鼓、酥碱病害严重。

图8-2-9 东壁北起第六幅斗眼画保存现状

北起第七幅（如图8-2-10）：表面污染严重，中部及右侧颜料层起甲、脱落严重，并存在漏水冲刷痕迹；底层地仗空鼓病害严重，并存在酥碱病害。

图8-2-10　东壁北起第七幅斗眼画保存现状

北起第八幅（如图8-2-11）：颜料层起甲粉化脱落病害严重，表层地仗酥碱病害严重；底层地仗右侧缺失，空鼓、酥碱病害严重。

图8-2-11　东壁北起第八幅斗眼画保存现状

北起第九幅（如图8-2-12）：颜料层粉化、脱落病害严重；表层地仗空鼓、变形、酥碱病害严重；底层地仗存在空鼓、酥碱病害。

图8-2-12　东壁北起第九幅斗眼画保存现状

2.南壁斗眼

南壁斗眼画也仅存殿内侧壁画，共计11幅。其中，第一、第十一幅等面积较大，也是南壁幅面最大的；次之的是第二、第四、第五、第七、第八、第十幅，面积最小的是第三、第六、第九幅（如图8-2-13）。

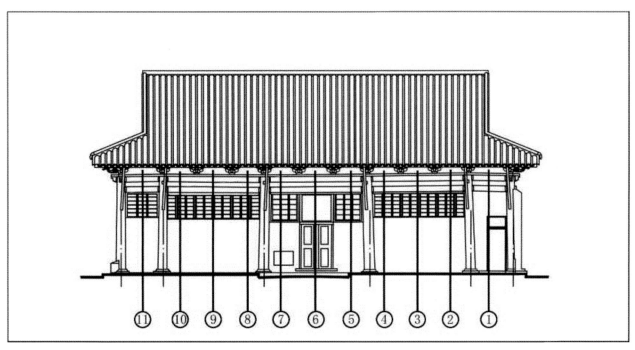

图8-2-13 南壁斗眼画分布及编号示意图

东起第一幅（如图8-2-14）：画面污染病害严重；颜料层起甲粉化脱落病害严重；表层地仗存在损伤、空鼓、变形、酥碱病害；底层地仗空鼓病害严重，并存在酥碱病害。

图8-2-14 南壁东起第一幅斗眼画保存现状

东起第二幅（如图8-2-15）：画面表层覆盖污染病害严重；颜料层粉化脱落病害严重；地仗层存在重层空鼓病害，并存在酥碱病害。

图8-2-15　南壁东起第二幅斗眼画保存现状

东起第三幅（如图8-2-16）：画面表层覆盖污染病害严重；颜料层粉化病害严重；底层地仗存在严重空鼓病害，并伴有酥碱病害。

图8-2-16　南壁东起第三幅斗眼画保存现状

东起第四幅（如图8-2-17）：画面表层覆盖污染病害严重；颜料层起甲、粉化、脱落病害严重；表层地仗多处损伤病害，有一些漏水冲刷痕迹，并伴有酥碱病害；底层地仗空鼓病害严重，并存在较严重的酥碱病害。

图8-2-17　南壁东起第四幅斗眼画保存现状

东起第五幅（如图8-2-18）：表面存在较严重污染病害；颜料层起甲、粉化脱落病害严重；表层地仗存在空鼓病害；底层地仗空鼓病害严重，下部存在酥碱病害。

图8-2-18 南壁东起第五幅斗眼画保存现状

东起第六幅（如图8-2-19）：表面存在覆盖污染壁画；颜料层有局部起甲、粉化脱落壁画；表层地仗局部有空鼓病害；底层地仗空鼓病害严重，局部存在酥碱病害。

图8-2-19 南壁东起第六幅斗眼画保存现状

东起第七幅（如图8-2-20）：表面覆盖污染病害严重；颜料层局部存在起甲、脱落病害；表层地仗存在局部空鼓病害；底层地仗空鼓病害严重，局部存在酥碱病害。

图8-2-20 南壁东起第七幅斗眼画保存现状

东起第八幅（如图8-2-21）：表面覆盖污染病害严重；颜料层局部存在起甲、脱落病害严重；表层地仗有局部空鼓病害；底层地仗空鼓病害严重，并伴有酥碱病害。

图8-2-21　南壁东起第八幅斗眼画保存现状

东起第九幅（如图8-2-22）：表面覆盖污染病害严重；颜料层存在起甲、粉化病害；表层地仗存在空鼓病害；底层地仗存在严重空鼓病害，并存在局部酥碱病害。

图8-2-22　南壁东起第九幅斗眼画保存现状

东起第十幅（如图8-2-23）：表层覆盖污染病害严重；颜料层起甲、粉化脱落病害严重；表层地仗局部存在损伤现象，局部存在空鼓病害；底层地仗空鼓病害严重，局部酥碱病害严重。

图8-2-23　南壁东起第十幅斗眼画保存现状

东起第十一幅（如图8-2-24）：表面污染病害严重；颜料层粉化脱落病害严重，局部有起甲病害；表层地仗存在损伤病害，局部有空鼓病害；底层地仗空鼓病害严重，右下角处有酥碱病害。

图8-2-24 南壁东起第十一幅斗眼画保存现状

3.西壁斗眼

西壁斗眼与东壁位置相对应，基本条件相同，同样，9幅斗眼画也存于殿内一侧（如图8-2-25）。

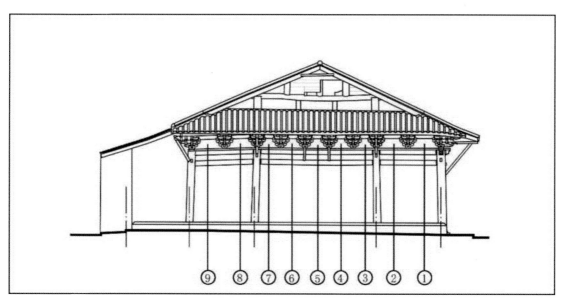

图8-2-25 西壁斗眼画分布及编号示意图

南起第一幅（如图8-2-26）：画面表层覆盖污染病害严重；颜料层粉化、脱落严重；表层地仗空鼓、变形、酥碱病害严重，局部地仗损伤、脱落；底层地仗空鼓病害严重，并伴有较严重的酥碱病害。

图8-2-26　西壁南起第一幅斗眼画保存现状

南起第二幅（如图8-2-27）：画面表面覆盖污染病害严重；颜料层粉化脱落严重；表层地仗存在多处空鼓病害，局部存在酥碱病害；底层地仗空鼓病害严重，局部酥碱病害严重。

图8-2-27　西壁南起第二幅斗眼画保存现状

南起第三幅（如图8-2-28）：颜料层存在局部起甲、粉化病害；表层地仗底层损伤脱落；底层地仗空鼓病害严重，右上角存在酥碱病害。

图8-2-28　西壁南起第三幅斗眼画保存现状

南起第四幅（如图8-2-29）：表面覆盖污染病害严重；颜料层存在粉化脱落病害；表层地仗空

鼓、变形严重；底层地仗空鼓病害严重。

图8-2-29 西壁南起第四幅斗眼画保存现状

南起第五幅（如图8-2-30）：表面存在污染病害；颜料层存在局部起甲、脱落病害，整体粉化脱落病害严重；表层地仗存在局部空鼓病害和损失脱落病害；底层地仗空鼓病害严重，上部存在酥碱病害。

图8-2-30 西壁南起第五幅斗眼画保存现状

南起第六幅（如图8-2-31）：表层圆形贴纸存在起翘分层现象；颜料层存在起甲、粉化脱落病害；表层地仗存在空鼓病害；底层地仗空鼓病害严重，上部存在酥碱病害。

图8-2-31 西壁南起第六幅斗眼画保存现状

南起第七幅（如图8-2-32）：壁画表面覆盖污染病害严重；颜料层局部存在起甲、粉化脱落严重；表层地仗存在大面积空鼓病害，右上部、右下部存在地仗损伤病害；底层地仗空鼓病害严重。

图8-2-32　西壁南起第七幅斗眼画保存现状

南起第八、第九幅：由于所处空间在调查时无法进入，壁画保存状态不详。

4. 梁枋画

现存梁枋画分别处于觉皇殿明间、西次间、东次间上部梁枋之间，具体分布参见图8-2-33~图8-2-35。

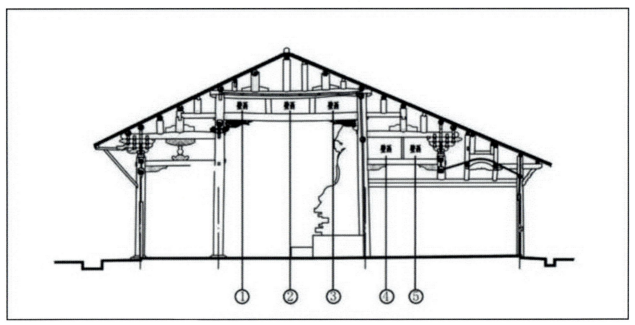

图8-2-33　西次间梁枋画位置及编号示意图

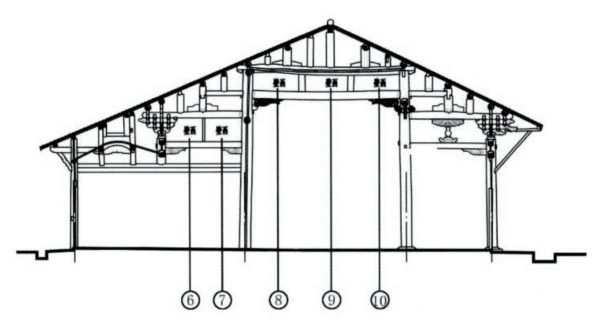

图8-2-34　东次间梁枋画位置及编号示意图

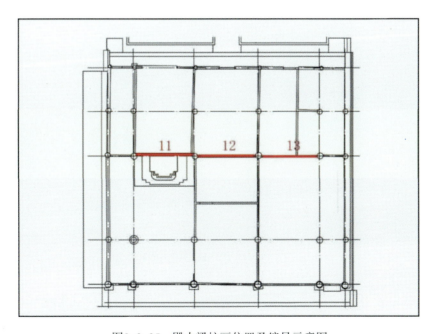

图8-2-35　殿内梁枋画位置及编号示意图

（1）梁枋画①东向面（如图8-2-36）

图8-2-36　梁枋画①东向面

　　画面保存状态较差，主要存在颜料层起甲、粉化、脱落；地仗细泥层空鼓病害严重，中部有较大面积脱落损伤，左侧中间位置有漏水冲刷痕迹，并有酥碱病害，底层地仗与载体分离严重；表面有多种覆盖污染病害；载体竹篾存在糟朽、变形、失稳现象，木橙存在糟朽、脱卯断裂病害。

（2）梁枋画②东向面（如图8-2-37）

图8-2-37　梁枋画②东向面

　　画面整体覆盖污染病害严重；颜料层起甲、粉化、脱落病害严重，特别是菩萨像依附部分已完全脱落；表层地仗空鼓变形严重，中部及右侧大部存在酥碱病害；底层地仗与支撑体分离严重，左下角部分存在大面积脱落区域；载体竹篾存在糟朽、变形、缺失(左下角)现象，右上角部分存在断裂缺失；从右侧靠近梁枋及金柱的部分看，木橙存在糟朽、脱卯断裂现象。

（3）梁枋画③两个向面

后期修缮时石灰抹面。从表象看，竹篾墙存在变形、断裂、脱卯等失稳现象。

（4）梁枋画④⑤两个向面（如图8-2-38）

图8-2-38　梁枋画④⑤东向面

两侧画面无绘画痕迹，应为后期修缮时所为。

（5）梁枋画⑥⑦两个向面（如图8-2-39）

图8-2-39　梁枋画⑥⑦西向面

两侧画面无绘画痕迹，应为后期修缮时所为。

（6）梁枋画⑧⑨⑩两个向面（如图8-2-40）

图8-2-40　梁枋画⑨西向面

两侧画面无绘画痕迹，应为后期修缮时所为。

（7）梁枋画⑪北向面（如图8-2-41）

图8-2-41　梁枋画⑪北向面

画面整体覆盖污染严重；颜料层起甲、粉化、脱落严重；表层地仗空鼓病害严重，局部有脱落损伤病害，中间位置两条纵向裂隙贯通，左侧裂隙上部存在历史加固遗迹，右侧额中上部有一条横向划痕；底层地仗与竹篾墙分离严重，左侧存在酥碱病害，左下角处有地仗缺损；支撑体存在糟朽、变形、断裂病害，由于画面左侧金柱沉降位移，导致左侧竹篾墙脱卯并与金柱分离，从破损处可以观察到，竹篾存在糟朽、断裂、缺损现象。

注：南向面由于被塑像防护罩遮挡，无法看到全貌，但就局部其病害程度更加严重。

（8）梁枋画⑫北向面（如图8-2-42）

图8-2-42　梁枋画⑫北向面

画面整体覆盖污染病害严重；颜料层起甲、粉化、脱落病害严重；表层地仗空鼓变形严重，多处有漏水冲刷痕迹，同时导致多处酥碱病害，左侧上部和画面中部存在严重划痕遗迹；底层地仗与支撑体分离严重，右下角处有地仗缺损痕迹；载体竹篾存在糟朽、变形现象，左上角部分存在断裂缺失；从壁画表面外形推断，竹篾墙病害现象。

（9）梁枋画⑬南向面（如图8-2-43）

图8-2-43　梁枋画⑬南向面

画面存在涂刷及干预痕迹，并存在覆盖污染病害，致使画面漫漶不清。画面表层多处划痕和历史加固遗迹；左侧画格地仗层空鼓、变形病害严重，左下角变形开裂；中间画格酥碱病害较严重，并存在严重的粉化脱落病害，地仗层空鼓、变形严重；右侧画格空鼓、变形病害严重，右上角处脱离金柱；竹篾墙变形严重，从左下角、右上角裂隙处可以看到，竹篾存在糟朽、断裂及木橙脱卯现象。

（10）梁枋画⑬北向面（如图8-2-44）

图8-2-44　梁枋画⑬北向面

画面整体覆盖污染病害严重；颜料层局部起甲、粉化、脱落严重；表层地仗空鼓变形严重，并有多处脱离，左上部有漏水冲刷痕迹，同时存在较严重酥碱病害，右侧上部靠近金柱处也有酥碱病害和严重的脱落病害；画面左右各有一条较深的划痕遗迹，画面变形严重并出现多条严重裂隙，右下角处存在地仗缺损现象。同样，底层地仗与支撑体分离严重；载体竹篾存在糟朽、变形现象，木橙也存在脱卯现象。

（11）梁枋画⑬南向面（如图8-2-45）

图8-2-45　梁枋画⑬南向面

画面存在明显的涂刷及干预加固痕迹，并存在多
种覆盖污染病害。画面表层有多处划痕、历史加固遗
迹；左侧画格地仗层空鼓、变形病害严重，左下角脱
离金柱；中间画格左右两侧存在酥碱病害，并有严重
的粉化脱落病害，地仗存在重层空鼓病害，且变形严
重；右侧画格空鼓、变形病害严重，表层地仗有多处
脱落损伤病害，右上角处有明显漏水冲刷痕迹，右下
角处地仗损伤病害严重；竹篾墙变形严重，从左裂隙
处可以看到糟朽、断裂及木橙脱卯现象。

5. 扇面墙壁画

现存扇面墙壁画具体位置参见8-2-46，处于觉皇
殿西次间佛像背屏后部（如图8-2-47）。

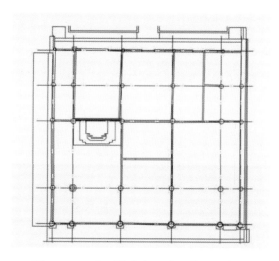

图8-2-46　扇面墙北向面壁画位置示意图

图8-2-47　扇面墙北向面壁画（上半部分）

现仅存画面上半部分，下半部分被后建墙体遮挡。画面有一层后期涂刷的石灰层，并存在严重的

覆盖污染病害，致使画面模糊不清。壁画颜料层起甲、粉化脱落病害严重，并存在严重的空鼓、变形病害，还有多条裂隙，上部有多处漏水冲刷痕迹，并伴有酥碱病害。地仗层与载体层分离严重；载体竹篾墙存在严重变形现象，从裂隙处可看到木橙脱卯、糟朽，竹篾糟朽、断裂现象。

三、调查结论

（一）壁画病害种类

经过详细的现场调查分析，明教寺觉皇殿壁画存在的主要病害有：颜料层起甲、粉化、脱落；地仗层空鼓、裂缝、酥碱、损伤；支撑体腐朽、断裂、变形、脱卯。同时，还有不当历史加固、划痕、各种覆盖污染病害。

（二）病害面积统计

壁画病害面积统计的工作，对于壁画病害类型与程度判断起到至关重要的作用，并对方案设计、经费预算提供可靠的依据。本次病害统计对所有壁画进行拍照，依据国家行业标准，进行了壁画病害面积的精确统计，按照AutoCAD软件面积统计标准，统计出病害面积（如表8-2-1）。

表 8-2-1 明教寺觉皇殿壁画病害调查统计表

病害位置	颜料层（㎡）			地仗层（㎡）				污染（㎡）			历史加固（㎡）	支撑体（㎡）	背面处理（㎡）
	起甲	脱落	粉化	空鼓	酥碱	裂缝	损伤	浮尘	泥渍	生物			
斗眼画	23.16	6.22	10.22	18.16	2.73	0.36	6.01	27.78	0.67	2.11	0.51	21.77	29.62
梁枋画	26.39	5.94	12.32	26.43	2.73	0.35	6.45	32.67	3.67	1.15	3.01	32.7	22.49
扇面画	1.9	0.81	1.69	10.02	1.88	0.19	2.06	17.43	18.58	0.89	1.11	19.99	0.00
总计	402.17												

注：由于壁画病害区域存在重叠现象，所以壁画病害面积总和大于壁画实际面积。

四、前期研究

为了进一步研究明教寺觉皇殿壁画病害产生的原因，我们根据壁画病害初步调查结果，制定了进一步的分析研究设计。借助监测分析设备和仪器，对文物保存环境、壁画制作材料工艺，进行了现场监测分析，并将壁画颜料、地仗、纤维及当地黏土(修复材料)样品，进行更加细致的室内分析测试。

壁画的保存状态起决定性作用的因素包括两个方面：一是组成文物本体的材料质地；二是文物所处的环境。更准确地说，就是制成文物本身所用材料与文物所处环境是否适宜。对于觉皇殿壁画保护修复而言，监测其所处的环境是否适宜和探究该壁画制作所用的材料及工艺极其重要，这将为壁画的保护修复实施以及日常管护提供科学依据。

（一）环境分析

依据明教寺觉皇殿建筑结构形式、保存状态、壁画所处位置等因素综合考量，觉皇殿内外环境差别并不明显，因此，我们调取了当地气象部门距离明教寺最近的十八湾村气象站近十年的气象数据，以此分析大环境条件对觉皇殿壁画保存的影响，并做出评估（如表8-2-2）。

表 8-2- 2　　2010年7月1日—2019年4月1日月气温统计表

项目 年月	最高温 （℃）	最低温 （℃）	平均温度 （℃）	降水量 （毫米）	项目 年月	最高温 （℃）	最低温 （℃）	平均温度 （℃）	降水量 （毫米）
2010/7/1	36.4	19.3	26.3	3.1	2014/12/1	缺测	缺测	缺测	缺测
2010/8/1	35.5	18.3	25.4	143.7	2015/1/1	16.3	−0.7	7.3	4.6
2010/9/1	35.3	17.2	23.1	74.1	2015/2/1	21.4	−0.8	9.3	4.4
2010/10/1	27.3	6	17.2	11.8	2015/3/1	29.4	4.4	14.3	14.3
2010/11/1	24	4.6	12.7	5.3	2015/4/1	34.3	9.4	19.1	32.2
2010/12/1	18.5	−2.9	7.1	10.7	2015/5/1	35.6	13	23.1	38.4
2011/1/1	8.9	−3.9	2.8	23.3	2015/6/1	34.5	17.6	24.6	96.2
2011/2/1	20.7	−1.5	8.1	11.9	2015/7/1	37.6	19	25.9	84.1
2011/3/1	21.1	1.8	10.1	30.1	2015/8/1	38	18.5	24.8	217.8
2011/4/1	34.6	8.1	18.2	16.5	2015/9/1	31.5	17.4	21.6	232
2011/5/1	36.4	11.8	21.4	126.4	2015/10/1	28.2	11.8	18.6	31.2
2011/6/1	37.5	16.2	24.8	71.4	2015/11/1	22.3	4	14.1	16.3
2011/7/1	36.2	19	25.3	36.3	2015/12/1	18.6	−1.9	8	11.2
2011/8/1	37	17.8	26.7	0	2016/1/1	17.5	−5.7	6.2	13.2
2011/9/1	35.7	12.5	21.2	0	2016/2/1	22.1	−2.7	8.2	13.9
2011/10/1	27.6	8	17.5	0	2016/3/1	25	4.5	14.1	36.1
2011/11/1	22.6	7.2	14.5	1	2016/4/1	30.3	9.6	18.6	50.2
2011/12/1	14.8	0.2	7.4	0.2	2016/5/1	33.7	13.6	21.4	129.4
2012/1/1	12.4	−3	5.3	12.8	2016/6/1	35.5	17.3	25.5	79.5

续表

项目年月	最高温（℃）	最低温（℃）	平均温度（℃）	降水量（毫米）	项目年月	最高温（℃）	最低温（℃）	平均温度（℃）	降水量（毫米）
2012/2/1	16.6	−2.5	6.3	3.9	2016/7/1	36.1	18.8	26.4	199
2012/3/1	26.7	0.7	12.5	3.4	2016/8/1	37.7	18.3	27.4	82.5
2012/4/1	31.2	7.4	18.8	9.9	2016/9/1	34.5	16.2	22.1	104.6
2012/5/1	34.2	14.2	21.9	33.7	2016/10/1	31.6	9.6	18.4	12.2
2012/6/1	33.9	16.6	23.2	115.9	2016/11/1	21.7	0.9	12.3	3.5
2012/7/1	36.1	19.2	25.6	159.7	2016/12/1	17.2	1.2	8.7	2
2012/8/1	38.4	18.1	26.9	63.1	2017/1/1	18.4	−0.8	7.3	2.9
2012/9/1	32.9	12.9	21.6	111.3	2017/2/1	21.5	1.5	8.5	16.4
2012/10/1	27.4	7.9	17.4	36	2017/3/1	25.8	3.3	11.7	23.4
2012/11/1	24.9	2.1	11	1.6	2017/4/1	31.4	8.8	18	25.7
2012/12/1	17.6	−4.5	7	3.8	2017/5/1	34.1	11.8	22.2	25.3
2013/1/1	19.9	−5.2	5	3.7	2017/6/1	33.9	16.7	23.9	96.3
2013/2/1	21.7	−0.4	9.8	1.5	2017/7/1	36.7	20	27.6	196.2
2013/3/1	29.5	4	16.6	10.4	2017/8/1	36.7	19.6	26.5	119.1
2013/4/1	33.9	5.5	18.9	34.7	2017/9/1	32.1	16.5	22.8	43.1
2013/5/1	35.2	12.4	22	75.6	2017/10/1	28.7	10.2	16.8	48.6
2013/6/1	35.5	15.6	25.3	149.6	2017/11/1	23.6	1.7	12.8	4.1
2013/7/1	36.5	20.2	26.5	167.3	2017/12/1	17.2	−2.4	6.7	0.7
2013/8/1	38.9	18.5	27.2	58.6	2018/1/1	18.8	−5	5.3	4
2013/9/1	32.7	11.9	21.1	138.7	2018/2/1	24.3	−1.8	7.9	14.2
2013/10/1	31.7	11.2	17.9	21.9	2018/3/1	28.4	4.5	15.5	45.1
2013/11/1	23.8	1	12.5	10.2	2018/4/1	31.8	7.9	19.4	48.2

续表

项目 年月	最高温 （℃）	最低温 （℃）	平均温度 （℃）	降水量 （毫米）	项目 年月	最高温 （℃）	最低温 （℃）	平均温度 （℃）	降水量 （毫米）
2013/12/1	19.6	-2.8	6.1	1.6	2018/5/1	34.8	13.7	22.5	102.8
2014/1/1	19.1	-2.6	6.5	0.3	2018/6/1	36	16.2	24.3	167.8
2014/2/1	18.1	0.3	7.3	7.3	2018/7/1	35.4	20.1	25.8	680.9
2014/3/1	27.1	4	12.6	17.3	2018/8/1	36.5	21.3	27.1	134.4
2014/4/1	29.7	10	19	18.7	2018/9/1	36	15.8	22.1	238.1
2014/5/1	33.9	10.2	21.6	24.8	2018/10/1	26.8	8.8	16.4	30.2
2014/6/1	缺测	缺测	缺测	缺测	2018/11/1	24.3	2.3	11	12.7
2014/7/1	缺测	缺测	缺测	缺测	2018/12/1	18.5	-1.9	6.7	4.4
2014/8/1	缺测	缺测	缺测	缺测	2019/1/1	15.3	-1.5	6	2.2
2014/9/1	33	14.8	22	8.4	2019/2/1	21.6	-0.2	8	7.6
2014/10/1	30.5	10.5	18.2	11.4	2019/3/1	29.3	3.4	12.9	20.5
2014/11/1	22.3	5.4	12.3	1.1	2019/4/1	35	10.1	20	14.7

　　鉴于觉皇殿建筑、壁画特殊的保存状态及结构形式，为了进一步调查评估其环境因素对文物的影响，我们对殿内微环境进行了阶段性监测，监测内容包括殿内温度、湿度等内容。殿外环境大数据由当地气象站采集，殿内则由不同位置布置的探头采集。

（二）探头布置

　　此次环境监测仪器采用德国产温湿度记录仪，型号Testo608-H2（如图8-2-48）。探头布点方法和数量以能够反映壁画所处环境状况为原则，并进行24小时不间断测量，数据采样间隔为15分钟。

　　根据觉皇殿建筑体量及内部空间的特点，我们分别在殿内布设了3个温湿度传感器，布设位置如图8-2-49所示，1#探头位于明间右侧金柱下，2#探头位于西次间佛像左后方台座

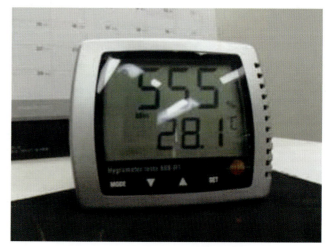

图8-2-48　Testo608-H2温湿度监测仪

上，3#探头位于西次间佛像后扇面墙梁上部（靠近明间左侧金柱）。

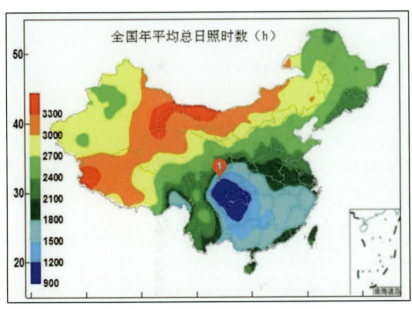

图8-2-49　温湿度探头分布示意图

（三）监测数据分析

对各探头所取得的微环境数据进行处理，并与殿外部气象数据进行对比，探究降水等环境因素对觉皇殿内部温湿度的影响以及影响的时间节点、程度等要素。

1. 温度

从殿内采集的阶段性气温数据分类统计分析，其结果归纳如下：气温监测结果显示，殿内小环境气温受殿外大环境影响而变化，其波动幅度按其所处位置略有不同，但差异不大。1#探头和殿外大环境测得的数据比较，相对时间段的温度基本一致，但时间滞后15分钟，考虑采集数据的时间设置（15分钟）和检测设备差异误差外，其温度应该非常接近。2#、3#探头采集温度数据显示，其结果更接近殿外检测结果。

2. 相对湿度

通过外部环境及殿内相对湿度数据采集以及分类统计分析，其结果归纳如下：

1#探头湿度数据显示，在无降水的时段内均高于殿外（最大值7%），通过分析显示，差异是由探头布设接近地面所致；2#、3#探头监测数据则更接近殿外，最大湿度差为4%。

3. 日照

数据显示，成都地区日照

全国年平均总日照时数图（标识区为成都地区）

时间为1239.1小时，这与近年公布的全国年平均总日照时数基本符合（如图8-2-50）。

研究表明，壁画颜料层病害的产生与保存环境的温湿度有直接关系，随着时间的推移，可使颜料层内胶结材料老化，最终导致颜料层的各种病害。同时，地仗层的酥碱、变形也与水或空气相对湿度有关。

4.殿内相对湿度变化和外部环境的关系

通过上述温度、湿度、日照检测数据研究分析，结合明教寺年降雨量数据分析，发现降水是导致相对湿度变化的主要因素。因此，明教寺地区年度降水较集中的月份，其殿内相对湿度也明显升高。同时，受殿外降雨影响，殿内相对湿度总体会上升约19%，此后湿度缓慢下降至原水平。总体来说，相对较高湿度的作用，可使壁画产生颜料层和地仗层酥碱等病害，并使壁画病害更加严重。当然，调查显示觉皇殿壁画酥碱病害还与建筑体漏水和历史加固修缮有关。

（四）结论

综上可知，明教寺所处地区环境对各觉皇殿内微环境有着很大的影响作用。降雨是导致殿内外相对湿度升高的重要原因，且殿外相对湿度的变化对殿内相对湿度影响也更加直接。因此，降雨前后应关闭殿门，以降低殿外湿度变化对殿内的影响，但观音殿殿内相对湿度变化趋势与规律较为复杂，有时与殿外并不一致，这说明影响殿内相对湿度变化的因素除降雨和殿外相对湿度变化外，还有其他因素。

殿内温湿度变化均呈季节性特点，是随殿外温湿度变化而变化，特别是觉皇殿建筑年久失修原因，致使殿内外变化更加直接。

五、壁画制作材质与工艺研究

壁画病害与壁画制作材料、工艺密不可分，因此，研究壁画的制作材料与制作工艺是壁画保护中必不可少的一部分。壁画工艺与材料以及所表现问题的复杂性，也一直是壁画保护领域的难点与重点。觉皇殿壁画制作材料总体来说包括三层：支撑体、地仗层、颜料层，因此，制作材料与工艺的研究，也就包括支撑体、地仗层、颜料层与所采用制作工艺等方面。

为了更好地保存觉皇殿壁画，拟开展明教寺觉皇殿壁画保护修复工程，而在壁画保护修复方案设计阶段，对壁画制作材料与工艺进行调查研究，是壁画科学认知的前提，可以为后期开展的修复工作提供数据支撑。特别是对壁画保护修复有关的项目，更是我们此次灌注的重点。本次分析检测工作利用实验室的各类分析仪器，包括偏光显微镜、数码显微镜、X射线衍射仪、离子色谱仪、激光粒度仪等，对壁画颜料层、底色层所用传统材料进行分析，对地仗层土壤成分、纤维含量以及微观结构等进行研究。

（一）样品采集

在前期现场调查阶段，我们对觉皇殿进行了壁画表面覆盖层、地仗层样品及修复替代材料样品的提取，共获得样品6个。其中，表面覆盖层1个，壁画地仗（粗泥层、细泥层）样品2个，修复用替代材料样品2个，纤维材料1个（如表8-2-50~图8-2-52）。

图8-2-50　地仗层及纤维样品取样点（西次间佛像背屏后梁枋画）

图8-2-51　表层覆盖物样品取样点（西次间扇面墙北向面上部）

图8-2-52　表层覆盖物样品取样点（西次扇面墙北向面上部）

根据预先设计的实验方案，开展表面覆盖层、各地仗层、修复替代材料的材质、颗粒组成、纤维配比、可溶盐含量等分析测试，如表8-2-3所示：

表8-2-3 明教寺觉皇殿样品信息记录表

样品编号	取样位置	样品性状	颜色	取样目的
JHD-FG-01	西次间扇面墙背面上部左侧	粉状	白色	材质
JHD-CD-01	西次间佛背屏后梁枋画	粉状、块状	黏土色	材质及其他
JHD-XD-01	西次间佛背屏后梁枋画	粉状、块状	黏土色	材质及其他
JHD-XW-01	西次间佛背屏后梁枋画左下角	节段	黄褐色	植物种类
XFTD-01	明教寺觉皇殿后墙外田地	粉状、块状	黏土色	材质及其他
XFTD-02	明教寺西偏南2.5千米农田西北角	粉状、块状	黏土色	材质及其他

（二）分析方法简介

1. XRD物相分析

实验所用仪器为日本理学公司生产的D/max-2400型X射线衍射仪。仪器测试条件：仪器的测试条件完全在计算机控制下进行，一般工作条件DS/SS1°，RS：0.15~0.3毫米，取样间隔（step）0.02°，管压35~40千伏，管流100~150毫安。扫描范围：5~70°。X射线衍射分析方法主要用来分析地仗及白色覆盖物的成分。

2. 离子色谱仪

仪器为美国戴安ICS-1600离子色谱仪。在实验室将烘干的土样浸泡于去离子水中，控制水土比为5：1，置于超声振荡器上振荡30分钟。采用注射针头过滤器（孔径0.45毫米）过滤上部清液，利用离子色谱仪对清液进行分析。阴阳离子的分析条件如表8-2-4所示：

表8-2-4 阴阳离子分析条件

名称	阳离子	阴离子
分析柱	CS12A	AS14
淋洗液	20毫米MSA（甲烷磺酸）	Na_2CO_3(3.5毫米)/$NaHCO_3$(1.0毫米)
淋洗液速度	1.0毫升/分	1.2毫升/分
系统压力	1320psi	1219psi
抑制其电流	59毫安	24毫安

3. 激光粒度仪

仪器为丹东通达TL-8000激光粒度仪，仪器的详细参数如表8-2-5所示：

表8-2-5 TL-8000激光粒度分析仪技术参数

	规格型号	TL-8000
	执行标准	ISO13320，GB/T19077.1-2008，Q/JW001-2006
	测试范围	干法：1-2000皮米 湿法：0.01-2000皮米
主要技术参数	分散方式	干法：紊流分散、正激波剪切技术湿法：超声、机械搅拌分散
	准确性误	<1%（国家标准样品）
	重复性误	<1%（国家标准样品）
	激光	He-Ne；出632.8纳米；p>4毫瓦

4. 数码显微镜

仪器为日本基恩士公司VHX-600E型数码显微镜。镜头型号VHZ20R（20X-200X），使用VHX-600E自带照明灯进行观察。

5. 偏光显微镜

DM2700P偏光显微镜（德国莱卡公司），配有DMC2900摄像采集头（放大倍率50X，100X，200X，500X，1000X）；MetaSer250型号金相磨抛机（美国标乐公司）；MetaDi金刚石抛光液（美国标乐公司）；EpoThin2透明冷嵌树脂（美国标乐公司）；砂纸（240微米、600微米、1200微米）。

6. 扫描电子显微镜

COXEM-EM30Plus扫描电子显微镜，加速电压：1千伏-30千伏可调，最小分辨率：5.0纳米；最大放大倍率：15000X；电子枪：钨灯丝；真空系统：涡轮分子泵；最大样品尺寸：45毫米（高），60毫米（直径）。

（三）白色覆盖物成分分析

XRD物相分析结果显示：白色覆盖物为石灰。表8-2-6为XRD物相分析结果。

表8-2-6 白色覆盖物XRD结果

样品编号	颜色信息	主要成分	显色成分
JHD-FG-01	白色	生石膏、方解石、石英	生石膏

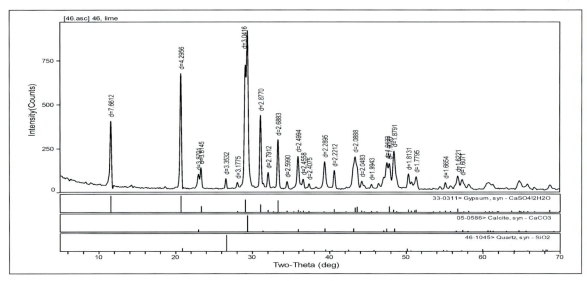

图8-2-53　石灰XRD图谱（生石膏、方解石、石英）

（四）地仗层分析

1. 地仗土样成分分析

所取的地仗样品利用XRD物相分析，判定地仗土样的主要组成成分，结果如表8-2-7所示。实验结果表明，不管是粗泥层地仗还是细泥层地仗，主要物相组成类似，均为石英、伊利石、蒙脱石、高岭石、绿泥石，作为对比，所取当地黏土样品进行分析，结果显示其主要物相组成与壁画地仗类似。

表8-2-7　壁画地仗XRD结果

样品编号	主要成分	备注
JHD-CD-01	石英、伊利石、蒙脱石、高岭石、绿泥石	粗泥层地仗
JHD-XD-01	石英、伊利石、蒙脱石、高岭石、绿泥石	细泥层地仗
XFTD-01	石英、伊利石、蒙脱石、高岭石、绿泥石	明教寺附近样品
XFTD-02	石英、伊利石、蒙脱石、高岭石、绿泥石	明教寺西偏南2.5千米样品

2. 地仗土样颗粒分析

地仗土样的颗粒分析是全面掌握古代壁画地仗土壤性质的重要手段，对后期的修复工作具有重要的指导意义。由于地仗土样颗粒分析所需样品量较大，一般需要超过1克的土样，为保证壁画的绝对安全，防止保护工作带来影响，故仅获得颗粒分析地仗样品2个，分别是1个粗泥层、1个细泥层。

实验结果表明：2个地仗样品颗粒组成相似，主要以黏粒（小于5微米）和粉粒（50~5纳米）为主，平均粒径约为18皮米和7.8微米。粗泥层地仗土壤沙土为25.9%，黏土74.11%；细泥层地仗土壤沙土为10.3%，黏土89.7%。表8-2-8、图8-2-55分别列出了各样品的粒度频率和累计曲线图。

表8-2-8　壁画地仗颗粒分析结果

编号	样品信息	砂粒% 2~0.02毫米	粉粒% 20四m-2^m	粘粒% 小于2^m	平均粒径 ljm
1	粗泥层	25.9	48.5	25.6	18
2	细泥层	10.3	46.5	43.2	7.8

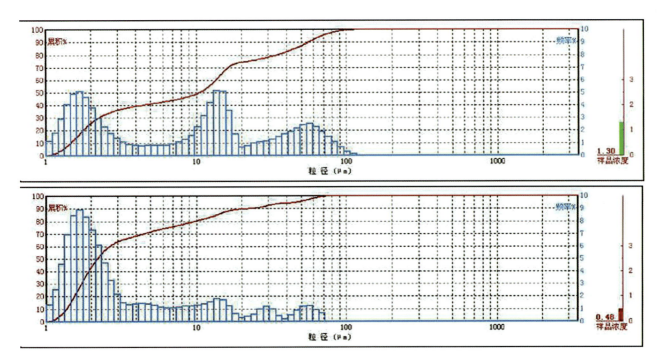

图8-2-54　细泥层频率和累计曲线

修复替代黏土样品实验结果表明，两个黏土样品与粗泥层地仗样品颗粒组成非常接近，当然，由于地仗制作过程中的随机性，样品间存在一定的差异也是合理范围之内。

根据文物保护法与中国古迹保护准则的有关条例规定，对于文物的保护修复要求尽量使用传统的材料与工艺，因此，本次调查工作对取自当地的样品进行了颗粒分析，旨在用科学的方法表征后期所采用的修复材料。实验结果显示，修复替代黏土样品和壁画样品颗粒分析结果对比发现，当地土样平均粒径较小，颗粒组成中砂粒所占比例也比壁画地仗样品小，这可能是由于壁画地仗在制作过程中加入了一定量的砂粒，因此建议后期修复中若采用当地土，应适当加入少量砂粒，以达到与原来地仗材料配比接近的目的。

3. 地仗土样纤维调查分析

调查结果显示，壁画地仗分为两层，与竹篾墙相连的是粗泥层地仗，厚约3厘米，该层加入了草纤维，纤维长度一般小于2~5厘米。粗泥层之上为细泥层地仗，而细泥层中并未发现纤维的痕迹。

实验采用称重法，将土样称重后浸泡于水中，搅拌并震荡，当地仗中的纤维全部漂浮于水面上后，倾倒出水分及纤维，干燥后称重，计算求得纤维含量。实验结果显示：壁画粗泥层地仗中草纤维含量均在1.8%左右。

对取自壁画地仗中的纤维，利用数码显微镜和扫描电子显微镜进行微观结构的观察，为了明确纤维的种类，同时收集新鲜稻草，进行对比研究。图8-2-55中最后一幅图为地仗中所加纤维与新鲜稻草的显微照片，通过对比可以发现：粗泥层中所含纤维与新鲜稻草的微观形貌相一致，因此，推断粗泥层中所加有机纤维为麦草。

4. 地仗土样可溶盐分析

地仗粗泥层纤维显微镜

地仗粗泥层中纤维扫描电镜　　　　　　新鲜稻草扫描电镜

图8-2-55　纤维材料微观形貌比对

可溶盐是威胁壁画长期保存的重要因素，盐害的发生与发展会引起壁画酥碱、疱疹、脱落等各种病害。对壁画地仗中的可溶盐进行分析（如图8-2-56），可以掌握壁画地仗中可溶盐的类型与分布规律，已经发生盐害的地仗，可以提前进行脱盐处理，防治病害进一步恶化。

对现场获得的两个地仗及两个修复替代样品进行了可溶盐分析，结果显示：取自的壁画样品含盐量较低，均未超过0.4%，修复替代材料1个未超过0.6%，另一个则接近1%，几乎达到1%的可溶盐含量阈值。地仗可溶盐具体分析结果见表8-2-9。

表8-2-9　壁画地仗可溶盐分析结果

样品编号	各种离子的百分含量(%)							总盐量(%)
	Cl-	NO₃-	SO₄²-	Na+	K+	Mg²+	Ca²+	
JHD-CD-01	0.1618	0.0112	0.0594	0.1175	0.0067	0.0016	0.0109	0.3690
JHD-XD-01	0.0852	0.0092	0.0302	0.0490	0.0010	0.0017	0.0117	0.1879
XFTD-01	0.1202	0.2308	0.1007	0.0220	0.0183	0.0094	0.0834	0.5848
XFTD-02	0.1140	0.4074	0.2650	0.0234	0.0135	0.0134	0.1391	0.9758

5.结果与讨论

通过现场调查以及在实验室科学分析的基础上，主要得出如下结论：

（1）白色覆盖物为石灰。

（2）对地仗层开展的分析研究结果显示，壁画层位结构为：竹篾墙体—粗泥层—细泥层—白粉层—颜料层，其中粗泥层中加入稻草纤维，且稻草纤维的含量约为1.8%，壁画细泥层中未检出纤维成分。

（3）地仗颗粒分析结果表明，壁画地仗平均粒径约为18皮米和7.8微米不等。对取自当地的生土进行了颗粒分析，结果显示，当黏土平均粒径为22微米时，颗粒组成中沙土配比约为3∶7，建议后期修复时，对当地土进行适当改性再用于壁画修复。

（4）壁画的可溶盐调查分析结果显示，壁画地仗中可溶盐含量整体偏低，均未超过0.4%，低于1%的阈值，这表明可溶盐并不是导致壁画病害的主要原因，但可溶盐也存在于壁画表层和底部富集的现象，建议定期进行壁画盐害的调查与监测。

（5）修复替代材料可溶盐含量整体偏高，有的接近1%的阈值，建议修复替代材料在使用前先进性脱盐产后护理。

六、病害机理分析

（一）颜料层起甲、粉化、脱落病害

以往的研究表明，颜料层的各种病害是由以下原因造成的：

（1）胶结材料老化：在受环境条件（温湿度）影响下，胶结材料出现老化，造成黏结力下降，致使颜料层不稳定。这也有两种情况：其一是，颜料层内表层及深层的胶结材料老化程度不同，导致颜料层起甲病害；其二是，颜料层内胶结材料完全老化，胶结材料分子链完全断裂，导致了颜料层粉化，甚至是颗粒状脱落。

（2）盐害：可溶盐运移至颜料层后，其结晶、溶解的重复活动，致使颜料层结构受到伤害，造成了颜料层病害的产生。

（3）水害：载体中的水分、漏水和潮湿的环境造成的伤害，不仅有机物会分解变质，同时也会促使许多化学反应发生。

（4）附着力：地仗层制作太过光滑，致使颜料层附着力降低，导致了颜料层起甲病害。

（5）摩擦剐蹭：在壁画漫长的保存过程中，不当的除尘行为、人为活动造成的剐蹭等，都是造成病害产生的重要原因。

（6）在对壁画病害的调查中，还了解到一些关于壁画绘制工艺方法等方面的情况，这也都是诱发病害产生的原因。

（二）地仗层空鼓、裂缝、损伤脱落病害

地仗空鼓、脱落病害产生的原因有多种，其主要成因如下：

（1）震动：如地震、人为引发的微震动等。

（2）水：来自上部的降水（漏水）及降水导致的空气湿度等。

（3）附着力：受壁画地仗材料疏松造影响导致成地仗层内聚力降低，最终影响的地仗层的附着力。

（4）纤维老化：地仗层中的纤维材料老化、糟朽也影响了地仗层附着力。

（5）材料差异：载体与地仗层材质的差异影响了其相容性，特别是收缩率的不同，更是地仗层病害产生的主要原因。

（6）沉降：由于建筑体结构等原因，特别是不均匀沉降、变形，导致壁画发生病变。

（7）重力：重力也是造成地仗空鼓、脱落的主要原因。

（8）人为因素：在长期使用过程中，人为的修缮等干预行为。

（三）酥碱病害

酥碱对壁画的破坏机理主要是载体和地仗层中的易溶盐类在水分参与下发生溶解、迁移、沉淀、阳离子交换和重结晶作用，使地仗颗粒之间黏结力减弱，导致颜料层剥落，地仗层疏松、掉块或散落。总而言之，水分是壁画酥碱产生的最关键因素。调查显示，导致觉皇殿壁画酥碱的主要因素有：

（1）建筑体年久失修造成的破损，为降水下渗提供了通道，导致了地仗层中可溶盐的运移、结晶。

（2）降水导致的空气中的水汽，也可使壁画地仗表层中的无水。

（3）盐类发生水化作用。

（四）污染病害

污染是壁画保护中常见的一种病害，是指异物覆盖造成的画面损失，主要有浮尘、建筑材料、泥渍、生物、石灰层等污染，病害产生的原因也各不相同，如：

（1）浮尘：是由保存环境中的灰尘等漂浮颗粒物附着在壁画表面造成的。

（2）生物：是由长期寄居生活在壁画保存空间的昆虫、飞禽等动物排泄物造成的，如粪便、尿液、结丝、巢穴等。

（3）泥渍：多是建筑体漏水引发或以往修缮使用的建筑材料造成的。

（4）人为：多是长期使用过程中，燃烧的香烛烟气污染所致。

（五）划痕

划痕是指较坚硬的异物对壁画颜料、地仗、载体层的伤害现象，主要是由人为原因造成的，如修缮使用的建筑材料、工具无意间的磕碰，蓄意刮划破坏等，当然鸟类的爪痕也是重要的原因之一。

（六）不当历史加固

不当历史加固主要是指历次修缮加固等干预中不恰当的行为，如材料、工艺的差异性、稳定性、干预过度等现象，这主要受当时条件以及干预者的认识等方面限制。

（七）支撑体病害

调查显示，此次需要修复保护的梁枋画载体均为竹篾墙，且多为建筑修建时所设，由于长期处于高温高湿环境下，以及地仗层重力作用，大部分竹篾墙出现了糟朽、变形、位移、断裂等病害。同时，起固定作用的木橙也因建筑体变形而出现脱卯现象，还有木橙自身糟朽、虫蛀等老化现象，使木橙的原有作用损失殆尽，最终影响了竹篾墙的稳定。

第二节 保护技术研究

一、保护修复研究与原则

在对觉皇殿壁画原始制作材料进行实验室详细分析的基础上，结合目前壁画所用保护修复材料进行实验室修复试验，并初选出相对适宜的材料进行现场试验，最终筛选出适合的修复材料和修复工艺，为觉皇殿壁画的保护以及修复实施提供科学依据。

在修复过程中必须遵守《中华人民共和国文物保护法》《中华人民共和国文物保护法实施条例》《中国文物古迹保护准则》《文物保护工程管理办法》等法律、法规，坚持"保护为主，抢救第一"的文物工作方针，按照"不改变文物原状"和"最小介入最大兼容"的原则，依据病害的表现特征和严重程度等实际情况，选择适宜的保护程序，依病害轻重程度分步实施。

二、材料筛选实验

（一）酥碱病害修复材料

鉴于明教寺所处环境条件及觉皇殿各区域壁画的具体特征，经过分析研究及不同修复材料的性能比对，最终拟选出稳定性能较好的聚醋酸乙烯酯乳液、Primal AC33为酥碱病害修复加固材料。两种材料都具有无色无味、无毒无腐蚀、透明度高、兼容性好的特点，在适当比例下无眩光、透气性好、黏结强度适中，并具备可再修复的条件。

1. 备选材料及其基本特征

（1）聚醋酸乙烯乳液是以乙酸乙烯酯为主单体，水为分散介质，进行乳液聚合而得的高分子乳状液。聚醋酸乙烯乳液具有胶黏强度较高、固化速度较快、无毒安全、无环境污染等特点。其结构式为：

①聚醋酸乙烯乳液物理性质（如表8-2-10）：

表 8-2-10

项目	指标
软化点	38℃
溶解度	ketones，ethers and aromatic hydrocarbons: soluble
粒径范围	100~1000纳米
黏度	>5000兆帕
残留单体	<1%
灰分	<3%
玻璃化温度	大于28℃
最低成膜温度	15℃
介电常数(103Hz)	1.15
拉伸强度	34MPa
吸水性	2%~5%

聚醋酸乙烯乳液为乳白色黏稠液，无臭，无味，有韧性和塑性。软化点约为38℃。不能与脂肪和水互溶，可与乙醇、醋酸、丙酮、乙酸乙酯互溶。溶于芳烃、酮、醇、酯和三氯甲烷。黏着力强，耐稀酸、稀碱。在阳光及125℃温度下稳定。

②聚醋酸乙烯乳液化学性质（如表8-2-11）：

表 8-2-11

分子式	[CH3COOCH2CH]n
分子量	2万~20万
PH酸碱度	4~5

稳定性：可燃，燃烧（分解）产物有一氧化碳等，与硝酸盐、硝酸、硫酸等发生反应。遇浓碱和浓酸分解。由醋酸乙烯以自由基引发剂引发。可燃。加热分解释放刺激烟雾。加热到250℃以上分解出醋酸。

③材料说明：

此次试验用聚醋酸乙烯乳液为兰州永新化工厂生产"永新"牌白乳胶，1000g装，固含量38%。

（2）PrimalAC33

丙烯酸清漆属于丙烯酸类树脂，是丙烯酸、甲基丙烯酸及其衍生物聚合物的总称。丙烯酸树脂涂料就是以（甲基）丙烯酸酯、苯乙烯为主体，同其他丙烯酸酯共聚所得丙烯酸树脂制得的热塑性或热固性树脂涂料，或丙烯酸辐射涂料，具有良好的化学稳定性及耐热性、耐候性、防霉性及附着力，并具有较好的渗透性和憎水性。其结构式为：

$$\left[\begin{array}{c} \underset{\underset{CH_2}{|}}{\overset{\overset{O=C-OH}{|}}{CH}} \end{array}\right]_n$$

2. 材料备制

（1）聚醋酸乙烯乳液

聚醋酸乙烯乳液的稀释方法：在常温去离子水中，加入一定比例的聚醋酸乙烯乳液原液，搅拌均匀后即可得到稀释的胶溶液。此次所有配比均按质量比进行配置，去离子水+聚醋酸乙烯乳液（原液）。此次备制了三种比例的聚醋酸乙烯乳液，分别是0.25%、05.%、0.75%。

（2）PrimalAC33

PrimalAC33稀释方法：在常温去离子水中，加入一定比例的PrimalAC33乳液原液，搅拌均匀后即可得到稀释的胶溶液。此次所有配比均按质量比进行配置，去离子水+PrimalAC33（原液）。此次备制了三种比例分别是：0.25%、05.%、0.75%。

（3）实验样块制作

①渗透实验样块

将与壁画地仗相同组分的黏土制备成黏土粉，然后装入体积为65立方厘米的培养皿中，并挤压密实。

②酥碱实验样块

用与原地仗相同材质组分的黏土及纤维，再加入30%的去离子水和1.5%的NaCl，经过闷制后，将泥装入体积为65立方厘米的培养皿中（称重为湿重），干燥后用3%的明胶调制的蛤粉涂在泥块表面的一半（称重为干重），然后进行老化试验。具体为：将试块放入恒温恒湿箱中，设定相对湿度100%、温度25°，待试块重量达到湿原重后取出，再放入干燥箱中快速干燥。如此反复循环，直至试块表面变为酥软状态（多试块平均循环次数为36次），盐害层厚度达0.3~0.4厘米（如图8-2-57）。

黏土试块

酥碱试块

图8-2-56 试验样块基本状态

3. 材料实验

（1）渗透实验

①实验方法

使用两种材料不同比例的溶液滴在干粉土表面（在同一位置滴到不再渗透为止），干燥后用游标卡尺测量其渗透深度，以此检测其渗透性（如图8-2-58）。

图8-2-57　注射滴渗试验

②渗透实验（如表8-2-12）

表 8-2-12　修复加固材料实验结果

材料	浓度（%）	渗透深度（毫米）
水		7.15
聚醋酸乙烯乳液	0.25	7.13
	0.5	7.09
	0.75	6.77
PrimalAC33	0.25	7.07
	0.5	6.64
	0.75	5.97

③结果分析

由以上实验可以看出，各种浓度的聚醋酸乙烯乳液在粉土中渗透都较好，特别是0.25%及0.5%浓度的溶液，在黏土中渗透与水的渗透区别不大。0.75%的胶液，在黏土中渗透次之。

PrimalAC33各种浓度的渗透均较好，0.25%和0.5%的溶液最为理想，0.75%的次之。

通过对不同浓度胶液的渗透实验分析，我们发现随着浓度的递增，渗透性会出现递减，也就是说，浓度越低其渗透性越好。

（2）酥碱试块加固实验

①实验方法

将两种各种比例的材料滴渗在酥碱试块表面，待干燥至一定程度后用修复刀进行适度按压，完全干燥后进行各种性能测试（如图8-2-58）。

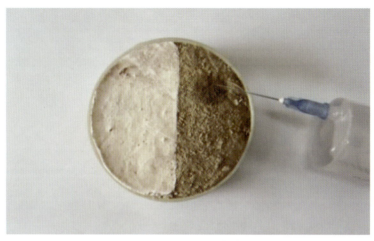

图8-2-58　酥碱试块滴渗加固

②具体实验

把经过盐害老化制得的试块分为三组每组三块，A-1、A-2和A-3用0.25%、0.5%、0.75%聚醋酸乙烯乳液加固三遍，用胶量20毫升。B-1、B-2和B-3用0.25%、0.5%、0.75%甲基纤维素加固三遍，用胶量20毫升。C-1、C-2和C-3用去离子水加固三遍，用水量20毫升。待上述三组加固的试块半干后，用垫有棉纸的木质修复刀对试块进行平整和致密性处理，干燥后待用。

（3）酥碱试块性能测试

①透气性测试

在一定的温度和湿度下，一定时间内通过一定体积样品蒸发水的量，透气性用g/cm3·h表示。把经过加固的试块放在内乘10毫升去离子水的塑料杯中，用蜡封闭，称重（初重），放入RH40%温度30℃的恒温恒湿箱中，七天后称重（终重）（如表8-2-13）。

表 8-2-13　透气性

加固材料	浓度（%）	透气性（g/cm3·h）
水		6.01×10^{-4}
聚醋酸乙烯乳液	0.25	6.04×10^{-4}
	0.5	6.19×10^{-4}
	0.75	6.73×10^{-4}
PrimalAC33	0.25	6.15×10^{-4}
	0.5	6.28×10^{-4}
	0.75	6.96×10^{-4}

②抗压强度（T-10万能材料实验机）

把经过加固的厚1.8厘米，直径8.5厘米的试块，垂直置于实验机上，每组三块进行抗压实验，测试样品承受最大荷载所需的力，抗压强度用N表示（如表8-2-14）。

表8-2-14　抗压强度

加固材料	浓度（%）	使用量（ml）	抗压（N）
未经老化的原始试块			386.8
水		20	302.8
未经加固的盐害试块			236.0
聚醋酸乙烯乳液	0.25	20	323.7
	0.5	20	352.4
	0.75	20	372.3
PrimalAC33	0.25	20	311.7
	0.5	20	333.9
	0.75	20	347.9

③色度测量

为了考察修复材料对盐害试块加固后颜料颜色的影响，用MinoltaCR-300色度色差仪对修复前后的模拟病害试块进行测定，测定条件为C光源，Lab色度空间，根据以下公式计算出修复前后试块的色度差（如表8-2-15）。

$$\Delta E=((L_{修复后}-L_{修复前})^2+(a_{修复后}-a_{修复前})^2+(b_{修复后}-b_{修复前})^2)^{1/2}$$

表8-2-15　色差测试数据表

样品编号	修复材料	L	a	b	/E
空白		92.29	-0.01	6.89	0.00
a-1加固前		92.13	0.01	6.87	1.86
a-1加固后	聚醋酸乙烯乳液	91.33	0.05	8.55	
a-2加固前		92.17	0.07	7.98	1.11

续表

样品编号	修复材料	L	a	b	/E
a-2加固后	聚醋酸乙烯乳液	91.64	0.07	8.94	
a-3加固前		92.19	0.06	7.05	1.94
a-3加固后	聚醋酸乙烯乳液	91.59	−0.02	8.89	
b-1加固前		93.36	0.03	6.18	2.06
b-1加固后	PrimalAC33	92.41	−0.05	8.00	
b-2加固前		92.47	0.08	7.39	1.52
b-2加固后	PrimalAC33	91.45	0.08	8.51	
b-3加固前		92.43	0.07	7.10	2.07
b-3加固后	PrimalAC33	91.63	0.08	9.01	
c-1加固前		90.96	0.08	7.11	0.83
c-1加固后	去离子水	90.66	0.09	7.89	
c-2加固前		91.70	0.12	7.66	1.96
c-2加固后	去离子水	90.80	0.16	9.40	
c-3加固前		92.15	0.09	7.02	0.20
c-3加固后	去离子水	92.25	0.06	7.19	

（4）分析结果总结

通过以上实验结果综合分析，两种材料的各种表现都比较好，但考虑到修复加固区域应与未干预地仗的强度相同或相近，以便于文物的长期保存，建议使用0.25%浓度的聚醋酸乙烯乳液对酥碱病害进行修复加固。

（二）颜料层病害修复材料

颜料层病害主要有起甲、粉化、脱落等，为了遵循材料的相容性的原则，修复材料拟采用传统绘画材料明胶以及被广泛应用且性能稳定的聚醋酸乙烯乳液、PrimalAC33，对胶结材料老化、失效的颜料层进行加固补强。

1.备选材料及其基本特征

（1）明胶

明胶是以动物的骨、皮、肌腱及其他结缔组织中提取的胶原蛋白精制而成，是一种多肽天然有机高分子化合物，也是中国传统古代壁画绘制的一种常用胶结材料（如表8-2-16）。

表8-2-16 明胶的技术指标

项目	外观	水分（10.5）%	灰分	pH酸碱度	黏度mpa.s(12.5%60℃)
指标	淡黄色细颗粒或薄片	≤12	≤2.5	6.5~7.0	≥6.0

①明胶的一些特性：

A. 酸碱性：明胶分子中的氨基是碱性，而羧基是酸性，因此明胶即能与酸反应，又能与碱反应，是一个两性化合物。

B. 稳定性：明胶颗粒周围的水化膜（水化层）以及处于非等电状态时，明胶颗粒所带的同性电荷的互相排斥，是明胶的胶体系统稳定的主要因素。

C. 盐析：高浓度中性盐可使明胶的多肽分子脱水并中和其所带电荷，从而降低明胶的溶解度并沉淀析出，即盐析，但这种作用并不引起明胶的变性，是可逆的物理变化。

注：此次实验所用明胶为宜兴市辉煌化学试剂厂生产的"辉煌牌"试剂级明胶（动物胶）分析纯AR。

（2）聚醋酸乙烯乳液

已在酥碱病害修复材料中做详细介绍，在此不再赘述。

（3）PrimalAC33乳液

已在酥碱病害修复材料中做详细介绍，在此不再赘述。

2. 材料备制

按照相同类型壁画修复的成功经验，以及觉皇殿壁画的实际情况，修复材料的配比拟定为：明胶为0.5%、0.75%、1%三种，聚醋酸乙烯乳液、PrimalAC33为0.5%、1%、1.5%三种。

（1）明胶

明胶的溶解方法：先按照所需浓度的质量将胶浸泡在当量的常温无离子水中，待吸水鼓胀后，再用水浴锅加热溶解，溶胶温度控制在50~60℃。

（2）聚醋酸乙烯乳液和PrimalAC33

聚醋酸乙烯乳液和PrimalAC33的制备方法：在常温去离子水中，加入一定比例的聚醋酸乙烯乳液和PrimalAC33原液，搅拌均匀后即可得到稀释的胶溶液。此次所有配比均按原液进行配置，去离子水+白乳胶或PrimalAC33，材料比例分别是：0.5%、1%、1.5%。

3. 试块制作

试块材料材质、组分等条件与酥碱试块相同，只是不添加NaCl，再加入30%的去离子水和制成泥并装入体积为65厘米³的培养皿中。颜料层绘制和老化试验条件相同，直至试块表面出现起甲、粉化、脱落等颜料层病害。

4. 试块加固实验

把经过老化制得的试块分成3组，每组三块，然后使用各种浓度的修复材料进行加固实验。待加固的试块干燥至85%时，用修复刀垫棉纸对试块上颜料层进行适度按压，使颜料层起翘部位回位并使颜料层相对密实。具体实验效果参见表8-2-17。

表8-2-17 模拟试块修复加固统计表

编号	材料	浓度（%）	一次渗透	二次渗透	修复效果评估
1	明胶	0.25	好	好	渗透好，加固效果不好，无眩光，无变色
2	明胶	0.5	好	较好	渗透较好，加固效果好，无眩光，无变色
3	明胶	0.75	较好	不好	渗透不好，仅表层效果好，有轻眩光，无变色
4	聚醋酸乙烯乳液	0.5	好	好	渗透好，加固效果较好。无眩光，无变色
5	聚醋酸乙烯乳液	1	好	好	渗透好，加固效果好，无眩光，无变色
6	聚醋酸乙烯乳液	1.5	好	较好	渗透较好，加固效果好，有轻眩光，无变色
7	Primal AC33	0.5	好	较好	渗透好，加固效果较好，无眩光，无变色
8	Primal AC33	1	好	不好	渗透较好，加固效果好，有眩光，轻变色
9	Primal AC33	1.5	较好	不好	渗透不好，仅表层效果好，有眩光，有变色

图8-2-59 1%聚醋酸乙烯乳液修复实验前后对比

5. 实验结论

通过对模拟试块颜料层病害的修复实验，三种不同浓度的材料对颜料层起甲、粉化加固效果也不尽相同。

（1）在实验过程中发现，明胶粘接效果较聚醋酸乙烯乳液及PrimalAC33粘接效果略差，无色泽变化。具体表现为：0.25%浓度时渗透效果好，但回贴后的颜料层出现回起现象，浓度0.5%时渗透及加固效果都比较好，0.75%浓度时二次渗透效果不好，仅加固了颜料层表面，且表面有轻度眩光。

（2）聚醋酸乙烯乳液各种比例的加固效果具体如下：0.5%浓度时渗透效果好，修复加固效果好。浓度1%时渗透及加固效果都比较好，1.5%浓度时二次渗透效果略差，且表面有轻度眩光，修复后色泽无变化。

（3）PrimalAC33各种浓度的具体表现为：0.5%浓度时渗透性及加固效果均好，颜料层无色泽变化现象。浓度1%时二次渗透效果较好，表面有轻度眩光，颜料层有轻微色差变化。浓度1.5%时再次渗透性较差，颜料层表面有较明显的眩光及色差变化。

综上所述，建议后期颜料层病害现场修复加固实验，可选用0.5%、0.75%的明胶或浓度为0.5%、1%的聚醋酸乙烯乳液。

（三）地仗修补材料

传统壁画地仗一般是由黏土、沙以及少量的植物纤维（麦草、麻、棉花）等材料制作完成，觉皇殿壁画也不例外，也是由稻草泥为粗泥层，所以觉皇殿壁画地仗修复材料也是根据其地仗分析结果，并和附近取得的黏土样品进行比对，选择组分最为接近的为修复材料。然后再按照分析结果掺入相同比例的纤维，用去离子水和泥。

觉皇殿壁画地仗修复材料具体如下：当地黏土样品（XFTD-02）为主，再掺入约为25%的沙，稻草含量为总质量的1.8%（粗泥层）；表层地仗因未检测出纤维材料，使用修复替代材料仅为黏土加沙。

（四）空鼓灌浆材料筛选实验

1. 筛选原则及方法

针对泥质壁画空鼓的具体特征，在对灌浆材料进行筛选时遵循了透气性好、收缩率小、强度适中、流动性好、最小介入和最大兼容的原则。

（1）材料成分

因觉皇殿壁画空鼓病害修复设计仅为表层地仗，所以选择灌浆材料也是以细泥层地仗材质为准，但材料的颗粒度应控制在300~75皮米，以便于材料的流动性。

（2）材料备制

①脱盐处理

首先用去离子水对灌浆原材料进行清洗，将材料内所含的可溶盐清除，以防修复材料带入的可溶盐对壁画造成新的伤害。

②浆液配置

准确称取各组分的样品，充分混合后加入定量的去离子水，去离子水量控制在浆液进入流态为易，用搅拌器搅拌均匀。为了此次实验数据更加全面、科学，我们配制了多种不同水灰比浆液材料。具体如下：0.45:1、0.50:1、0.55:1、0.60:1、0.65:1、0.70:1、0.75:1。

③灌浆材料性能测试

A. 测试项目及方法

a. 干燥时间

在一定相对湿度和温度下灌浆材料达到恒定重量所需要的时间。把样品装入体积为66.31厘米^{3}的玻璃皿中称重（初重），然后放入相对湿度RH40%温度30℃的恒温恒湿箱中，每天称重两次，直至恒重。

b. 析水性

定量灌浆材料中水分析出的范围和速度。取5毫升样品装入注射器中，挤到已绘好不同直径的圆心纸上，记录水分达到的时间。

c. 透气性

在一定的相对湿度和温度下，一定时间内穿过一定体积样品的去离子水的量，透气性用g/ cm3-h表示。把体积为65厘米^{3}的样品放在内乘10毫升去离子水的塑料杯口，用蜡封闭，称重（初重），放入相对湿度RH40%温度30℃的恒温恒湿箱中，七天后称重。

d. 线性收缩率

干燥前后样品直径的变化（Di-D2）/DiX100Di=玻璃皿直径（8.126厘米）D2=干燥后样品直径，线性收缩率用%表示。

e. 含水率

样品干燥前后重量变化（M1-M2）/M1X100，M1为样品初重，M2为样品终重，含水率用%表示。

f. 比重

单位体积灌浆材料的重量用g/ml表示。

g. 抗折（T-10万能材料实验机）

把样品制成5X5X15cm的长方体，进行抗折实验，样品出现第一条裂纹所需的力。抗折强度用MPa表示。

h. 单轴抗压强度（T-10万能材料实验机）

把样品制成5厘米×5厘米×5厘米的方体，进行抗压实验，样品承受最大荷载所需的力。抗压强度用MPa表示。

i. 黏结力

用注射器将40毫升制备好的材料注射到8厘米×8厘米的模拟地仗试块表面，再将其粘贴到载体上，干燥后进行拉拔实验。计算试块从载体上拉开时，单位面积上的所需拉力为黏结力（用N表示）。

B. 测试标准

a. 析水性

水分到达第一圈或第一圈以内的为差，到达第二圈为优，到达第三圈为良，到达第四圈为差。

b. 干燥时间

干燥时间在24~52小时为优，在53~96小时为良，在97小时以上为差。

c. 线性收缩率

线性收缩率在0.20%~2.29%为优，在2.29%~6.14%为良，在6.14%~6.10%为差。

d. 透气性

透气性在6.03X10-4~7.20X10-4为优，在6.59X10-4~6.02
X10-4为良，在3.74X10-4~6.58X10-4为差。

e. 单轴抗压

单轴抗压在0.386~1.193MPa为优，大于或小于此范围为差。

f. 抗折

抗折在0.297~0.468MPa为优，大于或小于此范围为差。

g. 黏结力

黏结力在60~98N为优，大于或小于此范围为差。

通过以上各种方法的测试，取得了材料的不同水灰比的性能表现，将明显不具备条件的结果去除，其他测试结果参见表8-2-18。

表8-2-18　灌浆材料性能测试统计表

试样编号	水灰比（质量比）	析水性			干燥时间（小时）	收缩率（%）	透气性（克/立方厘米^3·小时）	黏结力（N）
		第一圈用时（5厘米）	第一圈用时（6.4厘米）	第一圈用时（7.7厘米）				
2#	1：0.50	3分59秒	—	—	17.5	1.13	6.43×10^{-4}	69
3#	1：0.55	1分25秒	2分33秒	3分49秒	23	1.30	6.58×10^{-4}	71
4#	1：0.60	1分09秒	1分56秒	2分50秒	29	1.89	6.09×10^{-4}	79
5#	1：0.65	40秒	1分08秒	2分39秒	37	2.19	7.14×10^{-4}	87
6#	1：0.70	37秒	59秒	1分31秒	48	3.71	7.73×10^{-4}	81

h. 老化实验

再用上述五种材料分别制作三块试块，一块加1.5%的Nacl，两块不加。再将有盐和无盐各一块进行实验。将试块放入恒温恒湿箱中，设定相对湿度100%、温度25°，待试块重量达到原重后取出，再放入干燥箱中快速干燥。如此反复循环，并详细观察记录试块老化情况，结果参见表8-2-19~表8-2-23。

表8-2-19　2#分试块老化实验表

循环次数	加盐试块变化情况	无盐试块变化情况
2		表面出现裂纹
3		表层周边翘起
5	表面疱疹产生	表层鱼鳞状龟裂
6		表层周边翘起严重
8		表层鱼鳞状龟裂严重
15	表面酥碱，疱疹逐渐扩大	表层周边局部脱落
25	表面裂纹产生	
36	表面裂纹增大，周边局部坍塌	

表8-2-20　3#分试块老化实验表

循环次数	加盐试块变化情况	无盐试块变化情况
2		表面裂纹产生
3		试块周边翘起
7		表层有鱼鳞状龟裂
8	表面疱疹产生	
10	表面酥碱	表层有鱼鳞状龟裂翘起
20	表面裂纹产生	
25	表面裂纹增大.	
38		龟裂翘起严重，大部分已壳状脱离

表8-2-21　4#分试块老化实验表

循环次数	加盐试块变化情况	无盐试块变化情况
1		表面有细小裂纹产生
2		表面有裂纹增大
8	表面疱疹产生	
15		周边有细小裂缝
17		周边裂缝增大
18		表面有鱼鳞状龟裂
21		表面有龟裂处轻微翘起
24		周边裂缝轻微翘起
25	表面轻微酥碱	
28		表面龟裂严重
32		周边翘起约0.5厘米
36		周边翘起约1厘米

表8-2-22　5#试块老化实验表

循环次数	加盐试块变化情况	无盐试块变化情况
7		周边小裂缝产生
28		周边轻微翘起
29	表面轻微酥碱	
32		周边翘起
36		周边翘起约1厘米，表面裂纹产生

表8-2-23　6#试块老化实验表

循环次数	加盐试块变化情况	无盐试块变化情况
9		周边小裂缝产生
29		周边轻微翘起
31	表面轻微酥碱	
34		周边翘起
36		周边翘起约1厘米，表面裂纹产生

④灌浆试验小结

根据灌浆材料的筛选基本原则和性能要求，并通过以上试验比对，4#灌浆材料能够满足透气性好、收缩率小、强度适中、流动性好、最小介入和最大兼容等条件。其主要试验指标为：水灰比0.60∶1，析水性优良，线性收缩率1.89%，透气性良好，黏接力79N。特别是29小时的干燥时间，有效地降低了灌浆材料中的水激活地仗内可溶盐的风险。所以，建议现场灌浆试验和保护修复实施时，采用4#灌浆材料组分配比和合理的灌浆加固工艺进行保护修复。

2. 吸水脱盐材料实验

（1）实验材料

现在壁画修复施工中常用的吸水材料主要有：纯木浆与无纺布交织在一起制作成的高吸水性材料KC—X60、KC—X70、生宣纸等。鉴于前期研究分析结果，觉皇殿壁画地仗含盐量并不高，因此，吸水脱盐材料或工艺只是让修复加固区快速干燥。

（2）脱盐板制作

①将0.5厘米厚的胶合板切割成40厘米×40厘米（可按照实际尺寸分割）的方板，然后用0.5厘米的钻头开设圆孔，孔距3厘米~5厘米。

②同样，将KC—X60或KC—X70、棉毯（画毡）也裁剪成40厘米×40厘米小块；生宣纸裁剪成45厘米×40厘米小块。

 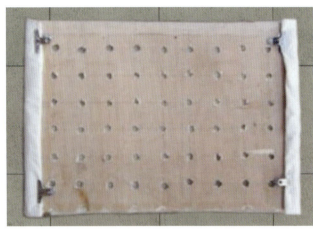

图8-2-60 制作好的脱盐板（正面、背面）

③将上述吸水材料按照脱盐板设计的顺序叠放在一起，制成吸水脱盐板，具体顺序为：胶合板+棉毯（画毡）+生宣纸+KC—X60或KC—X70，请参见图8-2-60。

（3）实验方法

①将规格为50厘米×50厘米的细棉毯平铺于桌面并均匀喷湿。

②对备制的脱盐板进行称重（干重）；将脱盐板覆置于喷湿的细棉毯之上，加盖塑料盖板（无吸水能力）并加重物施压，记录实验开始的时间。

③每间隔15分钟称量脱盐板的重量，直至其质量不再增加为止。

④吸水能力评估方法：

$$吸水量 = 吸水平衡后重量 - 吸水前重量$$

$$吸水速率（g/h） = \frac{吸水平衡后最大量 - 吸水前重量}{吸水平衡后总时间}$$

⑤具体实验数据请参阅实验数据统计表8-2-24。

表8-2-24 吸水脱盐材料实验数据统计表

序号	吸水脱盐材料	吸水量（%）	吸水率（克/小时）
1	KC-X60X2+生宣纸+画毡	262.22	10.96

（4）实验结果分析

实验数据显示，设计的吸水脱盐板组合吸水量达到200%以上，完全能够满足工作需要，但以往相同类型壁画修复经验及研究结果显示，脱盐材料的吸水量应尽量大，但吸水率一定要适中，否则过高的吸水率会加速灌浆材料内的水分流失，这种方法虽然降低了诱发盐害的风险，但也导致灌入的加固材料的快速失水，从而影响了灌浆材料的黏结加固强度。所以，实际工作中应按照实际需求调整吸水脱盐板的使用时间，依次控制吸水率。

三、修复现场实验

使用前期试验筛选的各种病害修复材料，选取觉皇殿壁画中具有代表性的不同病害进行现场修复实验，最终筛选出适宜的修复材料及工艺。

（一）酥碱病害修复实验

1. 材料备制

此次现场实验材料为前期实验筛选的聚醋酸乙烯乳液，浓度为0.25%。备制方法与前期实验方法相同，在此不再赘述。

2. 实验工艺设计

（1）异物清理

使用软毛笔等工具对病害部位表面的异物进行适度清理，再用吸耳球将附着的细小浮尘等进行深度清理。

（2）滴渗黏结剂

用注射器将配制好的修复材料注射到病害部位，注射滴渗次数要根据病害的严重程度决定，一般两至三遍即可。

（3）滚压

待黏结材料的水分被地仗吸收并干燥到一定程度时，用垫有棉纸的修复刀具或棉球进行适度挤压，使受盐害影响变得疏松的地仗相对密实，同时确保修复加固部位的表面原始肌理。

（4）脱盐

将吸水脱盐板（KC—X60X2+生宣纸+画毡）贴敷在加固区域进行脱盐处理，利用脱盐材料吸水的作用将加固材料激活的可溶盐吸附在脱盐材料上，达到清除或降低地仗内有害盐含量的目的，并通过更换吸水材料的方法，进行多次脱盐处理。

图8-2-61　酥碱壁画修复实验区域（黄色标示）

图8-2-62　异物清理

图8-2-63　深度清理

图8-2-64　滴渗加固材料

图8-2-65　压实处理

图8-2-66　酥碱病害修复加固前后对比

3. 实验

　　酥碱病害是壁画病害中最为严重的一种，其破坏性极强，可导致壁画完全损失。觉皇殿壁画酥碱病害较严重区域均出现在各壁画的上部，都是由可溶盐在水（建筑漏水）的作用下产生的。此次实验区域选择在西次间大佛背屏上方梁枋画北向面右下角处（如图8-2-61~图8-2-66）。

4. 脱盐效果评估

脱盐效果的评估方法是对三次脱盐纸张进行淋洗，然后测定每次所析出盐分的种类及数量，以此来评估脱盐工艺及效果，具体请参见表8-2-25。

表8-2-25　脱盐种类及数量统计表

脱盐次数	各种离子的百分含量（%）							盐量变化
	Cl^-	NO_3^-	SO_4^{2-}	Na^+	K^+	Mg^{2+}	Ca^{2+}	
一次	0.0042	0.0009	0.0019	0.0071	0.0062	0.0007	0.0011	0.0221
二次	0.1179	0.0737	0.0731	0.1172	0.0949	0.0591	0.0981	0.6340
三次	0.0319	0.0057	0.0078	0.0761	0.0917	0.0028	0.0057	0.2217
合计	0.154	0.0803	0.0828	0.2004	0.1928	0.0626	0.1049	0.8778

通过以上统计表可以看出，三次脱盐都有部分物质析出，总量达到0.8778，且从分析数据看，三次的总析出都有所不同，特别是第二次析出量明显大于其他两次，由此说明脱盐效果明显，脱盐实施应控制在三次以内为宜。

5. 实验小结

通过上述酥碱病害的现场修复实验可以看出，所制定的修复工艺和选定的修复材料及浓度适当，修复效果明显，达到了修复实验目的，所以酥碱病害修复工艺应采用：①异物清理；②滴渗加固；③压实处理；④脱盐。修复加固材料应采用0.25%聚醋酸乙烯乳液，可根据实际情况适当增减材料浓度。

（二）起甲病害实验

调查显示，觉皇殿部分壁画起甲非常严重，并且起甲病害面积较大。病害壁画表面灰尘覆盖严重，并有蛛网结于壁画表面，部分颜料层因起甲严重致使画面中有多处颜料层脱落。为了更好地筛选出最合适的修复材料，选取不同材料进行实验。

1. 材料备制

此次现场实验材料为前期实验筛选的明胶和聚醋酸乙烯乳液，浓度分别为：明胶0.5%、0.75%，聚醋酸乙烯乳液0.5%、1%。备制方法与前期实验方法相同，在此不再累述。

2. 实验区域

鉴于实验的科学性及可比性，其基本要素要尽量相同，所以实验区应选择在同一幅画面上进行，这样就能最大程度地保证地仗层、颜料层、胶结材料的比例等要素的相近性。为此，此次实验区域选

图8-2-67　起甲病害修复实验区（黄色为明胶、红色为聚醋酸乙烯乳液）

择在了观音殿前室南壁门西侧画面上。黄色标示区域为明胶实验区，红色区域为聚醋酸乙烯乳液实验区（如图8-2-67）。

3. 起甲病害修复实验工艺

（1）除尘

为了不影响起甲病害的黏结效果以及污染壁画表面，要对壁画病害部位进行清尘处理。用吸耳球、软毛笔清理颜料翘起处背后和壁画表面的尘土和异物。

（2）注射黏结剂

用注射器将配制好的修复材料，注射滴渗到起甲壁画背部，注射滴渗次数要根据颜料的起甲的严重程度决定，一般两至三遍即可。

（3）颜料层回贴

注射加固后，待黏结材料的水分被地仗吸收并干燥到一定程度时，用垫有棉纸的修复刀压平裂口处，使裂缝闭合，再按压其他部位，使起甲翘起的部位表面平整。

（4）滚压

颜料层回贴到原位置后，用纺绸包裹药棉制成的棉球滚压，滚压的方向应从颜料层未裂口处向开裂处轻轻滚压，这样能将起甲内的空气排出，不会产生气泡，另一方面，壁画表面也不会被压出皱褶。

图8-2-68　起甲病害修复前异物清理

图8-2-69 注射黏结材料

图8-2-70 颜料层归位与压实处理

图8-2-71 颜料层起甲病害修复前后对比

4. 修复实验（如图8-2-68~图8-2-71）

5. 实验小结

通过起甲壁画的现场修复实验，使起甲颜料层与地仗层重新黏结在一起，达到修复实验目的。在起甲病害实验过程中发现，明胶粘接效果较聚醋酸乙烯乳液粘接效果略差，且有回起现象。聚醋酸乙烯乳液修复后色泽无变化，渗透、黏结效果好。

鉴于实验结果，在保护修复实施时，应使用0.5%~1%有聚醋酸乙烯乳液对起甲壁画进行修复。

（三）浮尘污染病害实验

觉皇殿壁画浮尘污染较为严重，有的甚至无法辨识壁画内容。此次实验选择的是扇面墙北向面上部浮尘覆盖较为严重的区域（如图8-2-72)。

图8-2-72 浮尘污染病害修复实验区

1. 浮尘病害修复实验工艺

（1）一次除尘

首先使用毛质较为坚硬的毛笔（油画笔）清理壁画表面的尘土和异物。

（2）二次除尘

为了防止清理时造成壁画颜料层的损伤，二次除尘时更换毛质松软的毛刷（化妆刷）清理靠近壁画颜料层的尘土。

（3）三次除尘

经过前两次的清理，壁画表面的浮尘基本被清理，然后使用洗耳球将吸附在表面颜料层颗粒之间的细小尘土清理干净。

图8-2-73 浮尘及异物清理

图8-2-74 浮尘污染清理前后对比

（4）贴敷除尘

通过前面的清理仍未彻底的，可用贴敷吸水纸张的方法进行深度除尘。具体方法是：用修复笔的水汽将吸水材料（如生宣纸等）打湿，然后贴敷在需要清理的部位，等干燥后将其取出，一般两次即可。

2. 修复实验（如图8-2-73~图8-2-74）

3. 实验小结

通过浮尘污染壁画的现场修复实验，表面浮尘清理效果明显，达到了修复实验的目的。当然有些区域还是有部分尘土清理不彻底，可使用贴敷吸水纸吸附的方法进行处理。

图8-2-75 颜料层粉化病害修复实验区

（四）颜料层粉化脱落病害修复实验

经调查，觉皇殿壁画存在不同程度的壁画颜料层粉化、脱落病害。此次实验区选择在西次间佛像背屏上部梁枋画左下角处（如图8-2-75）。

1. 材料备制

此次现场实验材料为前期实验筛选的聚醋酸乙烯乳液，浓度为0.5%。备制方法与前期试验方法相同，在此不再赘述。

2. 粉化脱落病害修复实验工艺

图8-2-76　异物清理

图8-2-77　渗透加固

图8-2-78　归位回贴

图8-2-79　修复后

颜料层、白粉层粉化脱落病害的修复材料、工艺、步骤都和起甲病害修复相同，在此不再赘述。如：除尘；滴渗胶结材料；颜料层回贴；滚压等。

3. 修复实验（图8-2-76~图8-2-79）

4. 实验小结

通过颜料层粉化、脱落病害的现场修复实验，颜料层稳固、层理清晰、效果良好，达到了修复实验目的，修复材料和工艺可用于觉皇殿壁画颜料层脱落病害的修复。

图8-2-80　石灰层覆盖污染病害修复实验区

（五）石灰涂刷覆盖污染病害实验

觉皇殿壁画表面存在多处石灰涂刷覆盖现象，主要是由后期人为涂刷白石灰所致，被污染覆盖的壁画内容几乎无法看到，且质地坚硬不易去除（如图8-2-80）。

1. 修复材料

石灰覆盖污染病害主要采用物理方法去除，遇到较为坚硬的部位可用去离子水进行软化后再剔除。

2. 修复实验工艺

（1）除尘

首先使用毛质较为坚硬的毛笔（油画笔）清理壁画表面的浮尘和黏结较为疏松的表层异物。

（2）剔除异物

使用修复刀具逐层剔除污染物，并用软毛刷进行清理。

（3）对下层靠近壁画颜料层且较为坚硬的区域，可使用去离子水进行软化后再进行剔除，干燥后再使用洗耳球进行清理。

图8-2-81　毛刷清理

图8-2-82　刀具清理

图8-2-83　潮润处理

图8-2-84　修复后

（4）对部分清理不彻底的区域可用贴敷的方法清理。

3. 修复实验（如图8-2-81~图8-2-84）

4. 实验小结

通过现场修复实验，壁画表面覆盖的石灰覆盖污染物基本被清理干净，无明显痕迹，达到了修复实验目的。

图8-2-85　泥渍污染病害修复实验区

（六）泥渍覆盖污染病害修复实验

泥渍覆盖污染病害是一种常见的现象，大多是历次的修缮工作所致，觉皇殿壁画也不例外。泥渍污染物覆盖力较强，致使被遮挡的壁画形象无法辨识，从而影响了壁画的观展。特别是觉皇殿壁画更是由于地仗及颜料层病害的特殊性。此次实验区选择在西次间佛像背屏上方梁枋画左侧上部（如图8-2-85）。

1. 修复材料

泥渍污染也属建筑材料污染病害的一类，清理方法主要采用物理法去除，较为坚硬的部位可用去离子水进行软化后再剔除。

2. 修复实验工艺

（1）除尘

首先使用毛质较为坚硬的毛刷（油画笔）清理泥渍表面较为疏松的表层。

（2）剔除异物

使用修复刀具逐层剔除污染物，并用软毛刷进行清理。

图8-2-86　硬毛刷清理　　　　　　　　　　　图8-2-87　修复刀具清理

图8-2-88　去离子水软化清理

图8-2-89　泥渍病害修复后

（3）对下层靠近壁画颜料层且较为坚硬的区域，可使用去离子水进行软化后再进行剔除，干燥后再使用洗耳球做深度清理。

（4）对部分清理不彻底的区域可用贴敷的方法清理。

3.修复实验（如图8-2-86~图8-2-89）

4.实验小结

通过现场修复实验，壁画表面覆盖的泥渍污染物基本被清理干净，无明显痕迹，达到了修复实验目的。在实际修复工作时可能有的部位清理不彻底，可使用贴敷吸水纸的方法进行进一步处理。

图8-2-90　裂隙病害修复试验区

（七）裂缝病害实验

裂缝是壁画载体、地仗变形或位移造成的，同时多是空鼓病害的伴生病害，有可能导致壁画脱落受损。觉皇殿壁画受其建筑和载体的影响存在多处裂缝病害。此次实验区域选择在西次间扇面墙北向面上部左中间位置（如图8-2-90）。

1.材料备制

裂隙修复所需材料主要有地仗修补材料和地仗加固材料。地仗修复材料与原地仗材质、组分相同。地仗加固补强材料为0.25%聚醋酸乙烯乳液。

2. 裂缝病害修复实验工艺

（1）除尘

使用吸耳球、软毛笔清理裂缝内部异物或脱落的地仗碎块。

（2）滴渗黏结剂

用注射器将配制好的修复材料注射到病害部位，注射滴渗次数要根据病害的严重程度以及地仗的实际情况决定，一般两至三遍即可。

（3）填充

图8-2-91　清理异物

图8-2-92　深度清理

图8-2-93　加固补强

图8-2-94　填补修复

待黏结材料的水分被地仗吸收到一定程度时，用与各层地仗相同组分的材料将裂缝填充密实。

（4）表面处理

将填充层表面处理的与周边地仗表层肌理效果相协调一致。

3. 修复实验（图8-2-91~图8-2-94）

4. 实验小结

通过现场修复实验，填充材料与原地仗黏结牢固，色调、表面效果与原地仗协调统一，达到了修复实验目的。

（八）地仗损伤、划痕、孔穴病害实验

地仗破损病害是自然损伤和人为机械损伤所致，不但影响画面的整体性，同时也导致壁画进一步受损。此类病害包括地仗脱落、划痕、孔穴等。调查显示，觉皇殿壁画中该类病害存在多处，大部分病害是由地仗脱落，也有历次修缮过程中人为所致。此次实验区域选择在西次间扇面墙北向面上部右侧中间部位（如图8-2-95）。

图8-2-95　地仗损伤病害修复实验区示意图

1. 材料备制

地仗脱落修复所需材料与上述裂隙修复材料相同，在此不再赘述。

2. 地仗脱落病害修复实验工艺

（1）除尘

使用吸耳球、软毛笔清理地仗破损处的异物或脱落的地仗碎块。

（2）滴渗黏结剂

用注射器将配制好的修复材料注射到病害部位，注射滴渗次数要根据病害的严重程度以及地仗的实际情况决定，一般两至三遍即可。

图8-2-96　清理异物　　　　　　　　　　图8-2-97　深度清理

图8-2-98　滴渗加固补强材料

图8-2-99　填补地仗补充材料

图8-2-100　地仗损伤病害修复后

（3）填充

待黏结材料的水分被地仗吸收到一定程度时，用与各层地仗相同组分的材料将破损处填充密实。

（4）表层处理

填充面处理与周边地仗表面效果相同。地仗缺损严重的可进行多次填补，以防加固层与原地仗结合不够牢固。

3.修复实验（如图8-2-96~图8-2-100）

4.实验小结

通过现场修复实验，填充材料与原地仗黏结牢固，色调、表面效果与原地仗协调统一，达到了修复实验目的。

（九）生物结丝修复实验

觉皇殿壁画中存在较多的生物结丝现象，几乎每个壁画单元都有。这种结丝在相对大的对流空气作用下，会对其附着的不稳定的颜料层以及地仗层造成很大的伤害，所以应及时清理为宜。此次实验区域选择在西次间佛像背屏上部梁枋画右上部（如图8-2-101）。

图8-2-101　生物结丝污染病害修复实验区

图8-2-102　生物结丝病害现状

图8-2-103　结丝清理

图8-2-104　软化补强

图8-2-105　修复后现状

1. 生物结丝修复实验工艺

（1）清理

使用修复刀具或软毛笔将生物结丝逐步剥离。

（2）除尘

再使用吸耳球、软毛笔清理残留结丝和浮尘。

（3）加固

使用注射器将配制好的地仗加固材料注射到病害部位，注射滴渗次数要根据病害的严重程度而定，一般两至三遍即可。

（4）压实处理

使用修复刀具衬垫棉纸后进行压实处理，表面肌理与相邻的地仗保持一致。

2. 修复实验（如图8-2-102~图8-2-105）

3. 实验小结

通过现场修复实验，生物结丝被清理的比较彻底，同时其覆盖区域地仗加固效果良好，色调、表面与周边原地仗协调统一，达到了修复实验目的。

（十）历史加固修复实验

历史加固是不同时期对壁画修缮的历史痕迹，因受条件、工具、材料以及专业认识等条件限制，致使干预效果不太理想。同时，有些历史加固区域已出现失稳等现象，并不能起到加固壁画的作用。特别是有的加固层甚至覆盖了临近的壁画。因此，需对已失稳和影响壁画安全及展示的历史遗存进行调整和修复。此次实验区域选择在东次间梁枋画南向面左侧画格右下角部位（如图8-2-106）。

1. 修复材料

不当的历史加固也属泥渍污染病害的一种，清理方法主要采用物理法去除，较为坚硬的部位可用去离子水进行软化后再剔除。

2. 修复实验工艺

（1）剔除

使用修复刀具清理失稳的历史加固层和覆盖壁画的区域。

（2）清理异物

使用软毛刷或洗耳球对清理的创面进行深度清理。对清理不彻底的区域可用贴敷的方法进行清理。

（3）滴渗黏结剂

用注射器将配制好的修复材料对清理后暴露的不稳定区域进行加固，注射滴渗次数要根据病害的严重程度以及地仗的实际情况决定，一般两至三遍即可。

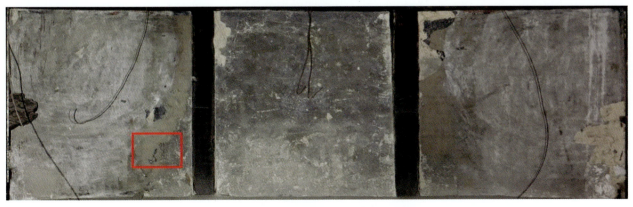

图8-2-106　历史加固痕迹修复实验区

（4）填充

对需要填补修复的区域，待加固补强干燥到一定程度时，用与地仗相同组分的材料修补填充受损地仗，填充面处理的与周边地仗表面效果相同。

3. 修复实验（如图8-2-107~图8-2-111）

图8-2-107　历史加固痕迹

图8-2-108　修复刀具清理

图8-2-109　清理创面

图8-2-110　去离子水清理

图8-2-111　历史加固修复后

4. 实验小结

通过现场修复实验，覆盖在壁画表面的不当历史加固材料基本被清理干净，无明显痕迹，达到了修复实验目的。在修复实施时可使用贴敷吸水纸的方法作进一步处理。

（十一）地仗空鼓加固修复实验

鉴于灌浆加固工艺处理地仗空鼓病害的成熟技术，以及与觉皇殿壁画相同条件的壁画保护中的大量成功应用和严格的前期室内实验数据支持，同时考虑到实验工艺及周期的因素，故未对空鼓病害进行现场实验。

（十二）支撑体修复加固

地仗支撑体的糟朽、断裂、变形是引起地仗层病变的根本，所以要进行针对性的修复加固。具体如下：

1. 壁板制作

（1）材料准备

准备揭取用壁板材料：木板、木橙、木板条、角铁、棉毯、海绵、棉质、双面胶、麻绳、麻。

（2）壁板准备

①按照需揭取不同区域壁画的具体尺寸，制作壁板。

②在壁板下端安装防滑角铁（3厘米×3厘米）。

③按照壁板尺寸裁剪各种防护材料，并按设计顺序铺设、固定。

2. 壁板安装

①在揭取壁画的下部，开凿一条横向贯通沟槽。

②将对应的壁板安装到位，下部防滑角铁插入到开设的沟槽内。

③对安装后的壁板进行支顶。

3. 壁画揭取

①沿壁画的左右及上部将壁画与载体进行分离。

②待壁画完全分离后，利用准备的榫头、麻绳将壁画和壁板固定坚固，并转移至地面上。

4. 支撑体检查与修复

（1）支撑体检查

①待两侧壁画揭取完成后，检查支撑体保存状态。

②如需修复，将编织的竹篾体拆除。

（2）支撑体修复替换

①对拆除下仍能使用的载体构建进行修复加固。

②已无法继续使用的载体构建，使用与原材质的材料进行替换，并进行防腐防虫处理。

③按照原结构及形式将支撑体复原。

5. 壁画地仗处理及回贴

①对揭取下的壁画地仗进行减薄处理。

②使用地仗修复加固补强材料对减薄后的地仗进行加固补强处理，一般三次。

（七）空鼓病害修复

1. 修复材料

修复加固材料主要有去离子水、黏土、沙、0.25%的聚醋酸乙烯乳液。

2. 修复工艺

（1）画面清理

使用洗耳球或软毛刷清理表面浮尘和异物。

（2）内镜检查

使用内镜检查空鼓病害内部是否存有杂物，确保壁画能够恢复到原有位置。

（3）异物清理

依据观察的实际情况判断，进行异物清理，如病害部位不稳固可进行临时支定后再进行。

（4）潮润地仗及载体

利用裂缝或破损处，用针管或注浆管滴渗地仗加固材料，浸润加固地仗。

（5）支顶复位

待地仗干到一定程度，并具有一定强度时，用固定在工作架上的可调丝杆将支护板置于空鼓病害处进行支顶。

（6）布设注浆孔

视壁画空鼓程度及范围，以及画面的实际情况，选择裂缝或颜料脱落处等画面次要位置，开设注浆孔。注浆孔径为0.4毫米，深度以地仗空鼓层的厚度为准。

（7）埋设注浆管

将直径适合的注浆管插入到注浆孔内，注浆管应呈放射状分布，以利于浆液流动和分布范围的最大化。植入注浆管后，再使用脱脂棉或泥对有可能出现漏浆的裂隙、注浆孔周围进行封护，以防污染壁画。

（8）灌浆

在灌浆前先用注射器通过注浆管注入地仗加固材料，对空鼓内疏松的壁画地仗进行加固，待加固材料被充分吸收后，再实施灌浆。

（9）二次复位

灌浆结束1—2小时后，再对支顶丝杆进行调整，使病害壁画完全复位。

（10）脱盐

干燥过程中利用更换吸水纸垫达到多次脱盐目的，直至完全干燥。

（11）封护灌浆孔

用与原地仗材质相同的材料封护灌浆孔，表面处理成与周边地仗相同的效果。

（12）补色

补色仅限于无法合理避让而开设的注浆孔，选用与壁画相同材质的颜料进行补色，同时亦应从色度有所区别，并做好保护档案，以备各方面的研究之用。

（八）壁画揭取

1. 修复材料

加固修复材料主要有黏土、沙、稻草、麻、竹篾、木材、去离子水、0.25%聚醋酸乙烯乳液。

2. 修复工艺

同支撑体修复加固，在此不再赘述。

第三节　保护修复档案及建设

一、保护修复档案

文物保护修复档案是文物保护处理和文物保养过程中所做的文字记录和影像记录。建立完整翔实的文物保护档案是文物保护工作的一个重要方面。文物保护档案就是要将整个文物保护过程以及在保护过程中所发现的各种文物信息等内容准确、详细地记录下来，为进一步的科学研究提供资料。

保护修复档案建设应贯穿整个保护修复过程，内容包括：

（一）现状调查资料

按照WW/T0006-2007要求的内容、格式做出现状调查报告。

（二）病害研究技术资料

包括古代壁画病害研究涉及的分析检测、模拟实验等相关数据、照片、结论等资料。

（三）保护修复材料和工艺筛选技术资料

包括保护修复材料的性能实验、材料筛选实验，与材料相适应的保护修复工艺筛选实验相关数据、照片、模拟实验、结论等。

（四）修复方案资料

记录保护修复方案正式文本、保护修复方案的批复文件。

（五）保护修复日志

（1）应对保护修复全过程作详细记录，主要包括文物保护单位名称或其单体名称、编号、保护修复人员、修复日期、工作区域、工作内容、使用材料、工艺、操作条件、现状描述、工作小结、存在问题、保护修复照片等。由保护修复人员根据实际工作情况填写。

（2）使用材料主要记录主要成分，工艺主要记录技术方法和操作步骤；操作条件主要记录仪器设备和操作环境的温度、湿度等。

（3）在保护修复过程中，如遇到方案设计需要技术变更的情况，应详细记录其现象和原因。

（六）绘图资料

按照WW/T0006-2007中的要求绘制壁画病害图。

（七）影像资料

记录在壁画保护修复工作中对清理、加固、脱盐、粘接及补强、支撑体更换等技术实施过程，以及修复前原状与修复后现状所采集的影像资料，包括视频、照片等。

影像资料可以以数字载体形式提供，并注明格式和调取方法。

（八）验收资料

包括工作报告、技术报告、自评估报告、验收意见（含验收专家组名单）。

（九）其他相关资料

应记录与古代壁画的保护修复、实验、监测以及施工质量控制文件、保护修复工程监理等相关资料。

二、保护建议

（一）日常管护

明教寺文物管理部门应进一步加强对文物的监测和日常管护，指导、督促管理人员严格遵守文物保护及安全的各项规章制度，并进行定期检查。

（二）环境监测

在保护范围内建立环境监测站及殿内检测系统，分析研究其变化和相互影响关系，如出现殿内外值相差过大时，可通过开关殿门进行调节，确保殿内湿度和温度的相对均衡，防止短时间内的剧烈、交替变化。

（三）保存环境调节

在外部降水或空气相对湿度过高时减少参观时间，甚至暂时关闭。待天气晴朗或空气质量较好时，应打开殿门进行适度通风，降低殿内的空气相对湿度。

（四）变形监测

鉴于觉皇殿建筑构造原因，建筑已出现较大的不均匀沉降，建议进行长期监测。

（五）祭祀活动管控

严禁在殿内进行焚香燃灯行为。同时，也要严格控制特定时段内的殿外焚香燃灯的规格和数量，防止香烛燃烧时产生的大量烟尘对文物造成损伤，如重大祭祀、庙会活动期间，大量朝拜者相对集中的焚香燃灯时段等。

案例三：新津观音寺壁画修缮保护项目

第一节　文物概况

新津观音寺是川西著名佛教禅林之一，位于成都市新津区西南约7.5千米永商镇宝桥村境内，地理位置位于东经103°、北纬30°。观音寺所处位置绝佳，其面临邛水，背负群山，苍松翠柏，清水环绕，山如九峰拱卫，状如莲花，故有"莲华接翠"之称，亦有"九莲胜景"之美誉。观音寺始建于南宋淳熙八年（1181年），最初共有一百〇八重殿宇，楼阁相连，檐牙交错，规模宏大，甚为壮观，香火鼎沸旺盛，系西川著名的大道场之一。风雨变幻，沧海桑田，至元代末年，战乱频仍，兵燹四起，观音寺随之被毁于元末。明宣宗宣德、景泰年间，有蜀中高僧碧峰、福宾云游于此，披肝沥胆，四处募化，率僧众发愿重建观音寺，最终于明孝宗弘治三年（1490年）在原寺废墟上重建气势巍峨的十二重殿宇。明末清初，蜀中大乱，寺庙再遭厄运，惨遭毁损，仅存观音、毗卢、天王三重殿宇，后经康熙、乾隆、道光年间修葺，复又成为川西著名寺院之一。清同治、光绪年间道松和尚住锡于此，增建殿宇十重，始改为"十方丛林"。1956年8月16日公布为四川省第一批重点文物保护单位，1980年又被四川省人民委员会审定重新公布为省级文物保护单位，2001年6月25日公布为全国重点文物保护单位。观音寺内存有《九莲山平盖治观音禅寺重修记》石碑，现存观音寺内，碑高2.37米，厚0.23米，碑文阴刻楷书，碑额横书。现今建筑主要有清代修建的山门、弥勒殿、接引殿，明代修建的毗卢殿和观音殿，其余建筑均为现代所建。

一、建筑格局及文物概况

观音寺院落总体分布如图8-3-1所示。寺院建筑按照院落中轴线分为两组，第一组为山门和弥勒殿，位于寺院西端较低的入口处，两建筑和前后梯道沿中轴线对称。第二组包括接引殿、毗卢殿和观

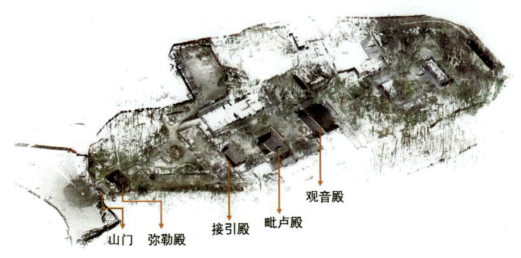

图8-3-1　观音寺院落分布位置示意图

音殿。毗卢殿两侧有近代复建的厢房。三座古建筑沿另一稍微偏南的中轴线前后、高低分布，其中接引殿和毗卢殿几乎处在同一水平高度，最后观音殿位于后部高起1.6米的填土夯台之上，具体如下所述。

1. 山门、弥勒殿、照壁碑亭、接引殿（如图8-3-2~图8-3-5）

清代所建山门、弥勒殿和接引殿。山门之形如阙，开三门。弥勒殿，正中塑弥勒佛，两旁为四大天王，背后为佛教天神韦驮。弥勒殿后右边有一照壁，旁边有一座碑亭，亭内立一石碑，正面是"宋少保张商英故里"，背面有张商英生平简介。拾阶而上，便是接引殿，殿内塑有"西方三圣"，中为阿弥陀佛，左胁侍为观世音菩萨，右胁侍为大势至菩萨。

图8-3-2　观音寺山门

图8-3-3　观音寺弥勒殿

图8-3-4　观音寺照壁、碑亭

图8-3-5　观音寺接引殿

2. 毗卢殿、观音殿

明代所建毗卢殿、观音殿，这是新津观音寺最有历史价值的古建筑，也是观音寺的主体部分。

毗卢殿，建于明英宗天顺六年（1462年），为单檐歇山式建筑，面阔三间，进深三间六架椽。屋面用筒瓦覆盖，正脊的两端安鸥吻、垂脊和戗脊的前端用兽面装饰。由四柱三间组成，通面阔10.8米，当心间为6.1米，次间仅有2.35米。当心间的面阔是次间面阔的26倍。观音殿是观音寺的核心殿宇，建于明宪宗成化五年（1469年），面阔20.8米，进16米，占地33平方米。

图8-3-6　观音寺毗卢殿　　　　　　　　　　　　图8-3-7　观音寺观音殿

　　毗卢殿、观音殿的柱础石刻有龙、狮子、蛤蟆和辟邪，四角柱首均向内收，为侧脚式。斗拱，五斗三升。屋顶均为单檐歌独山式，也称之为九脊顶式，即由一正脊画四垂普、四戗脊及四个坡面组成的屋顶形式，其上半呈双坡状，下半则转成四坡式。屋顶脊带曲直多变，在正脊、垂脊、戗脊上分别塑有天马、狮、凤、龙、仙人、行什、斗牛、鄂豸、押鱼、畿猊、海马，两际用山花装饰。在古代建筑中仅次于庑殿顶，屋顶正脊两端安鸱吻，龙嘴吻兽，背部负剑柄。

二、壁画、雕塑艺术

1. 观音寺壁画艺术

　　壁画主要在毗卢殿（如图8-3-8），毗卢殿内左右两壁有明宪宗成化四年（1468年）绘制的十二圆觉菩萨、二十四诸天及十三个供养人像以及佛龛背后的"香山全堂"，共7铺，总面积为94平方米。壁画中的菩萨、尊天及供养人像，全部按照佛教《造像量度经》的规定绘制。菩萨全部为结跏枷趺座，高度为1.8米。尊天的高度为1.5米，供养人则为0.9米或1.0米。

图8-3-8　明代观音寺毗卢殿壁画

2. 观音寺雕塑艺术

　　观音殿为新津观音寺的大殿，现存塑像共653尊。此殿主供观音三大士和五百罗汉像。正中塑像

图8-3-9 观音寺观音殿彩塑

从左至右为文殊、观音、普贤三大士（如图8-3-9），塑像高度均为5米左右。观音像右边莲花瓣上有题记："成化十一年（1475年）塑匠荣县昌本澄、昌本洛，妆匠江西南昌县雷昌胜、罗宗正。"此塑像至今已有516年的历史。

两侧木龛内有高达1.9米的大罗汉像46尊，两厢壁塑上有高约50厘米的五百罗汉像。圆柱上塑有24个飞天童子。正中浮雕为飘海观音像，塑像高2.48米，手持净瓶，脚踏鳌头上，置身于波涛汹涌的普陀山中。

第二节 保存现状调查

2001年观音寺毗卢殿明代壁画彩塑和观音殿塑像被公布为全国重点文物保护单位，毗卢殿主供释迦牟尼三身像，殿堂左右两壁彩绘六铺壁画，为十二圆觉菩萨及二十四尊天像，背屏后侧绘有香山全堂大型壁画，其余墙壁上绘有清代、民国时期壁画。观音殿正位莲台座上塑像从左到右为文殊、观音、普贤三大士，殿内两侧木橱内塑46尊罗汉，殿内壁塑五百阿罗汉，殿内立柱塑有抱柱飞天童子，观音三大士背后浮塑佛教三大胜迹。

观音寺明代壁画、彩塑具有不可替代的价值与特点，具有极高的文物价值。随着时间推移，这些壁画彩塑历经五百多年的岁月风尘，在大自然的无情摧残下，以及人为的破坏、年久失修，都给这座古老的寺院留下了累累伤痕，壁画彩塑表面以及内部结构相应地发生了一系列变化。观音寺壁画彩塑的现状调查，为这些壁画彩塑研究和保护打下了基础。

一、调查方法及内容

现状调查的方法：按照中华人民共和国文物保护行业标准《古代壁画病害与图示》《古代壁画现

状调查规范》的要求，对观音寺壁画彩塑保存现状进行了详细的调查，并绘制病害图，具体病害调查情况见附件"四川新津观音寺壁画彩塑现状调查图"。

1. 摄影

对观音寺所有壁画彩塑进行拍照，记录壁画彩塑现状为其他保护工作提供资料依据，为现状调查提供底稿。拍摄时采用色标卡矫正选择合适曝光和色值，拍摄采用尼康D80相机，照明用新闻灯2只（各1000W）。

2. 绘制壁画彩塑病害图

此次现场调查中，对保护修复方案所涉及壁画彩塑的保存现状进行了详细调查，为了准确、直观反映壁画彩塑修复前的状况，使用AutoCAD软件并以拍摄的数码照片为底图，按照调查标准，绘制壁画彩塑现状调查图，详见附件。

3. 现状调查图解

按照《古代壁画病害与图示》《古代壁画现状调查规范》的要求，以标准中制定的病害图例为例，根据壁画实际保存情况绘制壁画病害现状调查图。

二、毗卢殿壁画彩塑现状调查结果

新津观音寺始建于南宋淳熙年间(1174—1189年)，元末毁于战火，明代重建，清虽有修葺，但仍在后世中被破坏，现仅存有明代壁画和泥塑的毗卢殿与观音殿。观音寺作为川西地区著名佛寺，现存的毗卢殿壁画是我国明代壁画的代表，具有极高的艺术价值。表8-3-1列出观音寺毗卢殿壁画、彩塑位置分布情况。

表8-3-1 毗卢殿壁画彩塑位置分布信息表

	序号	名称	所处位置	时代
壁画	01	第一圆觉文殊菩萨	毗卢殿南壁东铺	明
	02	第三圆觉普眼菩萨、第五圆觉弥勒菩萨、第七圆觉威德自在菩萨	毗卢殿南壁中铺自东向西	明
	03	第九圆觉净诸业障菩萨、第十一圆觉圆觉菩萨	毗卢殿南壁西铺自东向西	明
	04	第二圆觉普贤菩萨	毗卢殿北壁东铺	明
	05	第四圆觉金刚藏菩萨、第六圆觉清净慧菩萨、第八圆觉辨音菩萨	毗卢殿北壁中铺自东向西	明
	06	第十圆觉普觉菩萨、第十二圆觉贤善首菩萨	毗卢殿北壁西铺自东向西	明
	07	香山全堂	毗卢殿三世佛背屏东向面	明
	08	斗拱眼壁画	毗卢殿南北壁画顶部	明

续表

	序号	名称	所处位置	时代
壁画	09	访客图	毗卢殿东壁北侧	清
	10	兴上四果图	毗卢殿东壁南侧	清
	11	谈经论道图	毗卢殿西壁南侧	清
	12	青松图1	毗卢殿外墙东向面北侧	清
	13	青松图2	毗卢殿外墙东向面南侧	清
	14	猛虎上山图	毗卢殿外墙西向面北侧	清
	15	青龙云雨图	毗卢殿外墙西向面南侧	清
	16	清线稿图	毗卢殿外墙南向面整壁	清
	17	释迦牟尼佛	毗卢殿三世佛北侧	明
	18	毗卢遮那佛	毗卢殿三世佛中间	明
	19	卢舍那佛	毗卢殿三世佛南侧	明
彩塑	CS04	张商英妻子像	毗卢殿供桌前方北侧	明
	CS05	张商英像	毗卢殿供桌前方南侧	明
	CS06	抱柱护法童子	毗卢殿北侧立柱南侧悬塑	明
	CS07	抱柱护法童子	毗卢殿北侧立柱东侧悬塑	明
	CS08	抱柱护法童子	毗卢殿南侧立柱东侧悬塑	明
	CS09	抱柱护法童子	毗卢殿南侧立柱北侧悬塑	明
	CS10	抱柱护法童子	毗卢殿背屏北侧立柱西侧	明
	CS11	抱柱护法童子	毗卢殿背屏北侧立柱东侧	明
	CS12	抱柱护法童子	毗卢殿背屏南侧立柱东侧	明
	CS13	抱柱护法童子	毗卢殿背屏南侧立柱东侧	明
	CS14	残缺塑像1	毗卢殿北侧立柱南侧塑像	缺
	CS15	残缺塑像2	毗卢殿南北侧立柱中间	缺

1. 第一圆觉文殊菩萨

第一圆觉文殊菩萨图（如图8-3-10）位于毗卢殿南壁东侧，画面高3.2米，宽1.6米，整幅壁画面积为5.12平方米。壁画保存状况欠佳，虽然后期整体进行过保护加固处理，壁画病害比较明显，主要包括：颜料层起甲、龟裂（如图8-3-11）、空鼓、裂缝、历史修复（如图8-3-12）、表面颜料层粉化、脱落等。

颜料层起甲、龟裂：文殊菩萨脸部、颈部、胳膊、胸部及其他肌肤裸露处，画面下方，靠近地面

图8-3-11　颜料层龟裂、起甲

图8-3-10　第一圆觉文殊菩萨图

图8-3-12　历史修复

区域约占整个画面五分之一范围内颜料层龟裂、起甲严重。

空鼓：由于壁画支撑体是编织的竹篾，这种墙体的结构导致目前整个画面都呈现出空鼓的现象，占整个画面的百分之八十以上。

裂缝：主要集中在文殊菩萨脸部，以细小裂缝居多。

历史修复：整个画面历史修复过，留有非常明显的历史修复痕迹，在壁画表面呈现出细小的压痕，部分区域存在补色情况。

颜料层粉化（如图8-3-14）：集中分在画面左侧和画面中部。

划痕（如图8-3-13）：主要分布在画面下方区域。

图8-3-20　第九圆觉净诸业障菩萨、第十一圆觉圆觉菩萨

要包括：颜料层起甲、龟裂、空鼓、裂缝、表面颜料层粉化、雨渍污染、机械损伤（如图8-3-21~图8-3-24）等。

颜料层起甲、龟裂：净诸业障菩萨、圆觉菩萨脸部、颈部、胳膊、胸部及其他肌肤裸露处；画面下方，靠近地面区域范围内有轻微龟裂现象。

空鼓：由于壁画支撑体是编织的竹篾，这种墙体的结构导致目前壁画整个画面都呈现出空鼓的现象，占到整个画面的百分之八十以上。

裂缝：净诸业障菩萨头光上方横向裂缝。

历史修复：整个画面在历史上进行过修复，根据记载曾使用热馒头蘸上蛋清轻压在表面形成封护层，在整幅壁画上留有非常明显的历史修复痕迹，在壁画表面呈现出细小的压痕，部分区域存在补色情况。

颜料层粉化：画面上方局部区域，画面下方局部区域。

划痕：主要分布在画面下方区域。

颜料层脱落：两身菩萨身上沥粉贴金的地方出现贴金脱落的现象。

雨渍污染：主要分布在画面上方区域。

图8-3-21　历史修复补色

图8-3-22　机械损伤

图8-3-23　颜料层龟裂、起甲

图8-3-24　粉化、颜料层脱落

机械损伤：主要分布在壁画下部人能够到的区域。

4. 第二圆觉普贤菩萨（如图8-3-25）

第二圆觉普贤菩萨位于毗卢殿毗北壁东铺位置，画面高3.2米，宽1.7米，整幅壁画面积5.4平方米。壁画保存状况较好，画面整体被历史修复过。壁画病害主要包括：颜料层起甲、龟裂、空鼓、裂缝、表面颜料层粉化、酥碱、颜料层脱落（如图8-3-26~图8-3-29）。

颜料层起甲、龟裂：靠近地面区域范围起甲严重。

空鼓：由于壁画支撑体是编织的竹篾，这种墙体的结构导致目前壁画整个画面都呈现出空鼓的现象，占到整个画面的百分之八十以上。

裂缝：画面中间从顶端到菩萨头部有一条明显的纵向裂缝，菩萨身上有细小裂缝，疑为历史修复过程中产生。

历史修复：整个画面历史修复过，在整幅壁画上留有非常明显的历史修复痕迹，在壁画表面中间部分分布着很多的细

图8-3-25　第二圆觉普贤菩萨

图8-3-26 划痕

图8-3-27 裂隙、颜料层脱落

图8-3-28 颜料层起甲

图8-3-29 颜料层脱落

小裂缝，部分区域存在补色情况。

颜料层粉化：画面下方区域。

划痕：主要分布在画面下方区域。

颜料层脱落：菩萨身上沥粉贴金的地方出现贴金脱落的现象，壁画下方区域颜料层脱落严重。

酥碱：画面西侧下方区域酥碱。

5. 第四圆觉金刚藏菩萨、第六圆觉清净慧菩萨、第八圆觉辨音菩萨（如图8-3-30）

第四圆觉金刚藏菩萨、第六圆觉清净慧菩萨、第八圆觉辨音菩萨图位于北壁中间位置，画面高3.3米，宽4.2米，面积13.9平方米。壁画保存状况较好，

图8-3-30 第四圆觉金刚藏菩萨、第六圆觉清净慧菩萨、第八圆觉辨音菩萨

画面整体被历史修复过。壁画病害主要包括：颜料层起甲、龟裂、空鼓、裂缝、表面颜料层粉化、泥渍污染、涂写污染、颜料层脱落（如图8-3-31~图8-3-34）。

颜料层起甲、龟裂：靠近地面区域范围起甲、龟裂。

空鼓：由于壁画支撑体是编织的竹篾，这种墙体的结构导致目前壁画整个画面都呈现出空鼓的现象，占到整个画面的百分之八十以上。

图8-3-31 颜料层龟裂、裂隙

图8-3-32 历史修复、补色

图8-3-33 泥渍

图8-3-34 历史修复、污染

裂缝：主要分布在金刚藏菩萨脸部、身上。

历史修复：整个画面历史修复过，在整幅壁画上留有非常明显的历史修复痕迹，部分区域存在补色情况，画面下方区域补色比较明显，呈圆形。

颜料层粉化：整个画面颜料层都出现粉化情况，整个画面色彩变浅。

划痕：分布于壁画局部区域。

颜料层脱落：菩萨身上沥粉贴金的地方出现贴金脱落的现象。

泥渍：辨音菩萨下方有泥渍污染。

涂写：清净慧菩萨右手下方有涂写污染。

6. 第十圆觉普觉菩萨、第十二圆觉贤善首菩萨（如图8-3-35）

图8-3-35　第十圆觉普觉菩萨、第十二圆觉贤善首菩萨

　　第十圆觉普觉菩萨、第十二圆觉贤善首菩萨图位于北壁西侧位置，画面高3.0米，宽3.4米，面积10.2平方米。壁画保存状况较好，表面被灰尘覆盖污染，画面整体历史修复，多处被加固过，根据相关记录，曾使用蛋清进行修复，整壁表面反光。壁画病害主要包括：颜料层起甲、龟裂、空鼓、裂缝、表面颜料层粉化、划痕、颜料层脱落（如图8-3-36~图8-3-39）。

图8-3-36　粉化

图8-3-37　划痕

图8-3-38　历史修复、补色　　　　　　　　　　图8-3-39　裂隙

颜料层起甲、龟裂：靠近地面区域范围起甲、龟裂。

空鼓：由于壁画支撑体是编织的竹篾，这种墙体的结构导致目前壁画整个画面都呈现出空鼓的现象，占整个画面的百分之八十以上。

历史修复：整个画面历史修复过，在整幅壁画上留有非常明显的历史修复痕迹，部分区域存在补色情况，画面下方区域补色比较明显，呈圆形。

颜料层粉化：画面中两位菩萨中间位置，菩萨脚底祥云所在的画面下方区域。

划痕：菩萨颈部以及画面下方区域。

裂缝：贤善首菩萨胸部有一条很长的横向裂缝。

颜料层脱落：菩萨身上沥粉贴金的地方出现贴金脱落的现象，画面下方部分区域颜料层点状脱落。

泥渍：画面下方有泥渍污染。

7. 香山全堂（如图8-3-40）

香山全堂位于毗卢殿三世佛背屏后面东向面，高4.5米，宽5.7米，壁画面积为25.7平方米。整幅壁画保存状况较好，整幅壁画由于颜料层粉化导致部分颜料流失，画面色彩整体比较浅。画面顶端烟熏严重，并且有颜料层脱落。存在的主要病害有：颜料层起甲、龟裂、空鼓、裂缝、烟熏、污染、表面颜料层粉化、划痕、颜料层脱落（如图8-3-41~图8-3-46）。

颜料层起甲、龟裂：颜色较

图8-3-40　香山全堂图

201

图8-3-41 粉化

图8-3-42 烟熏

图8-3-43 泥渍

图8-3-44 颜料层脱落、历史修复

图8-3-45 裂隙、烟熏

图8-3-46 鸟粪污染

深的区域和部分贴金的区域。

空鼓：由于壁画支撑体是编织的竹篾，这种墙体的结构导致目前壁画整个画面都呈现出空鼓的现象，占到整个画面的百分之八十以上。历史修复：整个画面历史修复过，在整幅壁画上留有非常明显的历史修复痕迹，部分区域存在补色情况。

烟熏：画面最上部分宽约1.2米范围内烟熏。

颜料层粉化：整幅壁画除最上部分烟熏范围以外，其他区域均有颜料层粉化、脱落现象，其中以壁画底部和千手千眼观音部位最为严重。

划痕：千手千眼观音右肩位置。

裂缝：主要分布于画面顶端千佛位置，纵向裂缝居多。

颜料层脱落：贴金区域出现贴金脱落，画面颜料层部分粉化区域颜料层脱落。

鸟粪污染：整幅壁画都被鸟粪污染，以壁画上部分比较严重。

油漆、墨汁污染：历史修复过程中所使用的墨汁和油漆滴落在个别位置。

8. 斗拱眼壁画（如图8-3-47）

斗拱眼壁画主要分布在毗卢殿北壁和南壁顶部位置，北壁共计4幅，南壁共计2幅。每幅宽约1.23米，高约0.75米，成三角状分布。每幅壁画保存状况较好，每幅壁画由于颜料层粉化导致部分颜料脱落，画面色彩整体比较浅。画面顶端烟熏严重，并且有颜料层脱落。目前存在的主要病害有：颜料层起甲、空鼓、酥碱、烟熏、表面颜料层粉化、颜料层脱落等（如图8-3-48、图8-3-49）。

图8-3-47　斗拱眼壁画

颜料层起甲：每幅斗拱眼壁画颜色较深的区域，如人物红色服饰区域等。

空鼓：由于壁画支撑体是编织的竹篾，这种墙体的结构导致目前每幅壁画都呈现出空鼓的现象，占到整个画面的百分之八十以上。

图8-3-48　颜料层粉化、脱落

图8-3-49　烟熏

酥碱：主要分布在每幅斗拱眼壁画下方位置区域和右侧位置区域。

烟熏：由于斗拱眼壁画本身处在南北两壁的最高位置，每幅壁画表面都存在不同程度的烟熏。

颜料层粉化：整幅壁画颜色较浅的位置区域均分布有颜料层粉化、脱落，其中以壁画底部最为严重。

9. 访客图（如图8-3-50）

图8-3-50　访客图

访客图位于毗卢殿东壁北侧位置，为清代壁画，壁画宽1.54米，高1.68米，面积为2.59平方米。整幅壁画保存状况欠佳，壁画表面有积尘污染，画面颜料层粉化、脱落严重。壁画主要病害包括：粉化、空鼓、颜料层脱落、裂缝、起甲、龟裂、历史加固、酥碱、划痕、雨渍污染等（如图8-3-51~图8-3-54）。

颜料层起甲、龟裂：分布在松树树叶附近区域。

空鼓：由于壁画支撑体是编织的竹篾，这种墙体的结构导致目前壁画整个画面都呈现出空鼓的现象，占到整个画面的百分之八十以上。

历史修复：整个画面历史修复过，在整幅壁画上留有非常明显的历史修复痕迹，分布着细小的压痕和较粗毛笔刷后的刷痕，壁画边框四周历史加固过，部分区域存在补色情况。

颜料层粉化：整幅壁画颜料层粉化、脱落严重。

颜料层脱落：画面颜料层部分粉化区域颜料层脱落。

划痕：画面下方区域。

裂缝：画面底部和中部各有一条横向裂缝，画面右侧有纵向裂缝。

酥碱：画面中棕色壁画区域，例如人脸部、树干等区域。

雨渍污染：画面右侧雨渍污染明显。

图8-3-51　历史修复

图8-3-52　裂隙

图8-3-53　颜料层粉化

图8-3-54　污染

10.兴上四果图（如图8-3-55）

兴上四果图位于毗卢殿东壁南侧位置，为清代壁画，壁画宽1.60米，高1.62米，面积为2.59平方米。整幅壁画保存状况欠佳，壁画表面有积尘污染，画面颜料层粉化、脱落严重。壁画主要病害包括：粉化、空鼓、颜料层脱落、裂缝、起甲、龟裂、历史加固、酥碱、划痕等（如图8-3-56~图8-3-59）。

图8-3-55　兴上四果图

图8-3-56 颜料层粉化

图8-3-57 裂隙

图8-3-58 污染

图8-3-59 颜料层脱落

颜料层起甲、龟裂：黑色使用墨的地方。例如假山等区域。

空鼓：由于壁画支撑体是编织的竹篾，这种墙体的结构导致目前壁画整个画面都呈现出空鼓的现象，占到整个画面的百分之八十以上。

历史修复：整个画面历史修复过，在整幅壁画上留有非常明显的历史修复痕迹，分布着用较粗毛笔刷后的刷痕，壁画边框四周历史加固，部分区域存在补色情况。

颜料层粉化：整幅壁画颜料层粉化、脱落严重。

颜料层脱落：画面颜料层粉化区域颜料层脱落，画面左侧颜料层几乎全部掉完，无画面。

划痕：画面下方区域。

裂缝：画面左侧历史修复区域分布着几条纵向裂缝。

酥碱：画面中棕色壁画区域，例如人脸部、手等区域范围。

11. 谈经论道图（如图8-3-60）

谈经论道图位于毗卢殿东壁南侧位置，为清代壁画，壁画高1.40米，宽1.56米，面积为2.18平方米。整幅壁画保存状况欠佳，壁画表面有积尘污染，画面颜料层粉化、脱落严重。壁画主要病害包括：粉化、空鼓、颜料层脱落，裂缝、起甲、龟裂、历史加固过、酥碱、划痕等（如图8-3-61~图8-3-64）。

图8-3-60　谈经论道图

颜料层起甲、龟裂：黑色使用墨的地方，例如松叶附近区域等。

空鼓：由于壁画支撑体是编织的竹篾，这种墙体的结构导致目前壁画整个画面都呈现出空鼓的现象，占到整个画面的百分之八十以上。

历史修复：整个画面历史修复过，壁画边框四周历史加固过，部分区域存在补色情况。

颜料层粉化：整幅壁画颜料层粉化、脱落严重。

颜料层脱落：画面颜料层粉化造成颜料层脱落，分布于整个画面。

划痕：画面下方区域。

裂缝：壁画边框四周历史加固范围内纵向裂缝。

图8-3-61　污染

图8-3-62　历史修复

图8-3-63　裂隙

图8-3-64　颜料层脱落

灰尘污染：一部分灰尘与空气中的水分结合后，附着在壁画表面与表面涂层结合形成固定的斑点状覆盖物。

酥碱：画面中棕色壁画区域，例如人脸部、手、树干等区域范围。

12. 青松图1（如图8-3-65）

青松图1位于毗卢殿外墙东向面北侧位置，为清代壁画，壁画高1.61米，宽1.50米，面积为2.42平方米。由于整幅壁画直接暴露在外面，导致整幅壁画保存状况欠佳，壁画表面有积尘污染，有多处破损。壁画主要病害包括：粉化、空鼓、颜料层脱落，裂缝、起甲、龟裂、历史加固、划痕、破损、表面污染等（如图8-3-66~图8-3-69）。

图8-3-65　青松图1

颜料层起甲、龟裂：黑色使用墨的地方，例如松叶附近区域等。

空鼓：由于壁画支撑体是编织的竹篾，这种墙体的结构导致目前壁画整个画面都呈现出空鼓的现象，占到整个画面的百分之八十以上。

历史修复：整个画面历史修复过，壁画边框四周历史加固过，部分区域存在补色情况。

图8-3-66 颜料层起甲

图8-3-67 污染

图8-3-68 地仗脱落

图8-3-69 油漆污染

颜料层粉化：整幅壁画颜料层粉化脱落严重。

颜料层脱落：画面颜料层粉化造成颜料层脱落，分布于整个画面。

划痕：画面中间位置区域。

裂缝：壁画边框四周历史加固范围内裂缝。

灰尘污染：整幅画面，一部分灰尘与空气中的水分结合后，附着在壁画表面与表面涂层结合形成硬壳覆盖物。

其他污染：局部地区存在之前修复过程中产生的油漆污染、墨汁污染，个别地方有鸟粪污染。

破损：壁画多处破损，破损处可看到墙体。

13. 青松图2（如图8-3-70）

青松图2位于毗卢殿外墙东向面南侧位置，为清代壁画，壁画高1.63米，宽1.61米，面积为2.62平方米。由于整幅壁画直接暴露在外面，导致整幅壁画保存状况欠佳，壁画表面有积尘污染，有多处破损。壁画主要病害包括：粉化、空鼓、裂缝、历史加固、划痕、破损、酥碱、表面污染等（如图8-3-71、图8-3-72）。

图8-3-70　青松图2

空鼓：由于壁画支撑体是编织的竹篾，这种墙体的结构导致目前壁画整个画面都呈现出空鼓的现象，占到整幅画面的百分之八十以上。

历史修复：整个画面历史修复过，壁画边框四周历史加固过，部分区域存在补色情况。

颜料层粉化：画面下方区域颜料层粉化。

颜料层脱落：画面颜料层粉化造成颜料层脱落，分布于整个画面。

划痕：画面中间位置区域。

裂缝：壁画边框四周历史加固范围内裂缝较多，尤其以画面右上角最为严重，成网状裂缝分布。

酥碱：画面下方区域范围。

灰尘污染：整幅画面除了最上面大约宽0.5米范围以外，其他区域中一部分灰尘与空气中的水分结合后，附着在壁画表面与表面涂层结合形成硬壳覆盖物。

其他污染：局部地区存在之前修复过程中产生的油漆污染、墨汁污染。个别地方有鸟粪污染。

破损：画面多处存在破损，已被历史加固并补色。

图8-3-71　裂隙　　　　　　　　　　　　　　　图8-3-72　墨汁污染

14. 猛虎上山图（如图8-3-73）

猛虎上山图位于毗卢殿外墙西向面北侧位置，为清代壁画，壁画高1.39米，宽1.65米，面积为2.29平方米。由于整幅壁画直接暴露在外面，导致整幅壁画保存状况欠佳，壁画表面有积尘污染。壁画主要病害包括：颜料层龟裂、起甲、粉化、空鼓、裂缝、历史加固、划痕、表面灰尘污染、雨渍污染、破损等（如图8-3-74~图8-3-77）。

图8-3-73　猛虎上山图

颜料层起甲、龟裂：老虎身上黑色条纹区域等。

空鼓：由于壁画支撑体是编织的竹篾，这种墙体的结构导致目前壁画整个画面都呈现出空鼓的现象，占到整个画面的百分之八十以上。

图8-3-74 划痕

图8-3-75 污染

图8-3-76 裂隙

图8-3-77 颜料层脱落

历史修复：壁画中局部地方存在历史加固的痕迹，部分历史加固区域被补色。

颜料层粉化：整幅壁画颜料层粉化严重。

划痕：画面中间位置区域，壁画下方灰尘污染区域有用扫帚扫过的痕迹，规则排列的密集划痕明显。

裂缝：画面左上角区域有纵向裂缝，老虎身上裂缝较多，成网状分布。

灰尘污染：主要分布在壁画下方老虎所站的石头上。

雨渍污染：画面上方边框附近有雨渍污染痕迹。

破损：画面局部区域有破损，例如老虎身上有一个破损产生的洞。

15. 青龙云雨图（如图8-3-78）

青龙云配图位于毗卢殿外墙西向面南侧位置，为清代壁画，壁画高1.41米，宽1.58米，面积为2.23平方米。由于整幅壁画直接暴露在外面，导致整幅壁画保存状况欠佳，整幅画面粉化比较严重，画面中有多处破损。壁画主要病害包括：颜料层龟裂、起甲、粉化、空鼓、裂缝、历史加固、酥碱、破损等。

颜料层起甲、龟裂：龙须及龙身上黑色区域（如图8-3-79~图8-3-82）。

图8-3-78　青龙云雨图

空鼓：由于壁画支撑体是编织的竹篾，这种墙体的结构导致目前壁画整个画面都呈现出空鼓的现象，占整个画面的百分之八十以上。

历史修复：壁画四周边框存在历史加固的痕迹，部分历史加固区域被补色。

颜料层粉化：整幅壁画颜料层粉化严重。

划痕：画面中间位置区域。

裂缝：画面历史加固与边框接触地方。

酥碱：壁画局部区域存在酥碱现象。

破损：画面多处破损，从破损处可以看到支撑墙体。

图8-3-79　粉化

图8-3-80　划痕

图8-3-81　颜料层龟裂　　　　　　　　　　　　　　图8-3-82　颜料层脱落

16. 清线稿图（如图8-3-83）

清线稿图位于毗卢殿外墙南向面位置，为清代壁画，壁画高3.25米，宽7.34米，面积为23.86平方米。由于整幅壁画直接暴露在外面，导致整幅壁画保存状况欠佳，整幅画面灰尘覆盖污染比较严重，几乎看不清楚画面内容，并且画面中有多处破损。壁画主要病害包括：划痕、空鼓、裂缝、历史加固、酥碱、破损、油漆和鸟粪污染等（如图8-3-84、图8-3-85）。

图8-3-83　清线稿图

空鼓：由于壁画支撑体是编织的竹篾，这种墙体的结构导致目前壁画整个画面都呈现出空鼓的现象，占到整个画面的百分之八十以上。

破损：画面多处破损，从破损处可以看到支撑墙体。

颜料层脱落：画面局部区域呈点状脱落。

历史修复：画面下方区域有历史加固的痕迹，部分历史加固区域被补色。

划痕：画面中间位置区域。

裂缝：画面四周靠近中间位置的区域。

酥碱：壁画下方区域存在酥碱。

图8-3-84　颜料层龟裂

图8-3-85　颜料层脱落

第三节　制作材料与工艺研究

为获得新津观音寺毗卢殿、观音殿壁画制作材料、工艺及病害的科学信息，为保护和修复工作提供科学依据，首先开展对毗卢殿和观音殿的现场调查，并根据调查的结果，分别对毗卢殿东、南、北壁壁画等几处便于开展分析工作的区域进行了包括便携式数码显微镜、便携式X-射线荧光光谱和移动式微区X-射线荧光光谱等的原位无损调查，前两种方法共涉及67个测试点，后一种方法主要针对毗卢殿北壁西铺壁画。由于壁画彩塑表面保存相对完好，仅在壁画彩塑彩绘层脱落的部位提取地仗样品1件用于了解地仗层病害的特点，在实验室完成了上述样品盐分含量分析。根据壁画彩绘层制作材料及工艺调查的需要，分别在毗卢殿北壁壁画及观音殿彩塑处获取粉末状及块状样品共计53件，在实验室分别完成了X-射线衍射、显微红外光谱、热裂解-气质联用及剖面分析。

一、方法与仪器

1. 原位无损分析方法

（1）便携式超景深三维数码显微镜

日本基恩士VHX-600E型数码显微镜镜头型号为VH-Z20R（倍率20-200X），显微镜自带照明灯。对被检测壁画一般选取20X、50X、100X、200X等4种放大倍率进行观察记录。

（2）便携式X-射线荧光光谱（pXRF）

美国尼通NITON XL3t-800合金分析仪，银靶50kV/40μA（最大值），Peltier半导体制冷，高分辨率SI-PINX射线检测器（分辨率195KeV），高性能滤光片系统，ASICS DSP4096像元多道分析器。为了得到检测点准确的颜料元素类型，对每一种相同的颜色检测两次。

（3）移动式微区X-射线荧光光谱（Mobiler μXRF）

德国布鲁克移动式大幅面微区X-射线荧光光谱仪CRONO，50毫米^{2}硅漂移探测器，10WX-射线管发生器，配备氦熔解阀用于轻元素分析，机动框架60×40厘米，最大映射速度2厘米/s。

（4）多光谱摄影系统（如表8-3-2）

表8-3-2 多光谱摄影系统

名称	说明
多光谱相机	配砷化传感器
35毫米镜头	定焦镜头最大限度减少拍摄中画面变形
低通、带通滤波器	控制辐射及入射光源
闪光灯辐射光源	可搭载不同多段滤波器获取需要辐射波段
X-rite'scolourscale	可见光、紫外诱发荧光，色彩校准和光谱密度调节
Spectralon	灰度漫反射率标准
白平衡镜	白平衡测定

2.实验室分析方法

（1）离子色谱（IC）

称取各层位的风干土样（0.1~1克，精确至0.0001克），分别置于干燥的离心管（15毫升），分别加入10.00毫升去离子水，摇匀、浸泡约12小时后放在离心机上离心30分钟。采用注射针头过滤器（孔径0.22lim）过滤上部清液，稀释到进样所需的浓度范围，得到透明的待测溶液。利用ICS-90睿智型离子色谱仪对稀释水样进行化学分析。阴阳离子的分析条件如表8-3-3所示。根据土样浸泡处理时的固液比，对仪器分析结果进行计算。

表8-3-3 阴阳离子分析条件

名称	阳离子	阴离子
分析柱	CS12A	AS14
淋洗液	20毫米MSA（甲烷磺酸）	Na2CO3(3.5毫米)/NaHCO3(1.0毫米)
淋洗液速度	1.0毫升/分	1.2毫升/分
系统压力	1500 psi	1500 psi
抑制其电流	59毫安	24毫安

（2）X射线衍射（XRD）

日本理学电机Dmax/2500衍射仪，测试条件为：管压40千伏，管流100毫安，采用连续扫描，扫描范围5°~70°。

（3）红外光谱（FTIR）

Thermo Scientific公司Nicolet iN10 MX显微红外光谱仪,检测器:MCT/A,光谱范围:4000~675厘米$^{-1}$,分辨率:4厘米$^{-1}$,扫描次数:64次。

(4)热裂解–气质联用(Py–GC/MS)

热裂解器:EGA/PY3030D;气相色谱仪:安捷伦7890B;质谱仪:安捷伦7890B。

气相色谱色谱柱:HP–5MS(30米×250微米×0.25微米)毛细管柱。

热裂解条件:样品的热裂解温度600℃,热解时间10秒,注射器和色谱仪连接的界面温度300℃,进行实验时,取约0.2毫克样品置于样品瓶中并加入5pL25%四甲基氢氧化铵溶液放入热解专用的石英衬管内进行测试(该方法简称:THM–GC/MS)。气相色谱仪条件:柱箱初始温度设为45217℃,然后以5℃/分钟的速率升温至200℃,再以20℃/分钟的速率升温至300℃保持2分钟,氦气流速1毫升/分钟,分流比50:1。质谱条件:采用电子轰击电离源、四极杆质量检测器获取质谱图,扫描速度1scan/s,扫描范围50~710m/z,扫描时间1h,质谱鉴别化合物使用NIST07数据库。

(5)壁画剖面样品制作及偏光显微镜观察

利用数码显微镜对壁画块状样品正反面记录后,使用标乐公司生产的EpoThinTM2型树脂和固化剂对样品进行包埋。待树脂固化完成后,在进行磨抛处理直至露出观察面。利用DMLP型偏光显微镜(10X,目镜,FOV=22-25毫米;12V100W卤素灯透反射照明;CCD或照相系统与多种显微图像分析软件共用)进行显微观察。

(6)扫描电子显微镜–能量色散X射线光谱(SEM–EDS)

扫描电子显微镜型号为日本电子公司JSM–6610LV,工作电压20KV,能量色散X–射线光谱型号为INCAx–act,分析过程在真空条件下进行。

二、检测点及取样信息

1. 多光谱检测区域位置信息

观音寺壁画主要集中在毗卢殿南北两壁及佛像背屏西壁。南北两壁壁画初始创作于明代,主要内容为说法图,佛像背屏西壁壁画为清代所绘,绘画内容为说法图及佛传故事,壁画均有不同程度变色及颜料层脱落,个别区域存在起甲,且南北两壁壁画表面均涂有类似封护层的物质,据当地人描述原始绘画表面均以桐油作为封护层。目前,南北两壁壁画现存颜料颜色可见光下利用图像色彩分析软件Palettespro分析总结共为12种色相,选取南北两壁共6铺壁画中代表性且兼顾各彩色的画面做多光谱摄影调查,调查内容如表8-3-4所示。

表8-3-4 多光谱摄影调查区域

可见颜料现状色相描述及色标	壁画位置	拍摄光谱
黑色(11,12)、白色(5)、灰色(4)、棕色(3,7,8,9,10)、红色(1,2)、黄色(6)、金(7,8)	北壁西铺	可见光、红外反射,紫外反射、紫外荧光

续表

可见颜料现状色相描述及色标	壁画位置	拍摄光谱
黑色(11, 12)、白色(5)、灰色(4)、棕色 (3, 7, 8, 9, 10)、红色(1, 2)、黄色(6)、金(7, 8)	北壁中铺	可见光、红外反射，紫外反射、紫外荧光
黑色(11, 12)、白色(5)、灰色(4)、棕色 (3, 7, 8, 9, 10)、红色(1, 2)、黄色(6)、金(7, 8)	北壁东铺	可见光、红外反射，紫外反射、紫外荧光
黑色(11, 12)、红色(1, 2)，白色(5)、黄色 (6)、金(7, 8)、灰色(4)	南壁西铺	可见光、侧光、红外反射，紫外反射、紫外荧光
黑色(11, 12)、红色(1, 2)，白色(5)、黄色 (6)金(7, 8)、灰色(4)	南壁中铺	可见光、侧光、红外反射，紫外反射、紫外荧光
黑色(11, 12)、红色(1, 2)，白色(5)、黄色 (6)金(7, 8)、灰色(4)	南壁东铺	可见光、侧光、红外反射，紫外反射、紫外荧光

2. 原位无损检测点位置信息

无损调查分别对毗卢殿北壁壁画完成46个点的检测，对北壁中铺壁画完成3个点的检测，对毗卢殿南壁西铺壁画完成5个点的检测，位置见图8-3-86~图8-3-88，具体信息见表8-3-5。对观音殿彩塑完成13个点的检测，具体信息见表8-3-6。共计67个检测点，检测点编号中"GYS"代表观音寺、"PLD"代表毗卢殿，"GYD"代表观音殿，"WN"代表北壁，"WS"为南壁，"SW"为西壁佛台彩塑，"SN"为北壁佛台彩塑。

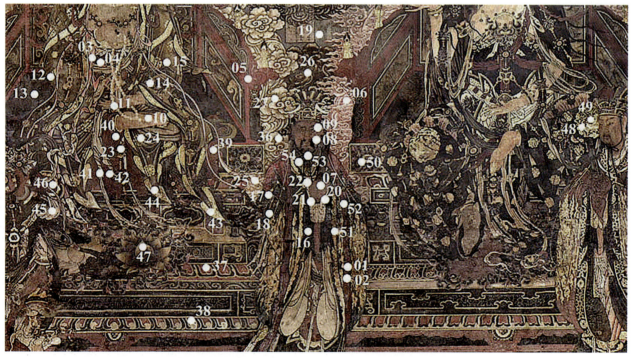

图8-3-86 毗卢殿北壁西铺壁画无损调查检测点位置图

图8-3-87 毗卢殿北壁中铺壁画无损调查检测点位置图

图8-3-88 毗卢殿南壁西铺壁画无损调查检测点位置图

表8-3-5 毗卢殿壁画无损调查信息表

检测点编号	颜色	位置描述	pXRF检测	显微镜观察
GYSPLDWN01	红	北壁西铺阎罗王左手衣袖红色	√	
GYSPLDWN02	红	北壁西铺阎罗王左手衣袖红色（后修）	√	
GYSPLDWN03	红	北壁西铺第十二菩萨右手衣袖内里	√	
GYSPLDWN04	红	北壁西铺第十二菩萨衣衫	√	
GYSPLDWN05	红	北壁西铺第十二菩萨宝座左手扶手	√	
GYSPLDWN06	红	北壁西铺第十菩萨宝座右侧火焰状云气	√	
GYSPLDWN07	棕	北壁西铺阎罗王手部	√	
GYSPLDWN08	棕	北壁西铺阎罗王胡须东侧（后修）	√	
GYSPLDWN09	棕黄	北壁西铺阎罗王左眼角	√	
GYSPLDWN10	肉	北壁西铺第十二菩萨右脚肌肤	√	
GYSPLDWN11	黄	北壁西铺第十二菩萨手持佛珠	√	
GYSPLDWN12	绿	北壁西铺第十二菩萨右手衣袖面	√	
GYSPLDWN13	墨绿	北壁西铺第十二菩萨宝座平面	√	
GYSPLDWN14	黄绿	北壁西铺第十二菩萨左小臂衣袖	√	
GYSPLDWN15	棕绿	北壁西铺第十二菩萨左肘处衣褶	√	
GYSPLDWN16	墨绿	北壁西铺阎罗王衣袖边缘	√	
GYSPLDWN17	灰绿	北壁西铺阎罗王右大臂	√	
GYSPLDWN18	墨绿	北壁西铺阎罗王右肘处衣衫（后修）	√	
GYSPLDWN19	青灰	北壁西铺阎罗王头部上方题记外侧	√	
GYSPLDWN20	黄	北壁西铺阎罗王左手衣袖末端内里	√	
GYSPLDWN21	黄	北壁西铺阎罗王右衣袖末端内里（后修）	√	
GYSPLDWN22	金	北壁西铺阎罗王项圈（后修）	√	
GYSPLDWN23	金	北壁西铺第十二菩萨右脚下方贴金珠串	√	
GYSPLDWN24	金	北壁西铺第十二菩萨右脚下方	√	
GYSPLDWN25	棕	北壁西铺阎罗王右肘西侧云气	√	
GYSPLDWN26	棕	北壁西铺阎罗王头部上方云气	√	
GYSPLDWN27	黄	北壁西铺阎罗王头冠西侧云气	√	

续表

检测点编号	颜色	位置描述	pXRF检测	显微镜观察
GYSPLDWN28	黄	北壁中铺第六菩萨右脚	√	
GYSPLDWN29	灰	北壁中铺第六菩萨右脚东侧灰色	√	
GYSPLDWN30	黑	北壁中铺第六菩萨佛座下黑色飘带	√	
GYSPLDWS31	红	南壁西铺第一菩萨左腿膝盖处	√	
GYSPLDWS32	红	南壁西铺第十一菩萨左臂袖子	√	
GYSPLDWS33	红	南壁西铺第十一菩萨头光西侧深红色	√	
GYSPLDWS34	红	南壁西铺第十一菩萨头光云气粉红色	√	
GYSPLDWS35	黄	南壁西铺第一菩萨金刚座东侧黄色云	√	
GYSPLDWN36	黄	北壁西铺阎罗王脸部西侧云纹	√	
GYSPLDWN37	红	北壁西铺第十二菩萨金刚座上层莲花瓣		√
GYSPLDWN38	红	北壁西铺第十二菩萨金刚座下层莲花瓣	√	
GYSPLDWN39	红	北壁西铺第十二菩萨下方红色云彩		√
GYSPLDWN40		北壁西铺第十二菩萨小腿飘带		√
GYSPLDWN41	黑	北壁西铺第十二菩萨后期墨线		√
GYSPLDWN42	黑	北壁西铺第十二菩萨初始墨线		√
GYSPLDWN43	金	北壁西铺第十二菩萨服饰衣角后期贴金		√
GYSPLDWN44	金	北壁西铺第十二菩萨服饰衣角初始贴金		√
GYSPLDWN45	白	北壁西铺第十菩萨北侧神官右衣袖袖口		√
GYSPLDWN46	红	北壁西铺第十菩萨北侧神官右衣袖袖口		√
GYSPLDWN47		北壁西铺第十二菩萨下方莲花瓣		√
GYSPLDWN48	金	北壁西铺第十菩萨左腿裤子花纹		√
GYSPLDWN49	红	北壁西铺第十菩萨左腿裤子凤凰图案		√
GYSPLDWN50	绿	北壁西铺第十菩萨金刚座西侧团花		√
GYSPLDWN51	金	北壁西铺阎罗王左袖口花边		√
GYSPLDWN52	红	北壁西铺阎罗王左袖口飘带		√
GYSPLDWN53		北壁西铺阎罗王帽子绳结处		√
GYSPLDWN54		北壁西铺阎罗王衣领处刻痕		√

表8-3-6　观音殿彩塑无损调查信息表

检测点编号	颜色	位置描述	pXRF检测	显微镜观察
GYSGYDSW55	红	西壁佛台门北第二身罗汉胸部	√	
GYSGYDSW56	金	西壁佛台门北第一身罗汉右臂	√	
GYSGYDSW57	金	西壁佛台门北第二身罗汉足部	√	
GYSGYDSN58	蓝	北壁佛台西起第四身罗汉胸部	√	
GYSGYDSN59	绿	北壁佛台西起第九身罗汉右臂	√	
GYSGYDSN60	红	北壁佛台西起第九身罗汉披肩	√	
GYSGYDSN61	棕黄	北壁佛台西起第九身罗汉面部	√	
GYSGYDSN62	深蓝	北壁佛台西起第九身罗汉头发	√	
GYSGYDSN63	粉	北壁佛台西起第十身罗汉面部	√	
GYSGYDSN64	红	北壁佛台西起第十身罗汉唇部	√	
GYSGYDSN65	白	北壁佛台西起第六身罗汉右袖口	√	
GYSGYDSN66	白	北壁佛台西起第三身罗汉右袖口	√	
GYSGYDSW67	金	西壁佛台门北第二罗汉腰部贴金		√

3. 壁画彩绘层样品

在原位无损分析的基础上，为进一步研究壁画彩塑彩绘层结构及颜料使用情况，分别在毗卢殿北壁、观音殿西、北壁佛台彩塑等位置开展了取样工作，获得样品51件。具体样品信息见表8-3-7（"B"指块状样品，"P"指粉末）。

表8-3-7　观音寺壁画彩绘层样品信息表

样品编号	取样位置描述	状态	颜色	分析方法
GYSPLDWN01B	毗卢殿北壁西铺阎王袖口西侧凹陷处里层	块状	红	成分分析
GYSPLDWN02B	毗卢殿北壁西铺阎王袖口西侧凹陷处外层	块状	红	成分分析
GYSPLDWN03B	毗卢殿北壁西铺阎王西侧衣袖处金箔表面	块状	透明	成分分析
GYSPLDWN04B	毗卢殿北壁西铺阎王东侧神官左手腕处沥粉贴金	块状	金	剖面、成分分析
GYSPLDWN05B	毗卢殿北壁西铺第十二菩萨袈裟东侧衣角贴金	块状	金	剖面、成分分析
GYSPLDWN06B	毗卢殿北壁西铺阎王西侧衣袖贴金	块状	金	成分分析

续表

样品编号	取样位置描述	状态	颜色	分析方法
GYSPLDWN07B	毗卢殿北壁西铺第十二菩萨飘带	块状	白	剖面、成分分析
GYSPLDWN08B	毗卢殿北壁西铺阎王衣袖东侧后补红色	块状	红	剖面、成分分析
GYSPLDWN09B	毗卢殿北壁西铺第十二菩萨衣角飘带新修贴金	块状	金	剖面、成分分析
GYSPLDWN10B	毗卢殿北壁西铺阎王东侧神官衣角新修沥粉堆金	块状	金	成分分析
GYSPLDWN11B	毗卢殿北壁西铺阎王西侧神官左大臂初始贴金	块状	金	成分分析
GYSPLDWN12B	毗卢殿北壁西铺第十菩萨西侧膝盖团花初始沥粉堆金	块状	金	成分分析
GYSPLDWN13B	毗卢殿北壁西铺阎王红色飘带东侧	块状	红	成分分析
GYSPLDWN14B	毗卢殿北壁西铺阎王胸口手下黄色衣袖	块状	黄	成分分析
GYSPLDWN15B	毗卢殿北壁中铺东侧下方神像腹部盔甲初始沥粉堆金	块状	金	成分分析
GYSPLDWN16P	毗卢殿北壁中铺下方花边	粉末	绿	成分分析
GYSPLDWN17P	毗卢殿北壁中铺第四菩萨金刚座沥粉堆金下层白色	粉末	白	成分分析
GYSPLDWN18B	毗卢殿北壁中铺第四菩萨西侧神将铠甲下方沥粉堆金	块状	金	剖面、成分分析
GYSPLDWN19B	毗卢殿北壁中铺第六菩萨袈裟下方璎珞沥粉堆金	块状	金	剖面、成分分析
GYSPLDWN20B	毗卢殿北壁中铺第十菩萨东侧神官左侧披肩	块状	灰	剖面分析
GYSPLDWN21P	毗卢殿北壁中铺第十菩萨东侧神官左侧披肩底色层	粉末	白	成分分析
GYSPLDWN22B	毗卢殿北壁中铺第四、六菩萨中间扛斧人腹部盔甲边缘新画沥粉	块状	金	成分分析
GYSPLDWN23B	毗卢殿北壁中铺第四菩萨右腿衣服	块状	红	剖面分析
GYSPLDWN24P	毗卢殿北壁中铺第四、六菩萨中间扛斧人衣领	粉末	白	成分分析
GYSPLDWN25B	毗卢殿北壁中铺第四、六菩萨中间扛斧人衣领	块状	白	剖面分析
GYSPLDWN26P	毗卢殿北壁中铺第十菩萨东侧神官左侧披肩	粉末	灰	成分分析
GYSPLDWN27B	毗卢殿北壁中铺第六菩萨下方金刚座壶门后期填补	块状	红	成分分析
GYSPLDWN28B	毗卢殿北壁东铺第二菩萨金刚座西侧云彩	块状	橙	成分分析

勾线部分，可见光观察为白色或淡黄色。在紫外荧光下出现黄色荧光，可能因为表层涂层导致，具体成分未知。在壁画东侧菩萨脚和周边个别红色衣纹在紫外荧光下出现黄色荧光，其余红色上及东下侧神将面部、手部有蓝色荧光，其荧光物质未知，但可以推断为后期重补或修复材料痕迹，有少许红色荧光为现代颜料重绘。红外反射光谱图像可清晰再现画面线条及结构（如图8-3-95~图8-3-98）。

（3）南壁东铺

南壁东铺（图8-3-99），经调查结果显示，壁画存在起甲修复及补色痕迹，从紫外荧光图像看出，修补区域有大面积蓝色荧光，推断为修复材料所致，有部分破损修复并补色，修补区域主要集中在壁画下部，其他部位没有明显修补痕迹。与其他壁画相同，云纹白色部分、菩萨面部、肌肤及宝座白色线条在紫外荧光下呈现黄色荧光，荧光出现在颜料表层物质，具体成分未知（如图8-3-100）。

图8-3-99　南壁东铺多光谱调查区域

图8-3-100　毗卢殿南壁东铺多光谱红外反射、红外反射伪彩色、可见光、紫外荧光图像

（4）南壁中铺

南壁中铺（如图8-3-101），经调查结果显示，壁画存在少量修补及补色区域，主要集中在壁画下部，修补区域呈明显的红色荧光或蓝色荧光。东侧第一身菩萨头光和背光灰色类似表层颜料脱落，但通过光谱图像观察，表层存在颜料，因颜料褪色变化而导致（如图8-3-101~图8-3-105）。

壁画中下部有明显的深色涂层涂绘痕迹，但在多光谱图像中未能出现明显其他特殊迹象，材料成

图8-3-101　毗卢殿南壁中铺多光谱调查区域（黄线以下表层有涂层）

图8-3-102　毗卢殿南壁中铺红外反射图像

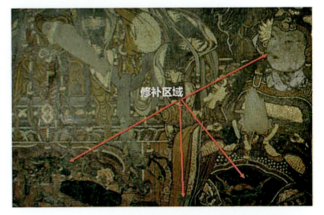

图8-3-103　毗卢殿南壁中铺红外反射伪彩色图像

图8-3-104　毗卢殿南壁中铺可见光图像

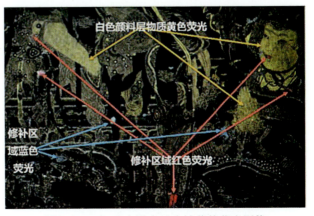

图8-3-105　毗卢殿南壁中铺紫外荧光图像

229

分未知，需进一步调查分析。

（5）南壁西铺

南壁西铺（如图8-3-106），经调查结果显示，壁画存在的修补区域主要表现在沥粉堆金贴金的重补，以及部分颜料可能出现重绘，如西侧菩萨红色袈裟部位，从红外反射伪彩色和紫外反射伪彩色图像看出，红色袈裟和黄色云纹在红外反射伪彩色下有相同的黄色像素，但在紫外反射伪彩色中云

图8-3-106　毗卢殿南壁西铺多光谱调查区域

图8-3-107　毗卢殿南壁西铺红外反射图像

图8-3-108　毗卢殿南壁西铺红外反射伪彩色图像

图8-3-109 毗卢殿南壁中铺可见光图像

图8-3-110 毗卢殿南壁中铺紫外荧光图像

纹表现出雄黄在这个光谱下特有的橘红色像素，而红色袈裟则表现出朱砂在这个光谱下特有的紫色像素且掺杂了雄黄的橘红色像素，推断红色袈裟为朱砂雄黄叠加使用。整副壁画荧光最为强烈的依然是可见光下肌肤及白色颜料表层出现的黄色荧光，在此幅壁画中西侧菩萨红色袈裟也区别于其他壁画中红色出现了微弱的橘红色荧光，推断为表层涂层或胶结材料导致，具体成分需进一步分析（如图8-3-107~图8-3-110）。

通过红外反射、紫外反射伪彩和可见光图像对比，初步推断毗卢殿壁画颜料类别，如表8-3-9。

表8-3-9 毗卢殿西铺壁画颜料构成

现状标准	编号与色名	壁画现状可见光色相400纳米~700纳米	红外反射伪彩色W830纳米	紫外反射伪彩色365纳米	紫外荧光400纳米~700纳米	推断结果	颜料分布位置
现状	1红色				/	朱砂 HgS	菩萨座椅栏杆处红色部分、红色云纹，菩萨及天官衣服红色部分，阎王、神将、天官面部及手部皮肤。菩萨及天官、神将、天女的衣服的红色部分以及红色云纹部分
标准					/		
现状	2赭色				/	赭石 Fe$_2$O$_3$	菩萨座椅栏杆处深棕色或灰色部分，菩萨、阎王、神将、天官的衣服深棕色或灰色部分，部分背景灰色部分
标准					/		

续表

现状标准	编号与色名	壁画现状可见光色相400纳米~700纳米	红外反射伪彩色W830纳米	紫外反射伪彩色365纳米	紫外荧光400纳米~700纳米	推断结果	颜料分布位置
现状	3黄色				/	雄黄 AS₄S4	云纹黄色部位，菩萨座椅栏杆黄色部分，菩萨，阎王、神将、天官衣服黄色部分，菩萨及阎王、神将、天官衣服深棕色或灰色部分与赭石和石绿叠加使用，天女衣服黄色部分
标准					/		
现状	4白色					方解石 CaCO₃	云纹白色部位，菩萨座椅栏杆颜色线条，菩萨、阎王、神将、天官的衣服的白色飘带及衣服袖口，菩萨佛珠
标准							
现状	5金色				/	Au，新修补未知	沥粉堆金处
标准		/	/	/	/		
现状	6灰色				/	石绿+雌黄 Cu₂(CO₃)(OH)₂+As₂S₃	南壁中间菩萨袈裟、南壁中铺西侧菩萨袈裟倾向绿色颜料部分，南壁西侧上部天官衣服绿色倾向部分。所有壁画背景为灰色区域及人物服饰有墨绿色倾向的区域。此颜料构成最为不确定，多光谱分析中红外反射光谱和紫外反射光谱伪彩对照标准看有色相偏移，需要更进一步验证

2. 便携式X射线荧光光谱分析

利用便携式X射线荧光光谱仪，对观音寺壁画彩塑展开原位无损分析，检测对象涉及毗卢殿北壁西铺、北壁中铺、南壁西铺壁画，观音殿西壁、北壁佛台彩塑，其中包含了红色、金色、黄色、绿色、蓝色、灰色、棕色、黑色与白色等颜色，具体位置如图8-3-111~图8-3-115。

　　对观音寺壁画检测结果表明，毗卢殿红色颜料主要为汞（Hg）与铅（Pb）元素共存，如菩萨及阎罗王等区域，极个别区域仅含铅（Pb）元素；黄色、黄棕、棕色等区域主要元素均为铅（Pb）元素；绿色、墨绿、棕绿色等区域主要元素为铜（Cu）与铅（Pb）元素共存，1处墨绿色后修部位分析结果为钙（Ca）、铁（Fe）及锌（Zn）元素共存；初始壁画金色区域主要含有铅（Pb）与金（Au）元素，后期补绘金色的元素主要为钙（Ca）、铁（Fe）、锌（Zn）及铅（Pb）等。鉴于铅（Pb）元素在不同颜色区域普遍存在，初步推断壁画存在使用白色含铅颜料作为画面（至少是重要区域）打底材料的可能。观音殿彩塑检测结果表明，被分析的几身罗汉塑像所有检测点均含有铅（Pb）元素，推测该塑像彩绘层是用含铅（Pb）颜料打底；金色区域均含有金（Au）与铅（Pb）元素；红色颜料主要为铅（Pb）与汞（Hg）元素共存，如罗汉唇部及披肩等部位；罗汉面部的淡棕色与粉色均含铅（Pb）元素；1处灰绿色区域含有铅（Pb）、铁（Fe）及钛（Ti）元素；蓝色颜料所含元素分为两种，一种铅（Pb）与铜（Cu）元素共存，一种颜色略深，仅含铅（Pb）元素，推断为群青；白色颜料主要分布于罗汉袖口，含铜（Cu）与铅（Pb）元素，铅（Pb）元素很可能来源于表面的白色，铜（Cu）元素怀疑来自底层。一些典型分析结果见图

 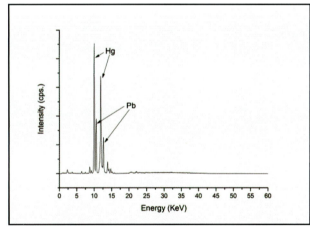

图8-3-111　检测点GYSPLDWN01细节及XRF分析结果

 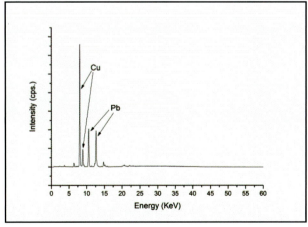

图8-3-112　检测点GYSPLDWN12细节及XRF分析结果

 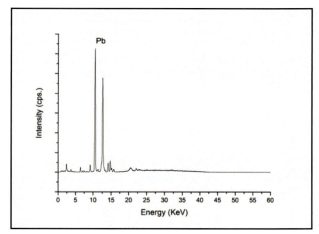

图8-3-113　检测点GYSPLDWN28细节及XRF分析结果

 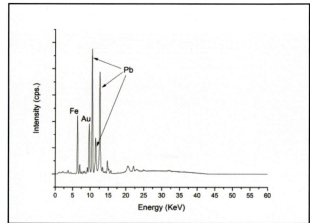

图8-3-114　检测点GYSGYDSW56细节及XRF分析结果

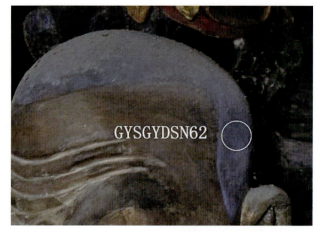 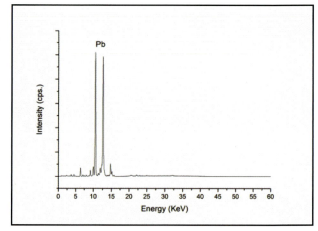

图8-3-115　检测点GYSGYDSN62细节及XRF分析结果

5.26~图5.30。

（2）移动式微区X-射线荧光光谱

利用移动式微区X-射线荧光光谱仪对观音寺毗卢殿北壁西铺壁画中的阎罗王和第十菩萨进行检

图8-3-116 毗卢殿北壁西铺阎罗王

图8-3-117 阎罗王微区XRF结果

图8-3-118 毗卢殿北壁西铺分析位置

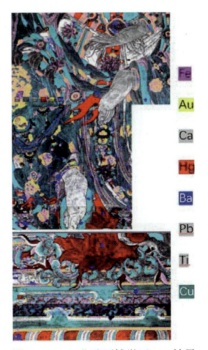

图8-3-119 北壁西铺微区XRF结果

235

图8-3-120 阎罗王中间位置示意图

图8-3-121 阎罗王中间位置钛元素分布

图8-3-122 阎罗王头部示意图

图8-3-123 阎罗王头部金元素分布

图8-3-124 阎罗王头部铅元素分布

图8-3-125 阎罗王头部铁元素分布

测。分析结果如图8-3-116~图8-3-125所示。

结果表明，阎罗王长袍、菩萨金刚座、莲花等位置主要分布汞元素，菩萨袈裟、阎罗王衣袖、花边等位置为铜元素，衣物上贴金区域的金元素也得到相应分类，古代壁画中不常见的钡与钛元素来自壁画破损处后期修补材料（图8-3-116），这些结果与便携式XRF以及剖面样品EDS分析结果相一致。pXRF检测结果表明铅元素普遍存在，而微区XRF结果中铅元素用灰色标识，因此在多种元素合成的图片中仅能观察到白色区域的铅元素，铅元素的全部区域在单一元素分布图中才能得到完整显示（如图8-3-119）。

3. 便携式超景深三维数码显微镜分析

使用数码显微镜分别对观音寺毗卢殿北壁及观音殿西壁佛台彩塑进行了观察检测，共计检测19个点，具体位置见图8-3-86~图8-3-88及表8-3-5和表8-3-6。

　　显微镜调查结果表明，观音寺毗卢殿壁画绘制工整精细，造型、线描、敷彩等方面都表现出良好的技巧和功力，能够运用种类有限的材料创作出变化多端的效果。例如毗卢殿北壁西铺第十二菩萨金刚座上层莲花瓣画家使用深浅各异的红色绘制，凸显出了花瓣的立体感，显微镜下观察，深红色区域表面平整、保存较佳；浅红色区域表面斑驳，夹杂少量白色颗粒（图8-3-126~图8-3-129）。毗卢殿北壁西铺第十二菩萨画面存在新旧两种墨线，显微镜下可见后期新绘墨线光泽尚存，黑色片状物质堆积致密；初始墨线已无光泽，黑色片状物质分布较为松散且边缘出现白色物质（图8-3-130~图8-3-133）。毗卢殿北壁西铺第十二菩萨服饰衣角贴金处有后期修补区域，修补区域光泽暗淡，肉眼可见细小颗粒，显微镜下表现为大量细密颗粒物并呈现多种颜色，颗粒物直径5~30lim；而原始贴金处色泽

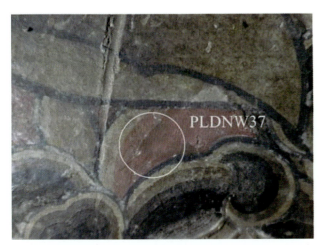
图8-3-126　黑色区域1显微镜检测位置

图8-3-127　黑色区1域显微镜200X图像

图8-3-128　深红色区域显微镜200X图像

图8-3-129　浅红色区域显微镜200X图像

古朴，显微镜下极为平整并呈现（图8-3-134~图8-3-139）。毗卢殿北壁西铺壁画表面普遍存在棕黄色覆盖物，如第十二菩萨北侧神官衣袖右边袖口白色与红色区域，显微镜下略呈透明状（图8-3-138和图8-3-139）。毗卢殿北壁西铺第十二菩萨下方红色云彩处肉眼可见透明历史干预保护层，显微观察可见壁画红色以及白色区域均分布白色半透明物质，即历史保护材料，绝大部分区域分布如图左下右下，呈现大小不一片状，局部发现有保护材料堆积（图8-3-140~图8-3-145）。显微镜下还可以观察到沥粉贴金的层位结果，如毗卢殿北壁西铺第十菩萨左腿裤子金色花纹磨损处露出金箔下方淡红色颜料层及底色层（图8-3-146~图8-3-147）。观音殿彩塑由于空间位置所限，仅调查西壁门北第二身罗汉腰部贴金区域，观察显示原始贴金脱落严重，金箔下层为深棕色半透明物质，金箔表面存在细小

图8-3-130　黑色区域1显微镜检测位置

图8-3-131　黑色区1域显微镜200X图像

图8-3-132　黑色区域2显微镜检测位置

图8-3-133　黑色区2域显微镜200X图像

图8-3-134 贴金区域金粉显微镜检测位置

图8-3-135 贴金区域金粉显微镜200X图像

图8-3-136 贴金区域金箔显微镜检测位置

图8-3-137 贴金区域金箔显微镜200X图像

图8-3-138 北壁西铺神官衣袖右边袖口白色

图8-3-139 北壁西铺神官衣袖右边袖口红色区域

图8-3-140 北壁西铺红色云彩显微镜检测位置

图8-3-141 北壁西铺红色云彩显微镜检20X图像

图8-3-142 云彩浅红区域显微镜200X图像

图8-3-143 云彩浅红区域侧光显微镜200X图像

图8-3-144 云彩深红区域显微镜200X

图8-3-145 云彩白色区域显微镜200X

图8-3-146　金色花纹显微镜100X图像

图8-3-147　金色花纹显微镜200X图像

图8-3-148　菩萨贴金显微镜检测位置

图8-3-149　菩萨贴金显微镜200X图像

图8-3-150　菩萨原始贴金显微镜200X图像

图8-3-151　菩萨修复贴金显微镜200X图像

241

的刷痕；后绘金色区域放大后可见大量密集颗粒物，以金色为主，夹杂其他多种颜色（图8-3-148~图8-3-151）。

4. 便携式红外光谱分析

利用红外光谱对取自观音寺毗卢殿壁画的样品进行分析，分析结果如表8-3-10所示。

表8-3-10　观音寺壁画彩塑样品FTIR分析结果

样品编号	样品类别	测试结果
GYSPLDWN06B	壁画贴金	动物胶、铝硅酸盐
GYSPLDWN08B	壁画后期修补物质（红色）	动物胶、生石膏、甲苯胺红
GYSPLDWN22B	壁画后绘金色区域	生石膏、丙烯酸（酯）类树脂
GYSGYDSW35B	彩塑贴金	甘油三酯
GYSGYDSW36B	彩塑贴金	甘油三酯
GYSGYDSW37B	彩塑贴金	甘油三酯
GYSGYDSW38B	彩塑贴金	甘油三酯
GYSGYDSW39B	彩塑贴金	甘油三酯
GYSGYDSN52B	彩塑彩绘层	动物胶

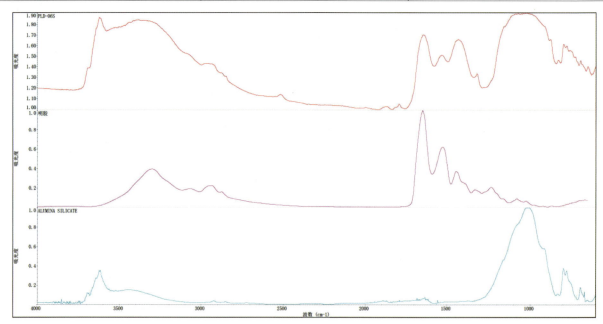

图8-3-152　样品"GYSPLDWN06B"FTIR图谱

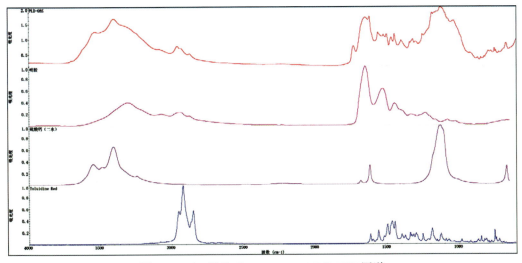

图8-3-153　样品"GYSPLDWN08B"FTIR图谱

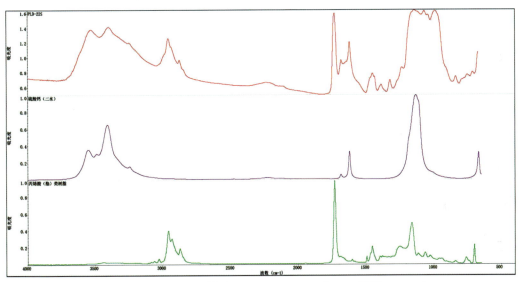

图8-3-154　样品"GYSPLDWN22B"FTIR图谱

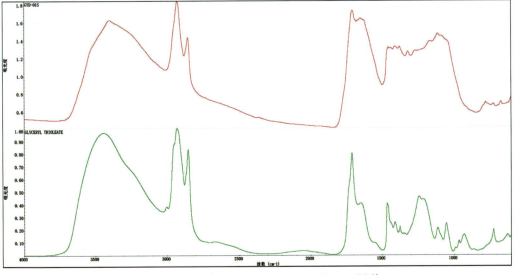

图8-3-155　样品"GYSGYDSW35B"FTIR图谱

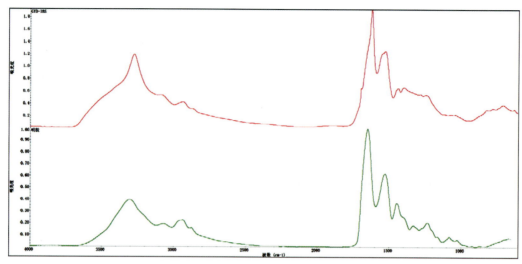

图8-3-156　样品"GYSGYDSN52B"FTIR图谱

　　结果表明，毗卢殿北壁西铺壁画贴金样品中含动物胶；1处红色后期修补物质中含动物胶，显色成分为甲苯胺红（Toluidinered，分子式$C_{17}H_{13}N_3O_3$）；后绘金色区域含丙烯酸（酯）类树脂，推测为重绘用金色颜料的胶结材料。观音殿5件彩塑贴金层样品均含甘油三酯成分，推测可能为干性油；1件彩塑彩绘层集残片中含动物胶，图8-3-152~图8-3-156为样品的FTIR图谱。

四、实验室取样样品分析

1. 颜料层分析研究

　　利用X射线衍射仪对取自观音寺毗卢殿和观音殿的16个粉末状颜料样品进行物相分析。分析结果如表8-3-11所示。

表8-3-11　观音寺壁画颜料XRD物相分析结果

样品编号	颜色	主要物相	显色物相
GYSPLDWN16P	绿色	石英、白云母、氯铜矿、高岭石、水草酸钙、生石膏	氯铜矿
GYSPLDWN17P	白色	石英、白云母、高岭石、生石膏、水草酸钙	白云母、高岭石、生石膏
GYSPLDWN21P	白色	石英、白云母、高岭石、生石膏、水草酸钙	白云母、高岭石、生石膏
GYSPLDWN24P	白色	石英、白云母、高岭石	白云母、高岭石
GYSPLDWN26P	白色	石英、白云母、高岭石、生石膏、水草酸钙	白云母、高岭石、生石膏
GYSPLDWN30P	绿色	石英、高岭石、生石膏、水草酸钙、氯铜矿	氯铜矿
GYSPLDWN31P	绿色	石英、白云母、生石膏、绿泥石、水草酸钙、氯铜矿	氯铜矿
GYSPLDWN32P	白色	石英、白云母、绿泥石、水白铅矿、水草酸钙	水白铅矿、白云母
GYSGYDSN46P	绿色	石英、白云母、高岭石、氯砷钠铜石	氯砷钠铜石

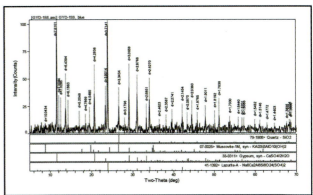

图8-3-162 样品GYSGYDSN49P位置及XRD图谱

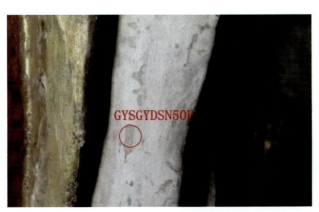
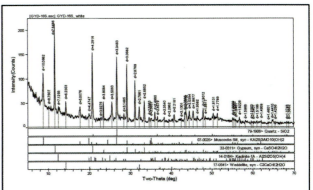

图8-3-163 样品GYSGYDSN50P位置及XRD图谱

表8-3-12 观音寺壁画彩塑贴金样品Py-GC/MS分析结果

样品编号	样品类别	含有的胶结材料
GYSPLDWN10B	壁画沥粉贴金	干性油类、PVAc
GYSPLDWN12B	壁画沥粉贴金	干性油类
GYSGYDSW35B	彩塑贴金	干性油类
GYSGYDSN40B	彩塑贴金	干性油类
GYSGYDSN41B	彩塑贴金	干性油类
GYSGYDSN45B	彩塑贴金	干性油类

可推测6件样品中均含有干性油类胶结材料，图8-3-164~图8-3-169给出样品的THM-GC/MS分析谱图。

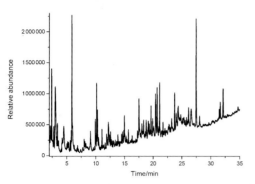

图8-3-164　样品"GYSPLDWN10B"图谱

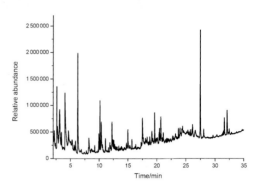

图8-3-165　样品"GYSPLDWN12B"图谱

表8-3-13为分析结果中较为典型的样品"GYSGYDSW35B"的谱图碎片峰信息，如表中所示保留时间在21.234的碎片（m/z216壬二酸二甲酯）是干性油的特征指纹峰；保留时间分别在9.637，12.287，12.501，17.409，19.381，21.234，22.837，27.584，32.290和32.918的碎片（m/z142庚酸甲酯、m/z156辛烯酸甲酯、m/z158辛酸甲酯、m/z188庚二酸二甲酯、m/z202辛二酸二甲酯、m/z216壬二酸二甲酯、m/z270软脂酸甲酯、m/z298硬脂酸甲酯、m/z290十八碳二烯酸甲酯）等饱和脂肪酸甲酯是干性油THM-GC/MS分析的特征产物，因此可推测该样品中含有干性油类胶结材料。

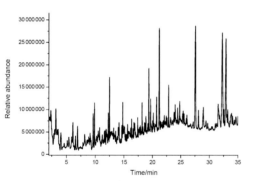

图8-3-166　样品"GYSGYDSW35B"图谱

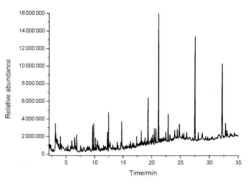

图8-3-167　样品"GYSGYDSN40B"图谱

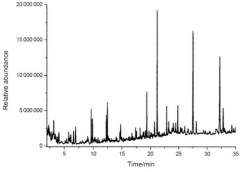

图8-3-168　样品"GYSGYDSN41B"图谱

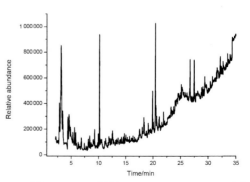

图8-3-169　样品"GYSGYDSN45B"图谱

表8-3-13 样品"GYSGYDSW35B"THM-GC/MS谱图中碎片峰信息

No.	Retention time/min	m/z	Characteristic components and typical fragments in the mass spetra	Formula
1	3.197	92	Toluene (81.0, 67.0)	C_7H_8
2	4.064	116	Methyl valerate (85.0, 74.0, 57.0)	$C_6H_{12}O_2$
3	6.928	130	Hexanoic acid, methyl ester (99.0, 87.0, 74.0)	$C_7H_{14}O_2$
4	9.637	142	6-Heptenoic acid, methyl ester (110.0, 82.0, 74.0)	
5	9.870	144	Heptanoic acid, methyl ester (122.0, 87.0, 74.0)	$C_8H_{16}O_2$
6	12.287	156	3-Octenoic acid, methyl ester (124.0, 96.0, 87.0, 74.0)	$C_9H_{16}O_2$
7	12.501	158	Octanoic acid, methyl ester (115.0, 87.0, 74.0, 69.0)	$C_9H_{18}O_2$
8	14.779	172	Nonanoic acid, methyl ester (129.0, 107.0, 87.0, 74.0)	$C_{10}H_{20}O_2$
9	15.629	290	9, 12-Octadecadiynoic acid, methyl ester (145.0, 129.0, 117.0, 105.0)	$C_{19}H_{30}O_2$
10	17.409	188	Heptanedioic acid, dimethyl ester (157.0, 125.0, 115.0, 97.0)	$C_9H_{16}O_4$
11	18.193	256	1-Hexadecanol, 2-methyl-(135.0, 83.0, 69.0, 55.0)	$C_{17}H_{36}O$
12	19.381	202	Octanedioic acid, dimethyl ester (138.0, 129.0, 97.0, 74.0)	$C_{10}H_{18}O_4$
13	19.687	194	Dimethyl phthalate (163.0, 133.0, 105.0, 77.0)	$C_{10}H_{10}O_4$
14	20.751	200	Decanoic acid, 9-oxo-, methyl ester (163.0, 143.0, 111.0, 83.0)	$C_{11}H_{20}O_3$
15	21.243	216	Nonanedioic acid, dimethyl ester (152.0, 124.0, 111.0, 74.0)	$C_{11}H_{20}O_4$
16	22.837	230	Decanedioic acid, dimethyl ester (166.0, 138.0, 125.0, 98.0)	$C_{12}H_{22}O_4$
17	24.025	296	16-Octadecanoic acid, methyl ester (180.0, 143.0, 87.0, 74.0)	$C_{19}H_{36}O_2$
18	27.584	270	Hexadecanoic acid, methyl ester (143.1, 129.0, 87.0, 74.0)	$C_{17}H_{34}O_2$
19	28.108	314	Octadecanedioic acid (149.1, 112.0, 98.0, 74.0)	$C_{18}H_{34}O_4$
20	32.290	298	Methyl stearate (199.1, 143.1, 87.0, 74.0)	$C_{19}H_{38}O_2$
21	32.918	290	Nonanoic acid, 9-(o-propylphenyl)-, methyl ester (183.1, 133.1, 105.0, 91.0)	$C_{19}H_{30}O_2$

3. 地仗层分析研究

由于受文物保存状态所限，观音寺壁画地仗制作工艺及材料研究包括肉眼观察及实验室XRD物相分析等内容。现场调查结果表明，毗卢殿外北壁中部墙体破损处可见竹篾与草拌泥（如图8-3-170），推测草拌泥即壁画底层地仗（粗泥层），殿内北壁西铺第十二菩萨西侧神将底部地仗为表层地仗，呈白色，内含麻、棉花及砂粒等，因样品量有限，未开展纤维含量及粒度分析（图8-3-171）。XRD对毗卢殿北壁东铺第二菩萨最西侧破损处地仗样品制作材料分析结果表明，该件样品主要物相包括石英、高岭石、生石膏及水草酸钙石等（如图8-3-172）。

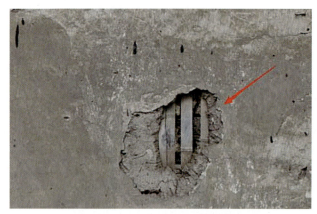

图8-3-170　毗卢殿外北壁中部墙体破损处

图8-3-171　毗卢殿北壁西铺底部破损处

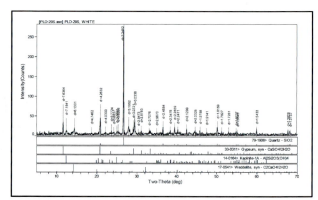

图8-3-172　样品GYSPLDWN29R位置及XRD图谱

4. 壁画层位结构分析

壁画剖面分析结果表明，GYSPLDWN04B单层金箔，厚约1口皮米；下层红色，厚5皮米~8皮米，EDS表明含铅（Pb）元素。GYSPLDWN05B存在两层金箔，厚度相近约1.5皮米，层间中空；金箔下层同GYSPLDWN04B。GYSPLDWN09B采自后绘金色区域（图8-3-173），表层为金黄色，结构疏松，厚约25皮米，EDS表明含铝（Al）、硅（51）、钛（Ti）、钾（K）等元素，疑为二氧化钛与云母类混合而成的具备金属光泽的现代材料。第二层黄色，致密，厚约30皮米，主要含铁（Fe）元素，推测为铁黄，用于增强表层金色层的色泽。第三层棕黑色半透明，厚约13皮米。第四层为致密红色颜料，主要含铅（Pb）元素，厚8皮米~15皮米（图8-3-174）。GYSPLDWN19B金箔厚2皮米，下层颜料淡红色，厚10皮米~15皮米，主要为铅（Pb）元素。GYSGYDSW35B存在三层金箔，各层结构由表及里为：第一层金箔（厚2.9皮米~4.0皮米）—第一层深棕色有机质（厚70皮米~80皮米，疑分为两层涂施）—

棕红色颜料层（厚30皮米~40皮米，表面红色居多，元素以硅、铁、铝为主）—第二层金箔（厚4.0皮米~4.6皮米）—第二层深棕色有机质（厚30皮米~40皮米）—棕黄色颜料层（存在间断，含铅、铝、钙元素，最厚处20皮米）—第三层金箔（厚2.2皮米~2.5皮米）—红色颜料层（极薄，厚约5皮米，含铅）—白色底色层（含硅、铝、镁、钙等元素）（图8-3-175和图8-3-176）。

图8-3-173　样品GYSPLDWN09B照片

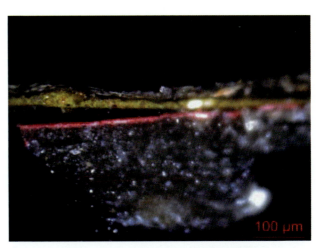

图8-3-174　样品GYSPLDWN09B剖面

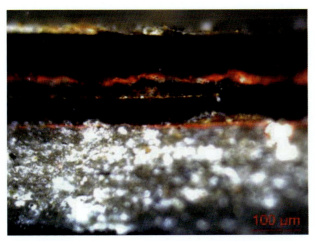

图8-3-175　样品GYSGYDSW35B剖面

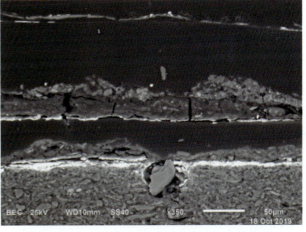

图8-3-176　样品GYSGYDSW35BSEM电镜照片

　　GYSPLDWN07B肉眼观察为白色，数码显微镜下呈淡粉色，剖面放大后可见该样品存在一层颜料层，厚约20lim，整体白色，间杂粒径均匀（直径约3lim）的红色颗粒。EDS结果表明，白色物质含铅（Pb）元素，红色颗粒含汞（Hg）元素，底色层中含有少量砂粒，元素包括硅（Si）、镁（Mg）、钙（Ca）等。

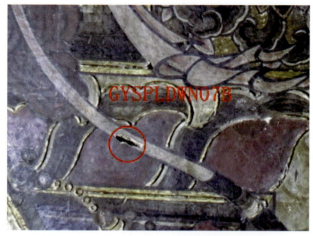

图8-3-177　样品GYSPLDWN07B取样位置图

图8-3-178　样品GYSPLDWN07B样品照片

图8-3-179　样品GYSPLDWN07B剖面

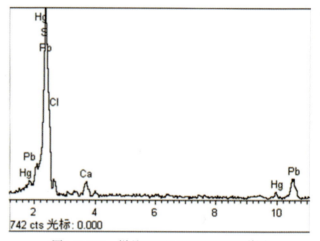

图8-3-180　样品GYSPLDWN07BEDS谱图

　　GYSPLDWN08B为后期修补，样品表面呈深红色，颜料层剖面呈紫红色，放大1000倍下仍极为致密，符合近现代合成材料特点，EDS显示存在钡（Ba）和硫（S）元素，推断此种红色颜料中含有硫酸钡（$BaSO_4$）与某种红色着色物质（图8-3-181~图8-3-184）。

　　GYSPLDWN20B肉眼观察为灰色，剖面可见存在两层颜料，表层蓝色，厚约60 Lim，颗粒粗大，EDS结果含铜（Cu）元素，夹杂棕黄色物质；下层极薄（5~6 Lim）呈白色，含铅（Pb）元素（图8-3-185和图8-3-186）。

　　GYSPLDWN25B肉眼观察为白色，剖面可见表面存在一层极薄的棕色半透明物质，厚约8lim；白色颜料层颗粒致密，厚约20lim，EDS结果含铅（Pb）元素（图8-3-187和图8-3-188）。

图8-3-181 样品GYSPLDWN08B样品示意图

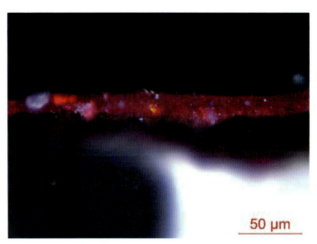

图8-3-182 样品GYSPLDWN08B剖面

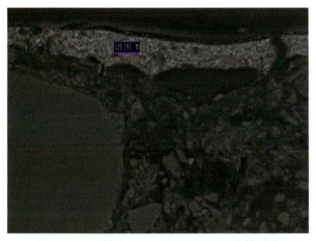

图8-3-183 样品GYSPLDWN08B SEM电镜照片

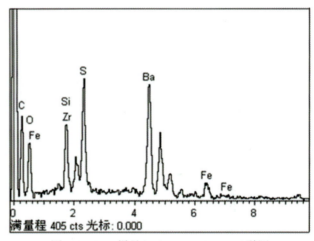

图8-3-184 样品GYSPLDWN08B EDS谱图

图8-3-185 样品GYSPLDWN20B剖面

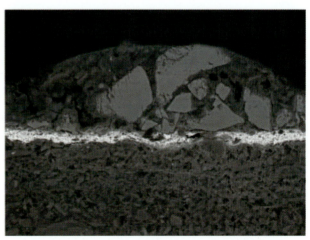

图8-3-186 样品GYSPLDWN20B SEM电镜照片

图8-3-187 样品GYSPLDWN25B Cu线EDS图   图8-3-188 样品GYSPLDWN25B Pb线EDS图

5. 历史保护材料分析

在对壁画材料进行表征分析过程中，发现了历史保护材料的存在。红外光谱结果表明，毗卢殿北壁西铺壁画贴金表面透明物质（样品"GYSPLDWN03B"）为聚a-氰基丙烯酸乙酯（"502"胶），应为历史干预材料；后期修补金色区域还用到丙烯酸（酯）类树脂（图）。同时在1件后期修补金色壁画样品中发现甲基丙烯酸甲酯的碎片（如图8-3-189、表8-3-14），表明PVAc（聚醋酸乙烯酯）也是使用于该处壁画的一种历史保护材料。现状调查显示，发现历史保护材料的区域壁画保存较为良好。

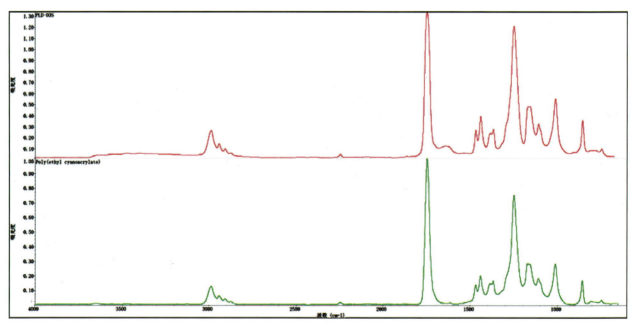

图8-3-189 样品"GYSPLDWN03B"FTIR图谱

表8-3-14 样品"GYSPLDWN10B"THM-GC/MS谱图中碎片峰信息

No.	Retention time/min	m/z	Characteristic components and typical fragments in the mass spectra	Formula
1	2.404	100	Methyl methacrylate (77.0，69.0，59.0)	$C_5H_8O_2$
2	2.767	81	1H–Pyrrole，1–methyl– (53.0)	C_5H_7N
3	3.016	84	Acetonitrile，(dimethylamino)– (83.0，74.0，58.0)	$C_4H_8N_2$
4	3.395	59	Acetaldoxime	C_2H_5NO
5	4.484	117	N，N–Dimethyl–2–ethoxyethylamine(95.0，73.0，58.0)	$C_6H_{15}NO$
6	5.034	106	p–Xylene(91.0，80.0，58.0)	C_8H_{10}
7	5.890	110	Methanesulfonicacid，methylester()	$C_2H_6O_3S$
8	9.087	129	1，3，5–Triazine, hexahydro–1，3，5–trimethyl–(118.0，86.0，57.0)	$C_6H_{15}N_3$
9	9.943	144	But–2–enedioicacid，dimethylester(113.0，85.0，59.0)	$C_6H_8O_4$
10	10.154	130	1–Hexanol，2–ethyl–(83.0，70.0，57.0)	$C_8H_{18}O$
11	10.296	146	Butanedioicacid，dimethylester(115.0，87.0，59.0，55.0)	$C_6H_{10}O_4$
12	11.084	160	Butanedioicacid，methyl–，dimethylester(101.0，87.0，69.00	$C_7H_{12}O_4$
13	11.873	136	Benzoicacid，methylester(105.0，77.0，69.0)	$C_8H_8O_2$
14	12.184	131	3，5–Dihydroxycyclohexamine(113.0，88.0，72.0)	$C_6H_{13}NO_2$
15	12.573	139	Methyl1–methylpyrrole–2–carboxylate(127.0，108.0，98.0)	$C_7H_9NO_2$
16	13.845	188	Pentadioicacid，2，4–dimethyl–，dimethylester(157.0，128.0，113.0，88.0)	$C_9H_{16}O_4$
17	14.478	188	Pentadioicacid，2，4–dimethyl–，dimethylester(157.0，128.0，113.0，88.0)	$C_9H_{16}O_4$
18	14.981	156	1，4–Diethyl–2–piperazione(141.0，127.0，56.0)	$C_8H_{16}N_2O$
19	15.587	232	Octanedioicacid，4–methoxy–，dimethylester(131.0，99.0，84.0，71.0)	$C_{13}H_{20}O_5$
20	17.518	157	2–Pyrrolidone–5–carboxylicacid，N–methylester(138.0，98.0，70.0)	$C_7H_{11}NO_3$
21	18.333	314	Octadecanoicacid，7–hydroxy–，methylester(162.0，131.0，101.0，71.0)	$C_{19}H_{38}O_3$
22	19.635	194	Dimethylphthalate(163.0，133.0，92.0)	$C_{10}H_{10}O_4$
23	20.704	194	1，3–Benzenedicarboxylicacid，dimethylester(163.0，135.0，103.0，76.0)	$C_{10}H_{10}O_4$
24	21.135	216	Nonanedioicacid，dimethylester(176.0，152.0，143.0，111.0)	$C_{11}H_{20}O_4$
25	27.454	270	Hexadecanoicacid，methylester(143.0，87.0，74.0)	$C_{17}H_{34}O_2$
26	28.067	370	Eicosanebioicacid，dimethylester(167.0，112.0，98.0)	$C_{22}H_{42}O_4$
27	31.657	562	Oleicacid，eicosylester(213.0，111.0，59.0)	$C_{38}H_{74}O_2$
28	32.114	298	Methylstearate(199.1，143.1，87.0，74.0)	$C_{19}H_{38}O_2$

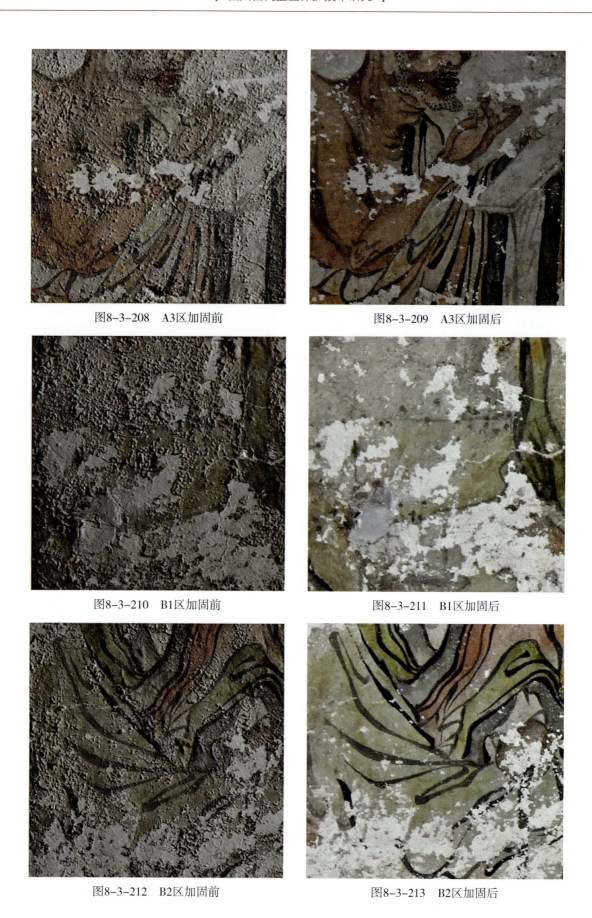

图8-3-208　A3区加固前　　　　　　　　　图8-3-209　A3区加固后

图8-3-210　B1区加固前　　　　　　　　　图8-3-211　B1区加固后

图8-3-212　B2区加固前　　　　　　　　　图8-3-213　B2区加固后

图8-3-214 B3区加固前

图8-3-215 B3区加固后

图8-3-216 C1区加固前

图8-3-217 C1区加固后

图8-3-218 C2区加固前

图8-3-219 C2区加固后

图8-3-220　C3区加固前　　　　　　　　　图8-3-221　C3区加固后

（六）加固修复材料分析

丙烯酸乳液浓度低的情况下有较好的渗透性，但黏结性较差；高浓度有较好的黏结性，但渗透性较差。有机硅丙烯酸乳液渗透性优于丙烯酸乳液，但黏结性略差于丙烯酸乳液。丙烯酸乳液和硅丙乳液按照1∶1比例混合的混合乳液，浓度为0.5%时，渗透效果好，但黏结性稍差；浓度为1%时，对单纯的颜料层粉化有较好的加固效果，对酥碱白灰层加固时，虽有好的渗透性，但黏结性稍差；浓度为1.5%时，对粉化颜料层加固时渗透性较差，但对较疏松的地仗层（酥碱）有较好的渗透性和加固效果。

（七）结论

对颜料层粉化病害，将丙烯酸乳液和硅丙乳液按照体积比1∶1混合，选择质量百分比浓度为1%的混合乳液进行渗透加固；对石灰层酥碱，选择质量百分比浓度为1.5%的丙烯酸和硅丙混合乳液进行渗透加固。

三、空鼓病害灌浆加固材料现场试验

观音寺壁画空鼓病害主要表现为竹板轻质墙与地仗层之间的分离。选择观音殿北壁西起第六身坐像大罗汉（编号D09）头部右侧空鼓病害区域进行修复材料与修复工艺筛选试验。灌浆材料要求收缩率低、流动性好、强度适中、有较好操作性。

（一）试验材料

纯净水，100目细筛筛选细澄板土，如图8-3-222和图8-3-223。

（二）试验方法

对观音殿北壁西起第六身大罗汉（编号D09）头部右侧空鼓病害区域进行现场试验（图8-3-224）。使用经过脱盐处理的细澄板土，按照水土比0.65的比例配制泥浆，作为填充材料（图8-3-225）；按照病害修复工艺进行修复加固，对比加固效果。

图8-3-222　纯净水

图8-3-223　修复材料

图8-3-224　空鼓病害位置

图8-3-225　泥浆

（三）修复工艺

①杂物清理。清理空鼓壁画内杂物用草泥填补裂缝。

②开孔。在填补裂缝的位置开设注浆孔。

③埋管。埋置植入注浆管。

④灌浆。注射配制好的泥浆。

图8-3-226　填补裂缝

图8-3-227　开设注浆孔

图8-3-228　置入注浆管图

图8-3-229　灌浆

图8-3-230　脱盐板

图8-3-231　支顶脱盐

⑤支顶。用脱盐板（多孔七合版和薄海棉、吸水垫KC-X60和细棉纸制作而成的吸水脱盐板，图8-3-230）支顶在空鼓壁画处，缓慢支顶并逐渐推压整形，使空鼓凸出的壁画复位平整（图8-3-231）。

（四）试验分析

试验结果表明，以细澄板土为填充材料，其主要组成与原地仗层材料接近，水灰比0.65的浆液按照病害修复工艺进行修复加固试验时流动性好，回贴黏结性好，初凝时间较短，干燥时间较短，修复效果比较如图8-3-232和图8-3-233所示。

图8-3-232　空鼓修复前

图8-3-233　空鼓修复后

（五）结论

对比空鼓试验修复效果表明，针对空鼓壁画病害，选用细澄板土作为填充料，按照水灰比0.65配制的浆液，在进行灌浆加固试验时效果良好；同时配制的水灰比在具体操作时，针对大小不同面积的空鼓区域。可根据空鼓情况进行适当调整，已达到最佳修复效果。此种填料及配比接近原地仗材料，具有较好的兼容性。

四、地仗破损及裂隙病害修复材料现场试验

地仗破损及裂隙病害是观音寺壁画、彩塑病害之一，试验位置选择观音殿东向面飘海观音脚下处鲤鱼下方破损处和观音殿北壁CS031头部右侧浮塑山峦裂缝处，如图8-3-234和图8-3-235所示。

图8-3-234 破损试验位置

图8-3-235 裂缝试验位置

（一）试验材料

熟石灰经过100目筛筛选备用；细沙脱盐处理，并经过100目筛筛选备用；麻刀、纯净水、麦草和澄板土，如图8-3-236~图8-3-239所示。

（二）试验方法

此次试验所选材料和原材料基本相同，主要测试新地仗和原地仗衔接处有无收缩，符合"最小介入，最大兼容"的要求。

图8-3-236 草泥材料配比

图8-3-237 草泥

（四）结论

对比试验修复效果表明，澄板土和细沙按照6∶4比例混合，加入0.5%的麦草，添加总质量30%的纯净水制成的草泥修复材料黏结性强，收缩适中；熟石灰和细沙按照6∶4比例混合，加入总质量0.1%的麻刀，添加总质量30%的纯净水调制成白灰泥的强度适中，收缩较小，其黏结强度也能达到加固地仗破损及裂隙的目的，这两种材料结合使用，对壁画彩塑破损和裂隙修复效果理想。同时，试验过程中配制的修复材料组成和配方比例接近壁画彩塑本身的地仗材料，具有较好的兼容性。

五、脱落、断裂残块回贴材料现场试验

影塑脱落、塑像局部断裂病害是观音寺壁画病害之一，试验位置选择在观音殿北壁CS031腿部右侧影塑脱落部位（如图8-3-250、图8-3-251）和观音殿北壁西起第三身大罗汉（编号D06）左手食指断裂部位（如图8-3-252）。

（一）试验材料

细澄板土脱盐处理，经过100目筛筛选备用，纯净水，纯丙和硅丙按照1∶1比例混合，配制为1.5%浓度的混合液。

（二）试验方法

此次试验所选材料和原材料基本相同，主要测试黏结材料的黏结强度和衔接处有无收缩，达到"最大兼容"的目的。

图8-3-250　脱落试验位置

图8-3-251　脱落的残块图

图8-3-252　断裂试验位置

（三）修复工艺

①除尘。先用软毛刷清理脱落部位和残块的尘土及杂物。

再用洗耳球清除脱落部位和残块的尘土。

②清理杂物。用修复刀清除残块背部的黏结层。

③渗透。将纯丙和硅丙乳液按照体积比1∶1混合，使用浓度为1.5%的混合乳液渗透脱落部位的地仗层和残块背部。

图8-3-253 软毛刷清除脱落部位

图8-3-254 软毛刷清除残块杂物

图8-3-255 洗耳球清除脱落部位

图8-3-256 洗耳球清除残块尘土

图8-3-257 修复刀清除残块背部

图8-3-258 粘接剂加固脱落部位

④黏结。使用细澄板土和纯净水配制成水灰比为0.55的泥浆，将配制好的泥浆添补在残块背部（如图8-3-259）；将残块回贴至脱落部位（如图8-3-260）。

⑤支顶。用脱盐板支顶（如图8-3-261）。修复效果如图8-3-262至图8-3-265所示。

图8-3-259　泥浆添补残块背部

图8-3-260　回帖残块

图8-3-261　用脱盐板支顶残块

图8-3-262　残块回帖前

图8-3-263　残块回帖后

图8-3-264　手指断裂修复前

图8-3-265　手指断裂修复后

（四）结论

对比试验修复效果表明，细澄板土和纯净水按照水灰比0.55配制的泥浆，强度良好，收缩较小，在修复过程中使用锚杆辅助加固，其黏结强度可以达到加固残块的目的。同时，试验过程中配制的修复材料组成和配方比例接近壁画彩塑本身的地仗材料，具有较好的兼容性。

六、颜料层起甲修复材料现场试验

观音寺颜料层起甲病害主要表现为壁画颜料层龟裂起甲和塑像头部颜料层起甲。选择毗卢殿南壁中铺西侧第七圆觉威德自在菩萨面部（如图8-3-266）和观音殿北壁CS044塑像面部（如图8-3-267）进行修复材料浓度配比的筛选试验。

图8-3-266　毗卢殿南中第七圆觉脸部

图8-3-267　CS044面部

（一）试验材料

丙烯酸乳液，固含量47%，加助渗剂；硅丙乳液，固含量47%，加助渗剂。修复材料制备：根据粉化试验对观音寺的颜料层及地仗层的分析，配制1%的丙烯酸与硅丙的混合乳液，如图8-3-265和图8-3-266所示。

（二）试验方法

分别选择壁画起甲和塑像起甲病害区域进行修复试验，对比修复效果，确定最佳修复工艺和材料。

（三）修复工艺

①除尘。对颜料层龟裂起甲壁画的背部及表面进行除尘（如图8-3-268、图8-3-269）。

图8-3-268　软毛刷除尘

图8-3-269　洗耳球除尘

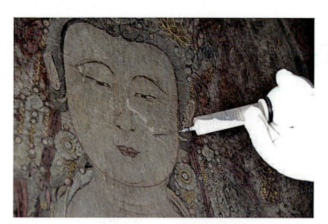

图8-3-270　注射黏接剂

图8-3-271　修复刀回贴

图8-3-272　棉球滚压

②注射黏结材料。使用注射器将黏结材料沿龟裂起甲病害的裂口注射到病害壁画背部，使之与地仗渗透，注射渗透次数视病害的程度而定（如图8-3-270）。

③回贴。待黏结材料中的水分被地仗层吸收后，用特制的竹、木或不锈钢修复刀，将龟裂起甲壁画回贴（如图8-3-271）。

④滚压。颜料层回贴到原地仗位置后，用纺绸包裹药棉制成的棉球滚压，滚压的方向应从颜料层末裂口处向开裂处轻轻滚压，将颜料层背部的空气排出，防止产生气泡和压出皱褶（如图8-3-272）。

最终修复效果如图8-3-273至图8-3-276所示。

图8-3-273　CS044面部修复前

图8-3-274　CS044面部修复后

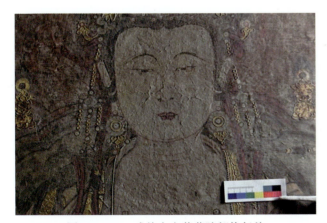

图8-3-275　威德自在菩萨脸部修复前

图8-3-276　威德自在菩萨脸部修复后

（四）结论

改性丙烯酸乳液和有机硅改性丙烯酸乳液浓度低的情况下有较好的渗透性，但黏结性较差，而浓度高的情况下有较好的黏结性，但渗透性较差，将两种乳液混合，克服了使用单一材料在黏结性和渗透性两方面存在的缺陷。对比壁画彩塑起甲病害修复效果表明，针对壁画颜料层起甲和塑像脸部颜料层起甲，使用浓度为1%的丙烯酸和硅丙混合乳液，对起甲颜料层和地仗层均有较好的渗透性和黏结性，达到颜料层与地仗层完全贴合的修复效果。

七、结论

针对颜料层粉化病害，选择浓度1%的丙烯酸和硅丙乳液以1∶1体积比混合渗透加固，对石灰层酥碱选择浓度为.5%的丙烯酸和硅丙乳液以1∶1体积比混合渗透加固，具有较好的加固效果。

针对空鼓病害，细澄板土作为填充料，以水灰比0.65的浆液进行灌浆加固，加固效果较好。

针对地仗破损和裂缝病害，澄板土、细沙以6∶4比例混合，加总质量0.5%的麦草，用30%的纯净水混合作为填补地仗破损的材料；用熟石灰、细沙以6∶4比例混合，加总质量0.1%的麻刀，用30%的纯净水混合作为裂缝的填补材料，加固效果较好。针对断裂病害，通过试验认为细澄板土用水调和，水灰比0.55时，其强度良好，收缩较小，其黏结强度也能达到加固残块的目的，修复塑像残块时需用锚杆辅助加固。

针对颜料层龟裂起甲病害，使用软毛刷、洗耳球、修复刀、棉球，使用1%的纯丙与硅丙按照1∶1的混合液，采用起甲修复工艺，达到颜料层与地仗层完全贴合的修复效果。

第五节　保护修复档案建设

文物保护修复档案作为文物保护修复工作中的第一手资料有着重要的意义，它不但记载了文物上的各种信息，而且还记录了保护修复工作的全过程。建立完整翔实的文物保护档案是文物保护工作的一个重要方面，建立文物保护档案就是要将整个过程以及在保护过程中所发现的各种文物各种信息内容准确、详细地记录下来，为进一步的科学研究提供资料。

保护修复档案建设应贯穿整个过程，内容包括：现状调查资料、病害研究技术资料、保护修复材料和工艺筛选技术资料、修复方案资料、保护修复日志、绘图资料、影像资料、验收资料及其他相关资料。

一、现状调查资料

现状调查资料按照WW/T0006-2007要求的内容、格式做出现状调查报告。

二、病害研究技术资料

病害研究技术资料包括古代壁画病害研究涉及的分析检测、模拟试验等相关数据、照片、结论等资料。

三、保护修复材料和工艺筛选技术资料

保护修复材料和工艺筛选技术资料包括保护修复材料的性能试验、材料筛选试验，与材料相适应

的保护修复工艺筛选试验相关数据、照片、模拟试验、结论等。

四、修复方案资料

记录保护修复方案正式文本、保护修复方案的批复文件。

五、保护修复日志

（1）应对保护修复全过程作详细记录，主要包括文物单位名称或其单位名称、编号、保护修复人员、修复日期、工作区域、工作内容、使用材料、工艺、操作条件、现状描述、工作小结、存在问题、保护修复照片等。由保护修复人员根据实际工作情况填写。

（2）使用材料记录主要成分，工艺主要记录技术方法和操作步骤；操作条件主要记录仪器设备和操作环境的温度、湿度等。

（3）在保护修复过程中，如遇到方案设计需要技术变更的情况，应详细纪录其现象和原因。

六、绘图资料

按照WW/T0006-2007中的要求绘制壁画病害图。

七、影像资料

记录在壁画保护修复工作中对清理、加固、脱盐、粘接及补强、支撑体更换等技术实施过程，以及修复前原状与修复后现状所采集的影像资料，包括视频、照片等。影像资料可以以数字载体形式提供，并注明格式和调取方法。

八、验收资料

验收资料包括工作报告、技术报告、自评评估报告、验收意见（含验收专家组名单）。

九、其他相关资料

应记录古代壁画的保护修复、试验、监测以及施工质量控制文件、保护修复工程监理等相关资料。

第六节　结论与建议

一、主要结论

新津观音寺毗卢殿和观音殿内明代精美的壁画和雕塑为研究我国西南地区寺院造像风格、历史文化交流、民间信仰、艺术风格、审美特征、绘制技法、材料及其制作工艺等提供了极其珍贵的实物资料，具有重要的历史、艺术、科学、文化和社会价值。

（1）壁画存在多种病害，保存状况较差，其中空鼓病害最严重，颜料层龟裂、起甲次之；历史修复痕迹明显，且多处历史修复区域再次出现病害；部分区域壁画支撑体糟朽，存在失稳风险。

（2）观音寺毗卢殿和观音殿所处环境温度变化幅度相对较小，处于相对稳定状态，无冻融现象；微环境中相对湿度较大，壁画、彩塑长期处于高湿环境，壁画表面可能存在结露现象。

（3）观音寺壁画结构组成从内到外依次为支撑体、地仗层、绘画层和表面历史干预层。支撑体为南方传统竹编夹泥墙和玻璃钢，后者为80年代壁画修复替换所为，只存在于毗卢殿北壁东铺位置。地仗层分为两层，底层粗地仗为草拌泥，主要由黄泥、碎石、石英粉混合掺入麦秸秆制作而成；表层细泥层主要由白云母、高岭石、生石膏混合掺入细麻、棉花和细砂组成。壁画彩绘层原始区域颜料均为传统矿物颜料。白色颜料有两种，一种作为底色，其主要成分为生石膏，同时含有少量的白云母和高岭石，另一种则为铅白；红色颜料为朱砂，绿色颜料为氯铜矿，蓝色颜料为石青，黑色颜料为炭黑，金色为沥粉贴金。表面红色修复区域颜料为有机染料——甲苯胺红，金箔脱落处修复区域为现代金色材料与丙烯酸树脂混合物，毗卢殿北壁西铺贴金表面存在聚a-氰基丙烯酸乙酯（"502"胶）现代修复材料。文献记载和检测分析综合研究表明，大部分壁画表面存在鸡蛋清、动物胶和胶矾水三种有机材料。

（4）观音寺塑像制作工艺可归纳为立骨、贴肉、穿衣、装銮四道工序。大、中型塑像骨架主要为桃木，使用藤条进行曲线造型，局部位置使用金属丝加固主体、手和装饰品等细小部分；小型悬塑骨架分为木骨和金属两种情况。彩塑泥层分两层，内层为粗泥层，主要由谷壳和稻草泥混合；外层为细泥层，主要由白云母、高岭石、生石膏混合掺入细麻、棉花和细砂组成。表面彩绘层分为两种：一种为彩色颜料层，由底色层和颜料层组成，底色层由胶溶液混合方解石制成，颜料层由矿物颜料混合胶溶液绘制而成。另一种为贴金层，由底层和金箔层组成，底层有三种情况，分别为大漆、贴纸和沥粉，其中大漆底层最为常见，彩塑贴金位置存在多层贴金现象。

（5）针对表面灰尘覆盖污染物，选择纯净水和无水乙醇混合液对其进行清除处理；针对颜料层粉化病害，选择浓度1%改性丙烯酸和有机硅改性丙烯酸混合液作为修复材料进行合渗透加固；针对石灰层酥碱病害，选择浓度0.5%改性丙烯酸和有机硅改性丙烯酸混合液作为修复材料渗透加固；针对空鼓病害，选择水灰比0.65的澄板土与纯净水混合浆液作为灌浆材料进行灌浆加固；针对地仗破损病害，使用与地仗组成成分相同的材料进行修复，配方为：澄板土占总质量的80%、细沙占总质量的20%、麦草占总质量的0.5%，添加总质量30%的纯净水调和制成；针对裂隙病害，填补材料配方为：熟石灰占总质量的80%、细沙占总质量的20%、麻刀占总质量的0.1%，添加总质量30%的纯净水混合调制而成；针对塑像断裂病害，选择水灰比0.55的澄板土和纯净水混合液进行断裂部分的黏结修复材料；针对颜料层龟裂、起甲病害，选择浓度1%改性丙烯酸和有机硅改性丙烯酸混合液作为修复材料；针对彩塑贴金层起甲病害，选择5%的ZB-SE-5大漆软化回贴专用乳液（兰州知本化工科技有限公司生产）对大漆进行软化，选择5%的ZB-SE-4纳米材料改性硅丙乳液对金箔起甲部位地仗层进行加固，选择5%的改性丙烯酸乳液对起翘的金箔进行黏结，同时在起甲部位使用修复刀进行覆压加热。

二、建议

根据观音寺壁画彩塑保护方案设计工作，经过专家讨论，提出以下四点建议：

（1）观音寺五尊大型塑像骨架遭白蚁蛀蚀、自然老化、水分等影响，糟朽严重，强度较差，处于结构失稳状态，为保证文物安全，建议对五尊大型塑像支撑骨架进行全部更换，这是本次方案设计以及后期实施修复的关键。

（2）观音寺小型悬塑形态各异，部分悬塑倾斜角度较大，在后期实施修复阶段和日常管理过程中，需要继续对小型悬塑的结构稳定性进行调查研究。观音寺小型悬塑数量较大，同时由于墙体表面所塑浮塑山峦及小型悬塑造像厚度不一，导致对其进行内部结构检测分析时存在着一定的困难。针对以上问题，建议单独立项，专门对观音寺小型彩塑内部结构开展全面系统的判别和研究，确定所有悬塑的保存状态，进而确保所有悬塑处于稳定状态。

（3）观音寺所处高湿环境十分有利于白蚁的繁殖与生长，前期研究表明，白蚁对壁画支撑体和彩塑木骨架蛀蚀比较严重，是导致文物本体失稳的主要因素之一，建议采取有效措施对白蚁进行灭杀，同时对白蚁防治进行长期监测和控制。

（4）观音寺地处四川龙门山地震带，文物存在受地震灾害影响的风险；同时观音寺局部位置建筑地基沉降，导致建筑本体倾斜，严重影响壁画和彩塑的稳定性。建议观音寺管理方在条件许可的情况下，建立小型监测系统，对文物保存环境、地震、地基沉降以及建筑形变等进行有效监测，将预防性保护纳入文物保护管理工作中。